FRANÇOISE GIROUD

La Comédie du pouvoir

FAYARD

N'oubliez pas que je n'écris pas sur des livres,
mais sur la peau de mes sujets.

Catherine II à Diderot.

AVANT-PROPOS

Du lieu même où se joue la comédie du pouvoir, ministre pendant trois ans, j'en ai vécu les scènes, côtoyé les interprètes, entendu les répliques.

Cette situation m'a enseigné que, si bien informé que l'on soit, cette comédie est impénétrable à qui n'y a, pour sa part, participé.

En est-on — on se tait, par force.

En sort-on — on se tait par espoir d'y retrouver un rôle. Ou par crainte des représailles.

En tout cas, il y a connivence. Donc silence, observé généralement jusqu'à ce qu'il puisse être rompu sans porter ombrage à ceux qui disposent du pouvoir d'Etat.

En écrivant avant que l'histoire ne se fige et que les hommes ne disparaissent de la scène, je n'ignore pas que je m'expose à la vindicte de certains parmi ceux qui sont en cause dans ce récit. La loi du milieu n'est pas tendre aux dissidents. Les lauriers sont coupés. Je n'irai plus au bois.

Aurai-je pour autant l'appui de leurs adversaires ? Non, puisque je n'espère pas d'eux qu'ils changent la nature ni la pratique du pouvoir d'Etat, à supposer qu'ils y accèdent.

Un gouvernant a beau déclarer la guerre aux gouvernants qui l'ont précédé, il est plus facile de les combattre que de ne pas leur ressembler.

Trouverai-je du moins l'adhésion de ceux qui n'ont rien à faire du Pouvoir ni avec le Pouvoir d'aujourd'hui ou de demain ?

C'est pour eux que j'écris avec l'espoir d'apporter quelques réponses aux questions qu'ils se posent.

Mais les Français aiment les rois, ne fût-ce que pour avoir le plaisir de leur couper la tête de temps en temps. Nombreux sont encore ceux qui mettent le sacré là où je crois, là où je sais désormais qu'il n'a rien à faire, c'est-à-dire dans l'Etat.

Ceux-là non plus ne seront pas contents de moi.

Alors, péché d'orgueil que cette aventure solitaire où me voilà engagée, au lieu de rester au chaud là où l'on m'offre emploi officiel et protection ? Je ne crois pas. Il y a si longtemps que je roule mon rocher... Je l'aurais bien, cette fois, déposé un moment.

Mais abdiquer la liberté de l'esprit à laquelle il faut tenir plus qu'à tout autre bien, c'est abdiquer tout court.

« Les bois sont beaux, sombres et profonds, mais j'ai ma promesse à tenir et des lieues à courir avant que de dormir, et des lieues à courir avant que de dormir. »

Je détiens, là, quelque chose.

Rien d'énorme, ni de fulgurant. Une expérience. Un savoir neuf. Fragmentaire, mais singulier. J'ai joué et vu jouer la comédie du pouvoir. Celle que l'on donne, et celle que l'on se donne. Ce savoir-là, je veux le partager même s'il faut, pour cela, se forcer un peu, pendant qu'il est encore vivant, non édulcoré par le temps et reconstruit par la mémoire.

De l'emploi de ministre, j'ai, me semble-t-il, joui et souffert moins que d'autres, par absence d'illusions.

J'ai toujours cru qu'un ministre pouvait exercer

plus ou moins bien ses pouvoirs sans que cela se sache : je l'ai vérifié. Je n'ai jamais cru qu'un ministre, où qu'il se trouve, était en situation de transformer le cours des choses : je l'ai vérifié.

N'ayant jamais confondu, s'agissant des autres, leur personne et leur fonction, j'ai été aussi peu sensible aux honneurs qui s'adressaient à la fonction qu'à leur disparition.

Cette histoire n'est, d'ailleurs, pas mon histoire, qui n'intéresserait que moi, et encore...

Mais personne n'échappe totalement à une autre illusion : l'idée vague, entretenue par l'enseignement, que les Richelieu et les Talleyrand, les Saint-Just comme les Barras, les Fouquet comme les Sully, les Guizot comme les Turgot, les maîtres du jeu dit politique sont aussi les maîtres de la société où ils sont en position dominante.

Ce fut peut-être le cas en d'autres temps, c'est peut-être le cas, aujourd'hui encore, dans des sociétés lointaines. Ce n'est pas le cas, en Europe, où, en fait, tout leur échappe de ce qu'ils voudraient maîtriser : les hommes et les choses.

On ne gouverne pas, au sens propre du terme, des hommes et des femmes alphabétisés depuis quatre générations.

L'art d'empêcher les gens de se mêler de ce qui les regarde a encore ses professionnels. Ce sont les clients qui, de plus en plus, leur manqueront, même si la nostalgie du Maître, de celui qui sait mieux, est parfois vivace.

Personne ne sait mieux.

Qu'il s'agisse de sauver les arbres ou d'inventer de nouvelles organisations du travail, de prendre en charge des enfants drogués ou des femmes battues, de faire de la musique ou d'interdire que l'on saccage une commune, des associations partout se créent, des groupes se forment, des initiatives se déclenchent.

Comment ne pas voir que ceux qui y participent « savent mieux » que le monde du Pouvoir, ce qui concerne le quotidien de leur vie, et qu'à former ensemble un projet, à le conduire jusqu'à sa réalisation, on apprend à la fois la démocratie et la responsabilité qui en est inséparable ?

Choisir les gouvernants par l'élection, c'est bien. Ne pas compter sur eux pour changer, ni même gérer la vie, c'est mieux.

Plus vite on s'apercevra, en France, que le roi est nu et sa cour également, plus vite on saisira que les démocraties n'ont pas de Père tutélaire mais seulement des commis, plus ou moins avisés, accomplissant les tâches ingrates qui incombent aux présidents, aux ministres, aux parlementaires, aux administrateurs, plus vite viendront les chances que se modifient les rapports d'autorité, les structures du pouvoir, les relations de chacun avec l'Etat. Plus vite on cessera de se tourner vers cet Etat pour tout attendre de lui, ou de se dresser contre lui comme on se dresse contre les mauvais maîtres.

L'Etat doit servir. On ne doit ni s'en servir ni s'y asservir.

Ce récit n'a d'autre ambition que de contribuer à faire éclore cette vérité.

Associée au pouvoir d'Etat pendant trois ans, je ne me tiens pas pour innocente de ce qu'il fut pendant ce temps-là et n'écris pas pour plaider ma cause. Moins encore pour prononcer quelque réquisitoire. Simplement pour tenter de faire comprendre ce qui, pour beaucoup, demeure incompréhensible : le temps perdu, les espérances déçues, les menaces accrues.

Entraînée à enregistrer spontanément, au-delà des impressions, les faits, les chiffres, les mots dans la forme même où ils ont été prononcés, je rapporte ce que j'ai vu, vécu, entendu, et les réflexions auxquelles m'a conduite ce voyage au pays du pouvoir d'Etat.

Contribution au travail des historiens de demain, je tiendrai à leur disposition les références nécessaires.

Bien qu'aucune règle, aucune loi ne s'y oppose, on ne trouvera ici, cela va de soi, ni secret dont j'aurais eu à connaître pouvant être utilisé, à l'extérieur ou à l'intérieur, au détriment de la France ou de son gouvernement, ni propos relatifs à des personnes privées ou aux affaires privées de personnes publiques.

Pour le reste, je vais sans souci tactique ou de carrière, sans dette envers quiconque, sans rancune à assouvir, n'ayant de compte à régler qu'avec moi-même et de devoir qu'envers ceux qui me lisent.

Si la Condition féminine est peu présente dans ce récit, ainsi que la Culture, c'est que chacune mérite, à elle seule, un ouvrage qu'il eût été artificiel de tresser au fil de celui-ci. Ce que j'ai à en dire trouvera donc sa place ailleurs. Pour ceux qui s'intéresseraient à ce qui fut, là, esquissé, quelques documents peuvent être consultés, en annexe.

Là où je me suis trouvée, j'ai servi du mieux que j'ai pu l'intérêt général tel qu'il m'est apparu. « La collectivité que nous devons servir, ce n'est pas l'Etat, mais la Nation, c'est-à-dire le groupe des hommes et des femmes que l'Histoire a rassemblés par vagues successives sur notre sol » a rappelé, le 4 janvier 1977, le président de la République recevant les vœux du Conseil d'Etat.

La collectivité : en d'autres termes les Français.

Puissent-ils trouver ici quelque lumière salubre sur la face cachée du pouvoir d'Etat.

1

Le 19 mai 1974, Valéry Giscard d'Estaing est élu par 50,66 p. 100 des voix contre 49,33 p. 100 à François Mitterrand.

« L'histoire ne m'aime pas », a dit, parlant de lui, le premier secrétaire du Parti socialiste. Pendant quarante-huit heures, les dernières, il a cru au succès. Quarante-huit heures, pas davantage. Mais comme il a rêvé, alors !

Dans le même temps, Valéry Giscard d'Estaing a escompté un succès plus large. 53 p. 100, disait-il, le jour du scrutin, à Chamalières.

Au seuil du changement qu'elle appelle de toutes ses forces vives, la France perplexe a hésité. L'habit sera juste. N'importe. Ce pays qui n'avance que par explosions succédant à de longues crispations paraît emprunter, chance historique, la voie inhabituelle pour lui de la réforme.

« Si Mitterrand s'était situé au centre gauche, il serait président de la République », dira Valéry Giscard d'Estaing.

« Il vous aurait battu ?

— Non, parce que je ne me serais pas présenté. »

Entre les deux électorats captifs de leurs intérêts, de leurs traditions, de leurs préjugés, de leur dogmatisme, les voix glissantes qui font et défont les majorités selon qu'un courant venu des profondeurs les entraîne d'un côté ou de l'autre, se sont une fois encore, refusées à la gauche.

La marge est, cette fois, plus faible — 450 000 voix sur 30 600 000 électeurs inscrits — qu'elle ne le fut jamais.

Elle suffit à Valéry Giscard d'Estaing, devenu chef de l'Etat, pour déclarer : « De ce jour, date une ère nouvelle de la politique française. »

En première page, *Le Monde* annonce « La dislocation de l'Etat-Udr ».

Le jour de son intronisation, Valéry Giscard d'Estaing arrive à l'Elysée à pied, sous le soleil, en tenue de ville. Il est grand, mince, agile, joyeux. Pendant de longs mois d'hiver, les Français ont vu Georges Pompidou défiguré par la maladie, trébuchant sur une passerelle d'avion, effondré dans un fauteuil un jour qu'il luttait, à Poitiers, contre la souffrance. Le spectacle offert par ce jeune Président allègre dissipe, non pas les préventions ni les rancunes, mais le climat morbide des derniers mois.

Au déjeuner qui suit l'un des premiers Conseils des ministres du septennat, Robert Galley, gaulliste s'il en fut, s'écrie : « Au moins nous avons un Président gai ! Pas comme les deux autres ! »

Lorsque la France se met en vacances, les prix montent, depuis le début de 74, au rythme de 15 p. 100 l'an. Les réserves de change — 37 411 millions — sont restées stables en avril, mais elles sont amputées de 9,7 milliards par rapport à l'année précédente : depuis 1974, le prix du pétrole a quadruplé.

Pour qui sait voir, il est clair que le monde entre

dans une crise économique sans précédent depuis la guerre. Les jeunes gens de mai 68 voulaient, disaient-ils, détruire la société de consommation. Ce sont les pays producteurs de pétrole qui vont s'en charger. Mais qui sait voir ?

Incontestablement, Valéry Giscard d'Estaing.

« Les gens ne comprennent pas, dit-il en privé, que les équilibres sont rompus en profondeur. Ils se figurent encore qu'il s'agit de les rétablir dans l'état antérieur. En fait, nous allons vers un appauvrissement de l'Occident. Il s'agit de savoir comment va s'organiser l'appauvrissement.

« Nous avons, en France, des éléments de vigueur. Notre but doit être de rejoindre le camp des plus forts, c'est-à-dire l'Allemagne et les Etats-Unis, et pas celui de la Grande-Bretagne et de l'Italie.

« Il ne faut pas se faire d'illusions : toutes les mesures sociales prises par le Gouvernement ne provoqueront pas de la reconnaissance. Les sondages seront mauvais pour le Gouvernement. Il ne faut pas s'en émouvoir, mais prendre les choses avec sérénité. Il n'y a pas d'élections en vue. On a le temps de travailler.

« Mais il est temps de faire des restrictions sur la consommation d'énergie. Nous ne pouvons pas nous contenter d'une approche du problème. Il faut le voir en profondeur. »

L'analyse est bonne.

Elle restera stérile.

Non seulement la consommation d'énergie ne sera pas réduite, et l'on verra, l'été, sur la Côte d'Azur, les grands yachts pomper le mazout tandis que la télévision sussure : « Les Français n'ont pas de pétrole alors ils font des économies », mais lesdits Français ne sauront jamais qu'il faut « organiser l'appauvrissement », inéluctable [1].

Car « on ne peut pas le dire ».

« On ne peut pas le dire »... Dans ces six mots que tout ministre entend énoncer fréquemment, tient un drame : le drame français.

Qu'est-ce donc, que l'on ne peut pas dire ? S'agit-il de secrets d'Etat ? Non. Outre que la recommandation, dans ce cas, serait superflue, de tels secrets sont rares, divulgués au niveau du gouvernement, et la formule courante.

« On ne peut pas le dire » concerne presque toujours ce que, précisément, il faudrait s'appliquer à faire connaître et comprendre.

Ayant à convaincre, au cours d'une émission de soixante minutes, les téléspectateurs que les Français méritent la vérité, j'ai demandé à l'un de mes collaborateurs, haut fonctionnaire, de vérifier auprès des services du ministère des Finances quelques chiffres. Je ne disposais que d'extraits de presse, et je voulais m'assurer du montant total du prélèvement fiscal et parafiscal et de la façon dont il était réparti entre les différentes catégories de contribuables.

Comme on lui opposait mille raisons pour ne pas lui communiquer ces renseignements, mon collaborateur finit par dire : « Mais c'est mon ministre qui les demande !

— Le ministre ? Pourquoi ?

— Pour une émission de télévision.

— Le ministre veut donner ces chiffres à la télévision ! Nous le lui déconseillons formellement. »

Quelques instants après, je les obtenais en empruntant une autre voie. Mais ce n'était ni la première ni la dernière fois que j'aurais à apprendre qu'en France, « on ne peut pas le dire ».

S'agirait-il d'une innocente manie, elle ne mériterait pas d'être dénoncée. Mais il faut bien voir ce qu'elle traduit. « On ne peut pas le dire » signifie, de la part de ceux qui ont institué cette règle et qui s'y tiennent :

— Un : Les Français sont malins mais bêtes.

— Deux : Ils n'ont pas envie de savoir la vérité ; d'ailleurs, ceux qui la leur disent sont toujours impopulaires. Ce qu'ils veulent c'est un pouvoir fort qui décide ce qui est bon pour eux.

— Trois : Un pouvoir qui ne s'entoure pas de mystère perd une partie de sa magie. Que serions-nous si tout le monde savait ce que nous savons ?

Invité à faire connaître son pronostic pour 1976, le ministre de l'Industrie déclare : « Les grandes entreprises françaises vont sortir exsangues de cette crise. Cela peut provoquer, à la reprise, un goulet d'étranglement du côté des importations. »

Le président de la République tranche :

« Il n'y aura pas de reprise. »

Et après avoir expliqué pourquoi : « Mais nous ne pouvons pas dire ces choses à l'opinion qui n'est pas en état de les entendre. »

Etudiant, au cours d'une autre réunion, la situation catastrophique de l'industrie aéronautique, le chef de l'Etat conclut : « Naturellement, c'est le résultat de *Concorde*, à quoi nous avons sacrifié toute la production commercialisable. Mais on ne peut pas le dire. »

Cette règle-là, le président de la République n'a jamais songé à la réformer. Peut-être parce que la vérité est toujours triste, disait Renan, personne n'a plus que Valéry Giscard d'Estaing la faculté de l'évacuer de son esprit. Tout se passe comme si ce que son intelligence saisit et qui serait de nature à l'affliger était rapidement occulté par son aptitude au bonheur.

« Le bonheur, dira-t-il à ses ministres au cours d'une des leçons de choses qu'il donne une ou deux fois l'an, le bonheur est une qualité de l'action. »

Ayant réalisé en accédant à l'Elysée, à la fois le désir de sa mère et le sien propre, il est comme le serait, selon Freud, tout être humain réunissant ces deux conditions, au sommet de la félicité. Si tous les Français n'y sont pas également tansportés, ils entrent néanmoins dans l'une des brèves périodes de leur histoire où la hargne contre le pouvoir est voilée par un espoir diffus.

« Nous nous trouvons dans un des rares cas où la majorité présidentielle et la majorité parlementaire coïncident », déclare Valéry Giscard à la presse.

Il ne peut pas y croire. Est-ce donc que, déjà, « on ne peut pas le dire ? ».

Dans son *Message au Parlement*, qu'à sa demande, les parlementaires écouteront assis et non debout, comme il est de tradition, Valéry Giscard d'Estaing déclare : « Je suis partisan d'une possibilité d'alternance. »

De son côté, Jacques Chirac, Premier ministre, présentant son programme à l'Assemblée nationale, annonce : « Il s'agit (...) par des rapports différents entre la majorité et l'opposition de faire de la société française un modèle exemplaire de démocratie libérale. »

En privé, on l'entend dire : « Les Français en avaient marre de ces quinze types (les barons de l'Udr) qui avaient fait un hold-up sur l'Etat... »

Lorsque, une fois élu, Valéry Giscard d'Estaing l'a convoqué pour lui dire qu'il l'a choisi comme Premier ministre, Jacques Chirac a-t-il hésité ? Posé des conditions ?

Quelques heures après, rapportant l'entretien à Olivier Guichard, le nouveau Premier ministre racontera cet ultime échange :

« Alors, vous acceptez ?

— J'accepte. Mais vous le regretterez... »

La composition du Gouvernement est annoncée le mardi 28 mai en fin d'après-midi. Il est largement ouvert aux « Réformateurs » qui ont combattu, depuis seize ans, dans l'opposition, et à des non-parlementaires.

Sur les cinq grands portefeuilles — Justice, Intérieur, Affaires étrangères, Finances, Défense — seul le dernier est confié à un Udéère. Dans l'ordre protocolaire, le ministère des Réformes, nouvellement créé, est placé en quatrième position, avant les Affaires étrangères et les Finances.

Les noms des secrétaires d'Etat qui compléteront le Gouvernement seront connus plus tard.

Le Gouvernement...

Plus jamais je n'entendrai parler de « la politique du Gouvernement », ou de « la décision du Gouvernement », sans une sorte de malaise, ou parfois d'amusement, tant l'expression est impropre, inadéquate, irréelle.

En trois ans, je n'ai jamais vu qu'une véritable décision de gouvernement soit prise en commun par les membres du Cabinet, qu'ils aient modifié substantiellement un programme d'action présenté au Conseil, ni même, pour certaines prises de position qui n'étaient pas des moins spectaculaires, qu'ils en soient informés avant la presse.

Certains secrétaires d'Etat rarement conviés au Conseil, isolés, en étaient à se renseigner auprès de leurs collègues avant un déplacement où Monsieur, Madame le Ministre risquait d'être respectueusement interrogé ou rudement interpellé au sujet de telle ou telle « décision du « Gouvernement [2] ».

Néanmoins, dans les dîners en ville comme dans

les réceptions de province, et même aux ycux des journalistes avertis, le Ministre est comme revêtu d'une pellicule invisible, mais à chaque instant sensible à qui la porte, tunique du mystère, tunique du pouvoir, costume de scène.

2

La salle où se tient, tous les mercredis matins, le Conseil des ministres, est l'un des lieux privilégiés où se joue la comédie du pouvoir.

Quand on entre à l'Elysée, par le perron central, elle est située à droite, au rez-de-chaussée. Pour y accéder, on traverse un salon. De chaque côté de la porte, des gardes se tiennent, saluant, sabre au clair, l'entrée de chaque excellence.

On s'y fait.

Dans la longue et haute pièce rectangulaire, donnant sur le jardin, on grelotte, lorsque le vent souffle par les fentes généreuses des deux portes-fenêtres qui composent l'un des pans étroits du rectangle. Le plus éloigné de l'entrée.

Entre elles, une peinture murale représentant la colonne Vendôme.

En face, l'autre pan étroit est un miroir. Devant ce miroir, une console Empire supporte une pendule et deux chandeliers. Au-dessus, Napoléon veille, jeune, en costume rouge, la main sur l'estomac.

L'un des pans larges, celui que l'on voit en entrant, est composé de trois portes-fenêtres aveuglées. Les volets de bois intérieur sont rabattus sur les vitres.

En face, le deuxième pan large est fait de trois portes à doubles battants, séparées par des toiles dont l'intérêt ne m'a jamais paru évident, surmontant deux bibliothèques plates. Sur l'une d'elles, un plateau, quelques verres, une carafe de jus de fruit.

Les ministres entrent par une porte. Celle du centre est fermée. Le président de la République et le Premier ministre arrivent par la troisième.

Devant l'une des fenêtres, un petit bureau où officient le secrétaire général de l'Elysée et le secrétaire général du Gouvernement.

Cinq lustres à pendeloques de cristal, majestueux, achèvent ce décor ennuyeux, qui cerne une table en forme d'ovale allongé recouverte d'un tapis couleur tabac. Au centre, une petite pendule. De chaque côté, une coupe de fleurs fraîches. Autour de la table, des chaises en tapisserie. Le Président et le Premier ministre, qui se font face, disposent d'un fauteuil.

Des cartons indiquent à chaque ministre la place qui lui est dévolue. Il trouve également, à chaque place, le dossier dit des « Mesures individuelles » qui seront prises ce jour-là, du papier blanc, grand et petit format, et des enveloppes à en-tête de la présidence de la République.

A l'intérieur d'un ordre protocolaire rigoureux, les places varient pour des raisons qui me sont restées mystérieuses. Il y a les bonnes places — loin des vents coulis et sur le rang opposé à celui où se trouve le Président. Et les moins bonnes, du moins à mon goût. Tout dépend de l'activité personnelle que l'on entend déployer dans cette auguste enceinte.

Pour y faire du courrier, mieux vaut, évidemment, se trouver hors de la vue du Président, encore qu'il témoigne, à l'égard des plus acharnés dans cette occupation, une mansuétude, démentie par le regard, qu'on ne manifesterait pas dans un quelconque conseil d'administration.

Donc, entre 9 h 20 et 9 h 30, tout le monde arrive, serviette à la main, contenant, en particulier, l'ordre du jour de la réunion, qui a été fixé le lundi après-midi par le Président et les projets de loi qui seront examinés.

Pendant quelques minutes, on se salue, on bavarde, on échange des impressions ou des informations. Le tutoiement est courant, l'emploi du prénom de rigueur.

Enfin, l'huissier annonce : « Monsieur le président de la République... », chacun gagne sa place devant laquelle il reste debout, et le Président paraît, suivi du Premier ministre avec lequel il s'entretient invariablement avant le Conseil.

Il fait le tour de la table, serrant chaque main, disant parfois un mot à l'un ou à l'autre, rejoint son fauteuil et ouvre la séance en indiquant, éventuellement, qui est absent pour cause de voyage et quels secrétaires d'Etat sont, ce jour-là, présents.

Puis il donne la parole, toujours selon l'ordre de préséance, à celui qui, le premier, exposera pourquoi il propose la dissolution de tel conseil municipal, la nomination ou la mise à la retraite de tel haut fonctionnaire, l'agrément de tel ambassadeur, de tel officier supérieur. Les grades élevés, dans l'ordre de la Légion d'honneur (commandeur et grand-croix) sont également soumis à l'approbation du Conseil, ou du moins à son simulacre. Car aucune des mesures ainsi «proposées» n'arrive devant le Conseil sans avoir été soumise et approuvée par l'Elysée, Matignon et, le cas échéant, le ministre dont le département est également concerné.

Et, à ma connaissance, aucune proposition au Conseil n'a jamais été refoulée par celui-ci, s'il arrive, en revanche, que le Président, lui, fasse obstacle.

Néanmoins, après chaque intervention, le Président demande : « Pas d'observation ? » Et, levant la main, celui qui tient à accompagner d'un commentaire approbatif telle ou telle « mesure individuelle » peut prendre la parole. Je n'ai jamais vu qu'un commentaire soit restrictif, sauf de la part du Président lui-même, qui manie voloniers l'ironie.

Puis vient, lorsqu'il y a lieu, l'examen des projets de loi inscrits à l'ordre du jour.

Il n'y a pas de loi qui soit négligeable, si certaines ont plus d'ampleur que d'autres dans leur contenu et leurs conséquences. Mais leur exposé, préparé par les services, rédigé en style administratif et toujours selon les règles de la dissertation plutôt que du discours, distille un ennui dont le degré varie avec la voix, l'élocution et les intonations de celui qui parle. Ou plutôt qui lit.

Plus la technicité s'y mêle, plus il est difficile de trouver dans cette prose feutrée les aspérités auxquelles l'intérêt peut s'accrocher.

Les textes, de surcroît, ont été distribués dans les jours qui précèdent, de sorte que chacun a pu en prendre connaissance. Alors, pourquoi cette lecture à haute voix ? Parce que, submergé par ses propres dossiers, personne n'a eu le temps de consulter les papiers que le secrétariat général du Gouvernement a diffusé avec la mention « secret » ?

Par curiosité naturelle, et par manie d'apprendre, je me suis astreinte à écouter attentivement les raisons pour lesquelles il convenait de modifier le régime d'indemnisation des sapeurs-pompiers non professionnels ou le régime fiscal de certains investissements dans le territoire de la Nouvelle-Calédonie.

Mais un jour où j'avais atteint le seuil d'intolérance, et où il semblait que Jacques Chirac, au comble de son agitation naturelle, allait, de ses grandes mains et de ses grands pieds, soulever la table tel un squale furieux, j'ai griffonné un mot à l'intention d'Alice Saunier-Seité qui assistait, pour la première fois, au Conseil.

« Chère Alice, vous doutiez-vous qu'un Conseil des ministres peut être aussi ennuyeux ? »

Elle m'a répondu en retour :

« Chère Françoise, oui, car j'ai toujours constaté l'insondable puérilité du sexe masculin. »

Puérile, en effet, cette façon de s'écouter parler, de se gargariser de mots, de jouer à être celui qui tient, suspendus à ses lèvres, le chef de l'Etat, son Premier ministre, et le Gouvernement de la France.

Suspendus... En fait, décrochés, en quelques minutes.

Le Président et le Premier ministre plongent dans leurs papiers, échangent avec leurs voisins immédiats, à voix basse, des propos sans rapport avec le sujet dont on est censé les occuper. La torpeur ou la nervosité, selon la nature des uns et des autres, s'emparent de l'assistance.

Lorsque le Conseil a lieu alors que des événements graves ou au moins sérieux se sont produits la veille, lorsque, dans le pays, la tension est sensible, lorsque les radios du matin l'ont cristallisée le sentiment d'irréalité, d'abord irritant, devient progressivement lénifiant.

C'est le monde extérieur, son agitation, sa rumeur qui deviennent irréels, comme amortis par une couche d'ouate.

Et lorsque, généralement en fin de conseil, Valéry Giscard d'Estaing évoque les événements en question pour donner l'interprétation qu'il convient d'en faire, il semble que, une bombe atomique serait-elle tombée sur la France, il y aurait à se féliciter qu'il n'y en ait pas eu deux.

Mais peut-être entre-t-il dans l'essence de tout rituel de tenir l'angoisse de la réalité en respect.

« Je vous remercie. Pas d'observation ? »

Des mains se lèvent. Le Président donne la parole au plus haut placé dans l'ordre de préséance.

Selon la nature des projets de lois, leur exposé suscite plus ou moins d'interventions, plus ou moins vives sur le fond, la forme restant le plus souvent enveloppée. Se reconnaissent les timides, qui ne demandent jamais la parole, les prudents — ne pas se prononcer avant de savoir ce qu'en pense le Président mais montrer, néanmoins, qu'on s'intéresse à la chose — les confus, qui ne parviennent pas à conclure, les tranchants, vaguement effarouchés après coup de leur audace.

Aucune pression, même subtile, n'interdit à quiconque de se manifester. Inutile ? Pas complètement. Utile ? Pas véritablement sinon par devers soi.

Courtois, patient, le président de la République feint la plus grande attention, puis demande l'avis du Premier ministre.

Jacques Chirac y mettait peu de formes, la nuance n'étant pas dans son tempérament.

Parle enfin le président de la République, après qui personne n'est autorisé à revenir sur le sujet, il le rappelle le cas échéant à quelque étourdi.

« Ce projet de loi est très important. Il faut bien voir que... »

Et en quelques phrases ponctuées de « J'observe que... » et de « C'est absurde... » ceux qui n'ont rien compris et ceux qui n'ont pas écouté, découvrent que tout est simple à qui sait simplifier. Le fond devient lumineux, la tactique à suivre à l'égard du Parlement, la présentation à l'opinion publique, sont précisées. La mécanique du cerveau présidentiel fonctionne tel un appareil de haute précision.

Commence la partie C, c'est-à-dire les « communications ».

Selon un calendrier établi de six mois en six mois, chaque ministre est appelé à faire le point, devant le Conseil, sur l'activité de son département et la politique qu'il poursuit dans son secteur.

Le contenu de ces communications doit être remis à l'Elysée et à Matignon quelques jours à l'avance.

Dans le même cadre, le ministre des Affaires étrangères rend compte chaque semaine ou presque de la situation extérieure, et ceux qui reviennent d'un voyage à l'étranger en font relation.

L'exercice est intéressant, d'autant que c'est la seule occasion où les membres du gouvernement sont informés de ce qui se passe et de ce qui se prépare ailleurs que dans leur propre champ d'action.

Dans toutes les assemblées d'une certaine ampleur, on utilise aujourd'hui des micros. Il n'a jamais été question, à ma connaissance, d'en introduire au Conseil des ministres. Grâce à quoi, il faut, pour tout entendre, concentrer son attention, et pour se faire entendre de tous, élever la voix.

S'ajoutant à la forme académique des « communications », ces voix forcées les privent de toute chaleur et achèvent d'enlever aux réunions du Conseil le caractère de séances de travail en commun.

Longs de quinze, vingt, vingt-cinq minutes, énoncés parfois d'un ton monocorde, devant une rangée de visages clos, ces récitatifs ingrats sont généralement prononcés en cherchant des yeux celui ou celle dont le regard levé montre qu'il écoute.

Il y faut, c'est un fait, de la bonne volonté.

Le chef de l'Etat m'a assuré qu'il avait vu de ses yeux, au cours d'un Conseil présidé par le général de Gaulle, André Malraux et Louis Jacquinot assoupis.

C'est le moment où le courrier fait rage, où se multiplient les petits billets que l'on se passe de main en main jusqu'à ce qu'ils parviennent à leur destinataire, empruntant le circuit qui évitera de les faire cheminer sous le nez du Président.

Certains sont prolifiques ; d'autres moins, la correspondance la plus abondante s'établissant entre Jacques Chirac et Simone Veil chez qui je n'ai jamais pu déceler si ce qui l'emportait était la gêne ou le plaisir d'être ainsi, ostensiblement, interlocutrice privilégiée.

Pourquoi des hommes dont la conversation est parfois brillante, et qui savent être vifs dans la repartie, se laissent-ils, à de rares exceptions près, enfermer dans des rédactions dont ils semblent prendre eux-mêmes connaissance au fur et à mesure qu'ils en donnent lecture ?

Le plus souvent, c'est faute de temps. Rares rarissimes sont ceux qui écrivent eux-mêmes discours ou communications. Ou encore qui se contentent de notes à partir desquelles ils brodent.

Théoriquement, les communications ne donnent pas lieu à débat. Mais là aussi, Valéry Giscard d'Estaing, après avoir remercié l'orateur de sa communication d'un mot choisi avec soin que l'intéressé rapportera tout chaud à ses collaborateurs s'il est flatteur, et qui sera parfois répercuté dans la presse, appelle les observations.

A partir de quel moment les instructions du président de la République ont-elles cessé d'être respectées ? Je ne saurais le situer avec exactitude.

Rétrospectivement, il me semble que cela s'est produit très vite et que, pour certains, ils n'en ont jamais tenu compte.

Moins de deux mois après son élection, Valéry Giscard d'Estaing reprochait déjà à ses ministres de « tomber dans la gestion », d'avoir « perdu l'esprit de réforme ».

En novembre, après l'altercation entre Michel Poniatowski et Jacques Duclos au Sénat, il déplore « les imprudences verbales », recommande de « ne pas se laisser prendre à la véhémence ». S'il comprend que l'on soit tenté de répondre aux attaques de l'opposition, « il ne faut pas argumenter à la façon de Seguy. Nous ne devons pas rechercher de telles circonstances. En répondant, on se fait plus de tort que les autres ne nous en font ».

On sait ce qu'il adviendra de ce *vade mecum.*

A la même époque, il approuve le ministre du Travail lorsque celui-ci, après avoir exposé le projet dit de compensation relatif à la Sécurité sociale, déclare : « Il faut annoncer la volonté de connaître les revenus réels de façon que l'on connaisse la faculté contributive de chacun, et qu'il paye impôts et cotisations en conséquence. »

Trois ans plus tard, on en sera encore à « annoncer la volonté ».

Le Conseil des ministres s'achève toujours par un exposé du Président relatif à l'actualité, situant les événements dans leur cadre et décrivant les lignes d'action.

Il le fait avec bonheur dans les deux sens du terme. Bonheur d'expression, bonheur d'avoir à constater qu'en somme, de quoi se plaindrait-on ?

Et chacun de se lever, plus ou moins rasséréné.

C'est le moment où l'on peut s'approcher du Président pour lui poser une question plus personnelle, échanger quelques mots avec le Premier ministre à propos d'une affaire urgente, rappeler à tel ou tel qu'une décision est en suspens.

On sort par petits groupes. Massés sur le perron, les journalistes passent à l'assaut, tous micros tendus, inlassablement persuadés que le Conseil a été le théâtre de lourdes révélations, de discussions ardentes, de décisions capitales.

Gonflés de leur importance, ou régulièrement rappelés à la discrétion mais soucieux d'entretenir leurs relations personnelles avec les journalistes, guettant, à la direction que prennent les micros, les fluctuations de l'intérêt porté à l'un plutôt qu'à l'autre, conscients d'avoir à contrôler leur attitude et leur visage qu'avale la gueule noire des caméras avec l'espoir parfois exaucé de fixer le ridicule, les ministres gagnent leur voiture en s'efforçant de ne parler que pour ne rien dire.

Au déjeuner, où ils arrivent, en retard par habitude, le « Excusez-moi... Le Conseil s'est prolongé... », produit le meilleur effet. Il ou elle est celui qui vient d'un pays mystérieux, mi-Olympe, mi-maffia.

Avec un peu de chance, le Président a prononcé « une petite phrase », dont il compte bien qu'elle sera répétée.

Parfois — rarement — Valéry Giscard d'Estaing est sombre. Ces jours-là, son visage paraît plus long, tire vers le jaune et compose avec celui, rose vif et rond, de Michel Poniatowski une curieuse combinaison.

Il appartient, selon toute apparence, à la catégorie des cyclothymiques, avec alternance d'états dépressifs et euphoriques. Tout le monde y est plus ou moins soumis, mais l'oscillation est inégalement sensible à l'observateur.

L'état dépressif se décèle aux commentaires désabusés sur les Français.

Il lui arrive aussi d'être sec, mais avec une lueur d'amusement dans l'œil.

Alors, c'est : « Si vous voulez dire quelque chose, dites-le à haute voix... » ou : « Votre question provoque un frémissement.... » ou, après un exposé du ministre des Affaires étrangères indiquant qu'il ne faut pas, selon lui, dramatiser la situation du Cambodge parce que « renvoyer les gens à la rizière, on y trouve des poissons, j'en ai même pêché, ils ne mourront pas de faim ».

« Si on envoyait le Quai d'Orsay à la rizière ? » suggère Valéry Giscard d'Estaing, suave.

Ou, à propos du projet de loi de finances : « La page X est rédigée comme un article du *Monde*. Encore un de vos P.S.U... C'est une véritable description de l'effondrement de la France ! C'est grotesque. »

Ou, à propos d'une nomination : « Il est passé de l'Udr aux R.I. et je n'exclus pas que les Réformateurs... »

Au fur et à mesure que la tension s'installera entre Valéry Giscard d'Estaing et Jacques Chirac, avec des hauts et des bas, l'ironie du président de la République deviendra plus coupante, tandis que Jacques Chirac se fera, lui, plus abrupt.

3

La première manifestation de l'impatience chiraquienne aura lieu très tôt. Au cours de l'un des premiers Conseils, le Premier ministre houspille le ministre des Affaires étrangères sur un ton tel que celui-ci se déclare prêt à quitter la salle. En quelques paroles apaisantes, le chef de l'Etat clôt l'incident.

Il ne se reproduira pas, mais deux méthodes se sont, ce jour-là, révélées le temps d'un éclair. Au-delà des méthodes, deux tempéraments. Au-delà des tempéraments, un malentendu qui porte en lui le conflit.

Jacques Chirac n'est pas un homme de réflexion. D'autres réfléchissent pour lui. Jacques Chaban-Delmas, blessé au plus profond par sa défection, lors des présidentielles, le décrit ainsi : « Chirac est un émouchet posé sur le poing ganté de Marie-France. De temps en temps, Juillet tire l'anneau pour que Chirac vole une heure. Et tue *. » Sans doute, la formule, pour être belle, est excessivement simplificatrice.

Il fait plutôt penser à ces grands boxeurs aux-

* ... Marie-France Garaud, Pierre Juillet.

quels soigneurs et entraîneurs dictent, pendant qu'ils sont sur le ring, leur tactique. Lui sait qu'il faut gagner. Et que pour gagner, il faut frapper, encaisser, frapper plus fort, encore plus fort. Eux savent comment ils le feront gagner. Non, ce n'est pas un homme de réflexion. C'est un homme dont l'instinct est de tuer — au sens figuré — plutôt que de convaincre, et qui finit toujours par le laisser paraître. Quelque effort qu'il ait fourni pendant cinquante-cinq minutes, pour se montrer habile, tolérant la contradiction, avant que l'heure sonne il passe à l'argument de force. Et la détente est foudroyante.

Un jour où, en qualité de « coordonnateur de la majorité », il avait entrepris de réduire les réticences du Parti radical, un jeune membre du Comité directeur — une cinquantaine de personnes — devant lequel il était venu se produire, dans la salle de réunion de l'antique place de Valois, lui posa, parmi d'autres, une série de questions sèches.

Ce jeune homme faisait alors son service militaire. Il était détaché auprès d'un conseiller juridique de l'Elysée, ce qui le plaçait sous l'autorité du général attaché à la maison du président de la République.

Quelques jours après, il était informé par son corps de rattachement militaire d'une mutation qui devait le conduire en Allemagne. Ordre personnel du ministre de la Défense, donné par télégramme, sans aucun commentaire auprès des autorités militaires qui s'évertuèrent, en vain, en faveur de ce jeune homme bien noté à tous égards.

S'il est vrai que, selon la parole de Malraux, « il n'y a pas de grande personne », Jacques Chirac le laisse, plus que tout autre, paraître. Mais dans la mesure même où tout est, chez lui, dicté par un inconscient que le conscient ne bâillonne jamais longtemps, il n'escompte, chez les autres, que des réactions primaires.

Quand il s'agit d'un homme politique, on appelle ceux qui fonctionnent ainsi des démagogues. Il en a la capacité d'entraînement. C'est le calculateur, chez lui, qui est défaillant, s'égarant parfois dans de petites manœuvres dérisoires tant elles supposent d'inconsistance chez l'interlocuteur.

Sa réflexion n'est pas à la dimension de ses réflexes.

Il en a fait une démonstration publique le jour où, intervenant lors du débat sur l'élection à l'Assemblée européenne, il improvisa soudain une adjuration incongrue, et indiscrète, au Premier ministre pour finir par aller prier Raymond Barre de l'excuser en disant : « Les communistes m'avaient exaspéré... »

En théorie, la combinaison d'un homme d'instinct, Jacques Chirac, et d'un cérébral raffiné, Valéry Giscard d'Estaing, aurait dû être féconde. Mais le premier n'est sensible qu'à la force, visible ou invisible. Et le second a une horreur quasi physique des épreuves de force. Civilisé, ô combien Valéry Giscard d'Estaing...

Au point d'avoir, semble-t-il, perdu la faculté de percevoir les avertissements que donne le danger à qui marche dans la jungle des hommes et de s'y promener comme dans les allées d'un jardin à la française. Cette vipère ? Allons donc, c'est un ruban. Ce bruit de feuilles froissées sous la patte d'une hyène ? Vous rêvez, c'est le chat. L'orage qui gronde ? Des enfants qui jouent avec un tambour.

Hypersensible à ce qui le froisse — vulgarité, laideur, inélégance, verbe haut, outrances en tous genres —, il marche, pour le reste, toutes antennes coupées.

C'est toujours par le prisme de l'intelligence qu'il appréhende une situation et par la raison qu'il entend résoudre les problèmes. Il sait alors attendre, feindre, ruser, se replier, attaquer là où on ne l'attend pas. Mais la passion le surprend, l'irrationnel le déconcerte, l'imprévu le choque comme le ferait un ordinateur déréglé.

C'est un joueur d'échecs, ce jeu qui abolit le hasard et où il suffit d'être le meilleur pour gagner, invariablement.

Et pour ce qui est d'être le meilleur, le doute ne l'effleure jamais. Donc, en bonne logique, il doit gagner. La logique, c'est son affaire.

En juin 1974, l'intelligence lui donne une vue précise de l'état de la société française et du besoin quasi biologique de changement qu'elle éprouve.

La logique lui souffle que c'est en s'associant à la conduite de ce changement que l'Udr, et avec elle la majorité, demeurera maîtresse du pouvoir. Si les nostalgiques du gaullisme se détachent, tant mieux... Ils fourniront l'aile droite qui le recentrera.

La logique — toujours elle — le convainc que Jacques Chirac, qui n'a jamais fait partie des « barons », qui est jeune, ambitieux, dynamique, le comprend et saura mener, sous ses ordres, l'assaut de la Réforme.

La vitalité, l'appétit, la puissance de travail de celui qui fut son secrétaire d'Etat l'ont toujours fasciné, lui qui a besoin de sommeil, de détente, de calme. Et puis, « c'est un brave garçon », dira-t-il. Qui t'a fait comte ? Qui t'a fait roi ? On ne donne pas une épée à qui vous a fait roi. Elémentaire, mon cher Watson. On lui coupe la main. Voir de Gaulle.

« Lorsque j'ai assumé mes fonctions, dira-t-il le 25 juillet 74 au cours de sa première conférence de presse, un certain nombre de commentateurs politiques sont venus me mettre en garde en me disant : Ne désignez pas M. Chirac comme Premier ministre, c'est le conseil que nous vous donnons. Et j'ai eu la sagesse de ne pas le suivre. »

L'un au moins de ces bons conseillers, haut fonctionnaire, connaissant de longue date les deux intéressés, n'y mettait aucun parti pris.

Il faudra deux ans à Valéry Giscard d'Estaing pour reconnaître devant témoin qu'il a commis une erreur. Mais à supposer que le calcul ait été bon, la logique opposable à l'expérience historique, la combinaison Giscard d'Estaing-Chirac était vouée à l'échec.

Jacques Chirac, et ceux qui le guident, avaient-ils décelé les points faibles — eu égard à la fonction — de Valéry Giscard d'Estaing, pendant les longues années où ils avaient travaillé ensemble ? Possible, mais pas certain bien que divers indices permettent de le penser.

Pensait-il — ou pensait-on autour de lui — que Valéry Giscard d'Estaing parlait de réformes pour n'avoir pas à en faire ? Possible, mais pas certain.

Aurait-il pu, au moins pendant un temps, être le réalisateur de la politique giscardienne ? Pas certain, mais possible.

Le gouvernement était à peine formé que Jacques Chirac ruait déjà, il est vrai.

Lorsqu'il soumet au président de la République, entouré des quatre ministres qui devaient, à l'origine, constituer autour de lui un cabinet restreint, le discours programme du Gouvernement, le Président dicte lui-même une série de remarques de fond.

Le lendemain, il n'en reste quasiment rien, dans le discours que le Premier ministre prononce devant le Parlement.

Jacques Chirac était encore vert, cependant, et autour de lui, on le savait. Il avait encore, par plaques, la peau tendre. Mais il ne pouvait être discipliné, canalisé, maîtrisé que par une main de fer. Celle du Père.

Ni l'âge, ni le physique, ni le désir de séduire plutôt que d'imposer propre à Valéry Giscard d'Estaing ne coïncident avec une image paternelle. C'est le premier de la classe, le crac, ce n'est pas le Maître, le Père.

Au fur et à mesure que l'autorité en quelque sorte automatique que conférait la fonction de chef d'Etat, dans la Vᵉ République, apparaîtra moins assurée, moins dense, Jacques Chirac s'y dérobera, pour finir par se poser en s'opposant.

Après un entretien avec Valéry Giscard d'Estaing, un Premier ministre étranger a eu ce commentaire : « L'homme est exceptionnel à tous égards. Il ne lui manque qu'une chose : l'instinct du tueur. »

Il l'a dit en anglais : *the killer's instinct*. Le tueur, toujours sur ses gardes, sait que, dans l'affrontement, s'il ne tue pas il sera tué. Chaque combat, il le mène comme s'il s'agissait de défendre sa propre vie. L'adversaire, on ne le ménage pas. On le laisse sur le carreau.

En ce sens, un grand chef politique doit avoir l'instinct du tueur.

Tout ce qui fait de Valéry Giscard d'Estaing une personne hautement civilisée et croyant fermement à la capacité française de donner en tout le pas à la raison, tout ce qui le distingue de la mince et puissante cohorte des chefs de bande qui fournit les chefs d'Etat et de Gouvernement le rend vulnérable.

Encore qu'il ne faille pas sous-estimer la force qu'il pourrait tirer de l'orgueil blessé, et sa conscience quasi gaullienne de l'entité France et de sa charge historique, donc des responsabilités du chef de l'Etat envers elle.

Il en parle peu — mais bien. Il a peut-être

tort d'être à cet égard pudique, en quelque sorte.
Mais là où Jacques Chirac et les siens se tiennent pour propriétaires de l'Etat et de ses dépendances, Valéry Giscard d'Estaing se tient, lui, pour dépositaire de la France.

Sans doute, ces considérations paraîtront-elles superfétatoires à ceux — dont je suis — pour qui l'Histoire est faite par tous les hommes, et non par quelques-uns. Mais ce qui est vrai sur une longue distance, en termes proprement historiques, ne l'est pas sur le court terme, celui où l'on se sent vivre.

Staline ou pas Staline, l'Union soviétique portait en elle le goulag. De Gaulle ou pas de Gaulle, la France n'est plus une grande puissance. Mais qui vit au rythme de l'Histoire, fût-elle accélérée ?

A l'échelle humaine, Clemenceau a gagné une guerre et Churchill une autre, Roosevelt a accouché l'Amérique moderne et ce que nous connaîtrons demain découlera du caractère de quelques hommes et de leur adéquation à la situation. De même que la vie conduit inéluctablement à la mort, mais qu'il y a trajectoire et trajectoire.

Sur celle où nous sommes, les conduites respectives de Valéry Giscard d'Estaing et de Jacques Chirac auront été décisives.

Parmi d'autres échanges significatifs dont le Conseil fut le théâtre, celui-ci — rapporté parce qu'il ne révèle rien qui ne puisse être rendu public sans dommage pour quiconque — est éclairant.

La tension, en ce jour de mai 76, est vive. Les humeurs mauvaises.

Vient devant le Conseil l'affaire du « sentier douanier ». C'est le nom que porte le chemin qui devrait longer le littoral et permettre à tous, fût-ce en traversant des propriétés privées, de marcher au bord de la mer.

C'est une revendication qui a incontestablement un écho populaire et, de ce côté-là, Jacques Chirac a l'oreille fine. La question se pose de savoir s'il faut l'imposer aux propriétaires de terrains situés sur le littoral et les indemniser puisque quelques mètres carrés leur seront soustraits au profit de la communauté.

« Nous devrions, plaide Jacques Chirac, avoir le courage de dire que la promenade le long du littoral est à tout le monde. »

Quelques avis contraires s'expriment.

« Je me demande, dit Jacques Chirac, si la majorité n'est pas un peu conservatrice. »

Rires, que le regard, noir comme il peut être, du président de la République, éteint rapidement.

« Vous voulez faire en somme un boulevard périphérique nautique pour une population qui, d'ailleurs, refuse de marcher à pied... Cette extravagance démagogique est au niveau intellectuel de la région de programme de (ici le nom d'un territoire lointain). »

Et on passe à l'ordre du jour.

⁂

Conçu et comme sécrété par Charles de Gaulle, le rôle de monarque choisi par le peuple suppose que son détenteur ait d'autres titres que la ratification du suffrage universel.

Aussi contesté qu'il ait été, Charles de Gaulle ne fut jamais, pour personne, le successeur du président de la République qui l'avait précédé. Né du ventre de l'Histoire, un 18 juin, il était entré à l'Elysée en chevauchant sa légende. Nul n'avait le pouvoir de l'en faire descendre.

Des hauteurs où il s'était placé et où il se tenait, il ne gouvernait pas. Il régnait, laissant à son Premier ministre — trois en onze ans — la charge de gérer, avec une marge d'initiative non négligeable. Mais personne ne s'interrogeait sur le point de savoir où était le Pouvoir, où l'autorité. Celle-ci allait, en quelque sorte, de soi plus que la Constitution saugrenue du régime équivoque, ni présidentiel ni parlementaire, mais proprement monarchique, de la Vᵉ République.

La première faille, dans le système, apparut lorsque Jacques Chaban-Delmas, Premier ministre, prétendit s'appuyer sur la confiance du Parlement pour mener sa politique.

Georges Pompidou racontait, avec un amusement encore teinté d'humeur, comment la veille du débat parlementaire, « Chaban » avait négligemment déposé le texte du discours-programme qu'il se préparait à prononcer sur le coin du bureau du président de la République, avant de prendre congé. Deux jours après, massivement investi de la confiance de l'Assemblée, il était cependant cassé.

Rien, dans le passé de Georges Pompidou, ne le parait de souveraineté.

Mais, Premier ministre pendant six ans, il savait qu'il ne peut pas y avoir durablement deux sources de pouvoir. La Constitution les créait : il en supprima une. C'est en concentrant tous les pouvoirs à l'Elysée qu'il perpétua le système.

Ce fut le temps du « Cabinet noir », qui en fit trembler plus d'un, tandis qu'à Matignon, un Premier ministre transparent feignait de donner des ordres.

Valéry Giscard d'Estaing n'a jamais été Premier ministre. Le pouvoir, c'est aux Finances et aux Finances seulement qu'il en a connu les délices et les pièges.

Dans ce décor à la Marienbad où le moindre des salons surfilés de dorures contiendrait dix des bureaux dévolus au personnel des services, il a contrôlé la troisième source du pouvoir, que l'on pourrait aussi dire la première. Car rien — rien — ne peut être, en France, mis en œuvre sans l'aval des Finances et plus précisément du directeur du Budget.

Si chaque ministre dispose d'une relative liberté dans la politique de son département, c'est la politique du ministre des Finances qui en trace, d'abord, les frontières. Budget global de la nation, et, à l'intérieur, budget propre à chaque département ministériel dont la répartition, entre chaque poste de dépense, est elle-même sujette à de furieux marchandages et ne peut plus être modifiée, en cours d'année, par le ministre.

Dans le concret des choses, la procédure, entamée en février pour le budget voté en octobre qui prendra effet en janvier suivant, aboutit à ces fascicules familièrement appelés « Bleus », qui énumèrent pour chaque département, ligne par ligne, l'affectation des fonds dévolus à chacun. Ces « Bleus » sont des romans noirs.

A la dernière étape se produisaient, autrefois, ce qu'on appelait les arbitrages. La somme des demandes posées par les ministres dépassant toujours le budget global fixé par les Finances, le Premier ministre arbitrait entre eux.

Ce pouvoir lui a été retiré en 1974, pour le budget de 75, par décision du président de la République qui l'a transféré à l'Elysée. Petite révolution qui n'était ni sans portée, ni sans signification. En perdant son pouvoir d'arbitrage, le Premier ministre perdit le peu de pouvoir personnel qu'il exerçait sur les ministres et les apparences de sa prééminence sur le ministre des Finances.

Prééminence toute relative puisque pour tout

engagement de dépenses nouvelles, il dépend du bon vouloir des Finances.

Valéry Giscard d'Estaing en savait assez long sur cette dépendance pour ne céder les rênes à personne.

Traçant lui-même la politique économique et financière du ministre chargé de l'appliquer, connaissant tous les rouages de la rue de Rivoli, et contrôlant, en dernière analyse le budget, crut-il avoir suffisamment réduit le terrain où le Premier ministre pouvait s'ébattre ?

Jacques Chirac rua, en particulier, lorsque le mors le blessa au point sensible : l'Agriculture.

Les agriculteurs, qui constituent aujourd'hui 11 p. 100 de la population active, votant dans l'ensemble pour la majorité, c'est sa chasse gardée, sa clientèle — au sens romain du terme — acquise lorsqu'il fut ministre de l'Agriculture, et soigneusement entretenue depuis. Il n'y entre pas seulement un calcul électoral. C'est le milieu avec lequel il a le plus d'affinités, dont les valeurs lui sont le plus proches.

Il faut le voir, discutant avec eux, riant après un bon repas au sujet de celle... « Vous savez bien, qui a des frelons dans sa culotte... » négociant rudement, il faut le voir dans une assemblée d'agriculteurs pour découvrir un Chirac épanoui, détendu, sans agressivité.

La France des agriculteurs, c'est la France qu'il aime : dure au travail, âpre au gain, étrangère aux ratiocinations intellectuelles, connaissant le prix de l'effort et ne reculant pas devant la plaisanterie salace. C'est aussi le milieu où j'ai découvert pour ma part les femmes les plus remarquables et les mieux organisées dans leurs justes revendications.

Nous préparions ce jour-là, à Matignon, la Conférence annuelle agricole qui réunit, en juin, autour du Premier ministre, dans le cadre de la politique dite « contractuelle » les représentants des organisations professionnelles, et où sont discutées les dispositions prévues en leur faveur pour l'année suivante.

Nous étions cinq ou six, pas davantage, assis autour d'une table dans une petite pièce située au premier étage, près du bureau du Premier ministre.

C'était en juin. La sécheresse, déjà, sévissait.

Le ministre de l'Agriculture exposa son dossier. J'appris à cette occasion que nous exportions pour 54 milliards de viande et que la maladie du bétail dite « brucellose bovine » éradiquée dans treize départements, en fait perdre 7.

Nécessité d'une politique sanitaire plus poussée, dont le coût est sans rapport avec les résultats, réajustement de la prime d'abattage, exaspération des agriculteurs devant la hausse des salaires industriels alors que leurs revenus étaient, à cause de la hausse du prix des engrais et de la ficelle lieuse, en baisse sur l'année précédente, inquiétude provoquée par la sécheresse...

« Le climat se détériore, dit le Premier ministre, visiblement fatigué. On est très mal parti pour voir de l'eau. La sécheresse sera le principal problème des six semaines qui viennent. Le vrai problème. Et on le verra en septembre... »

Quelques chiffres volèrent. Sur un point précis :

« Tu peux trouver 20 millions.

— Non. Mon F.A.R. (Fond d'action rural) est bouffé.

— Donc, il manque 61 millions. Bien. »

Le ministre de l'Agriculture donna le total du montant des revendications des agriculteurs, et le chiffre auquel il l'avait ramené.

« Le budget est bouclé, dit Jean-Pierre Fourcade, ministre des Finances. Je ne peux pas assister à la Conférence annuelle.

— Tu n'y assisteras pas si tu veux », réplique Jacques Chirac.

Suivit un échange vif entre l'homme du budget et l'homme des agriculteurs, sur la contradiction entre les objectifs (réduire l'inflation) et les moyens pour les atteindre.

Soudain Jacques Chirac a l'une de ces phrases dont il commence à être coutumier :

« J'ai quelques idées, dit-il, sur celui qui est responsable de ces incohérences... On peut supprimer la Conférence annuelle. C'est une option politique. Si on ne la supprime pas, il faut en tirer les conclusions : il y aura des dépenses. »

Et, sur une réponse de Jean-Pierre Fourcade indiquant que l'augmentation des prix alimentaires en France est la plus rapide d'Europe, le Premier ministre se lève et sort en claquant la porte.

Fourcade hésite un instant, puis sort derrière lui.

Nous restons ahuris, et muets. Puis nous nous séparons, sans commentaire.

« Celui qui est responsable de ces incohérences... » est-il au courant des propos que son Premier ministre laisse couramment échapper ?

Personne n'est plus mal informé que le président de la République. Curieusement, il ne connaît pas son Paris. Et que dire de la France...

Ses relations personnelles se situent presque toutes dans ce qu'on appelle « le monde », et de préférence parmi ceux qui portent un nom assorti d'une particule.

Et les « gens du monde », à Paris, ainsi que les pièces rapportées, vivent entre eux, dînent entre eux, chassent entre eux, aiment entre eux. Ils savent tout des liaisons qui se font et se défont, et de la situation financière, parfois critique, de tel ou tel membre de la caste. Les femmes, souvent, travaillent dans des emplois médiocres et, au château familial où se passent, l'été, les vacances, font bravement la vaisselle avant d'aller deux jours en Corse, trois jours à Venise, chez ceux qui ont su conserver leur fortune et dont les maîtres d'hôtel vous épargnent jusqu'à la peine de sucrer votre café.

Mais ils ont peu de rapports avec ce qu'on appelle la classe politique et n'y jouent, en tant que groupe social, aucun rôle.

Georges Pompidou, aux relations éclectiques, était au courant de tout. Deux ou trois personnes, outre son ministre de l'Intérieur, se chargeaient d'entretenir et de mettre à jour la connaissance qu'il avait acquise du sérail parisien.

Rien de tel autour de Valéry Giscard d'Estaing, rien d'organisé en tout cas qui le tienne informé de ce qu'un directeur de journal sait sur le bout des doigts.

En ce qui concerne plus particulièrement Jacques Chirac, son activité et celle de son entourage, rien n'eût été, de surcroît, plus mal reçu que des mises en garde. Ceux, parmi ses intimes, qui s'y sont hasardé n'y ont pas gagné, au contraire. C'était une façon de lui dire ce qu'il tolère mal de s'entendre dire : vous vous êtes trompé.

Au demeurant, qui le tolère bien ?

Mais plus la fonction est élevée, plus il devient héroïque — pour ne pas dire surhumain — d'écouter ce que l'on peut se dispenser d'entendre.

Au niveau du président de la République, rien de plus simple : il suffit de ne pas provoquer l'interlocuteur. Celui-ci serait-il prêt à se jeter à l'eau, Valéry Giscard d'Estaing est maître dans l'art de conduire une conversation sur les chemins qu'il a lui-même tracés.

Après qu'il eut changé de Premier ministre, un jour que nous étions seuls, je lui ai dit :

« Les choses ne pouvaient pas continuer en l'état. Savez-vous à quoi l'on peut comparer la façon dont nous avons travaillé depuis deux ans ? J'ai vu cela dans le privé. Un directeur général, chaque fois qu'il réunit l'état-major de l'entreprise, leur dit : « Voilà ce que le Patron a décidé... « Moi, je ne suis pas d'accord, ça ne peut pas « marcher, il est à côté de la plaque... Mais « enfin, ce sont ses ordres et c'est le patron. « Alors... »

« De quoi susciter la cohésion, affermir l'enthousiasme et assurer l'efficacité, non ? »

Il a ri.

J'avoue n'avoir pas ajouté que, en l'occurrence, le directeur général, c'est-à-dire le Premier ministre, avait quelques excuses.

Il a vécu, pendant deux ans, une manière de supplice.

Le moindre chef d'entreprise sait que l'on ne dirige pas à deux, à moins d'une entente parfaite à la fois sur les objectifs et sur le rôle respectif de chacun. Encore faut-il être vigilant sur l'organisation et le maintien des circuits d'autorité.

Tout le monde, dans l'entreprise, doit savoir qui fait quoi, et s'il y a partage de responsabilités, qui a le dernier mot et sur quoi.

Enfin, une direction bicéphale suppose que jamais un désaccord ne soit connu et, pire, exploité. S'il surgit, la décision du responsable ne doit jamais être publiquement combattue par l'autre, quitte, dans un entretien privé, à le convaincre si possible de la modifier.

Au prix d'une certaine dépense nerveuse, d'un peu de sang-froid et de beaucoup de respect mutuel, on parvient alors à diriger à deux.

Aucune de ces conditions ne fut durablement remplie.

On peut même douter qu'il y ait eu, à l'origine, définition des compétences. A l'usage, ce que Jacques Chirac eût, sans doute, enduré dans un climat de succès lui devint insupportable. Mais ce sont les conditions du clash qui étaient, dès l'origine, réunies.

Antagonisme sur le fond, sur la forme, sur les méthodes de travail... La gestion d'une crémerie n'y eût pas résisté. Et ce qu'ils avaient à faire était d'un ordre plus délicat, sinon plus élevé.

4

QUAND la session parlementaire s'achève, à la mi-juillet, le baromètre est au beau.

A la veille de son élection, Valéry Giscard d'Estaing a déclaré : « Vous serez surpris par l'ampleur et la rapidité du changement. »

En six semaines, le Parlement a voté la majorité à dix-huit ans, le remboursement de la pilule par la Sécurité sociale, le démantèlement de l'O.R.T.F., le projet de loi de finances rectificatives — c'est-à-dire une « rallonge » prévue en cours d'année. C'est la première fois depuis six ans, mais le budget restera excédentaire en 1974.

La voie express prévue sur la rive gauche est supprimée. La Cité fleurie est sauvée. Le programme autoroutier de la région parisienne suspendu. Le projet de construction d'un centre industriel sur l'emplacement des anciennes Halles également.

Le minimum vieillesse est augmenté de 21 p. 100.

La hausse des prix a atteint, en juin, 1,2 p. 100, mais le plan anti-inflation, qui taxe plus fortement les sociétés (donc les investissements) que les particuliers, et qui ne frappe que les hauts revenus, reçoit le soutien de Michel Debré : « un programme à la fois réaliste et courageux ». Et l'hommage du chancelier Schmidt : « Au point de vue économique, la France et l'Allemagne suivent maintenant un cours parallèle. »

Et lorsque, le 14 juillet, le défilé traditionnel a lieu entre la Bastille et la République, selon un cérémonial allégé, et au rythme d'une *Marseillaise* moins martiale, le président de la République reçoit la caution inattendue de *L'Humanité* qui voit, dans ce changement-là, une « preuve de l'influence grandissante de la gauche » et le signe que « Valéry Giscard d'Estaing a l'intelligence de s'adapter, de prendre l'air du temps ».

L'Udr, pour sa part, est restée boudeuse.

Quand Edgar Faure, président de l'Assemblée nationale, déclare : « Valéry Giscard d'Estaing n'est pas un conservateur qui serait réformateur, mais un réformateur que l'on croit conservateur. Il a une vue globale des choses, comme le général de Gaulle et Pierre Mendès-France. L'Udr doit se giscardiser, se rameuter autour du Président... » l'organe de l'Udr, *La Nation*, lui répond, dans l'un des derniers numéros qui précéderont sa disparition :

« L'Udr étant déjà gaulliste pourrait difficilement adhérer, en plus, au giscardisme qui, en outre, est bien difficile à identifier. Mais néologisme pour néologisme, nous ne verrions que des avantages à ce que le président de la République se gaullise. »

Cependant, les commentateurs les moins tendres croient pouvoir écrire que « après les quelques accrocs du début (...) l'Udr a retrouvé ses habitudes anciennes en se ralliant peu à peu au président de la République[1]. »

Du côté de Jacques Chirac, il n'y a pas de fausse note.

Interrogé sur « le changement », il déclare à la télévision que « l'évolution des choses nous oblige à concevoir un système beaucoup plus présidentialiste que par le passé... » Il répétera ailleurs : « Le président de la République est le chef incontestable du pouvoir exécutif. Cela implique qu'il ne peut pas y avoir de discussion sur les orientations qu'il me donne. Donc, que le Premier ministre, par définition, doit adhérer aux actions du Président. S'il y a une divergence de vue, si faible soit-elle, le Premier ministre doit se retirer. »

Qu'est-ce qu'un régime présidentialisé ? « Une orientation est donnée par le Président. Une volonté politique existe au Gouvernement. Une mise au point technique effectuée par les ministres. »

Comment s'articule-t-il sur les partis ? Sur le Parlement ? « La nature des choses nous conduira à une sorte de confédération présidentielle où chacun aura sa place avec des liens sérieux avec le Président. Le chef de la majorité, c'est le Président, chef de la majorité présidentielle et de la majorité parlementaire. Le maintien de la cohésion de la majorité parlementaire dépendra de ma capacité à diriger le Gouvernement. »

Et il se déclare « très hostile à toutes les thèses selon lesquelles l'Udr devrait dégager une doctrine ».

Dans le même temps, on apprend que « une conjoncture brillante se maintient dans la sidérurgie. Désormais, la sidérurgie française peut être considérée comme la plus moderne d'Europe ».

Et Valéry Giscard d'Estaing déclare à André Bergeron, secrétaire général du syndicat F.O. « Les craintes concernant l'emploi sont actuellement très exagérées. »

Au détour d'un article, un bon observateur qui, en dépit de ses options politiques personnelles, éprouve une sympathie manifeste pour Valéry

Giscard d'Estaing, notera cependant : « Si l'événement dément ses choix, c'est l'événement qui a tort. Il veut que l'événement lui donne raison, mais il ne se décide pas à peser assez vigoureusement pour l'y forcer[2]. »

Néanmoins, *Le Monde* lui-même note que « le chef de l'Etat semble bien décidé à encourager les mutations ambitieuses et à débloquer les mécanismes rouillés (...) Ample et rapide en effet, comme M. Giscard d'Estaing s'y était engagé, le changement s'est bien développé sur les deux axes de l'espace et du temps. »

La réserve suit : « Il lui manque une troisième dimension : la profondeur. »

Mais avant que la torpeur de l'été tombe sur la France, le président de la République fait connaître la teneur d'une lettre à son Premier ministre : « Je vous demande de faire procéder à l'étude relative à la mise au point d'un texte généralisant l'imposition des plus-values au sens de l'impôt sur le revenu. »

Le Parlement doit en être saisi à la session de printemps 75 de façon qu'il entre en vigueur le 1er janvier 76. Le comité chargé d'étudier la réforme de l'entreprise est mis en place.

Selon toute apparence, Valéry Giscard d'Estaing a réussi son départ.

Il lui reste six semaines avant d'avoir atteint le seuil des cents jours, ce bref printemps pendant lequel tout nouveau pouvoir peut planter avant que la terre, à nouveau, durcisse.

Il lui reste six semaines. Et il va les perdre.

Faute de jugement ? Il a toujours eu le sentiment qu'il avait le temps, et le répétera à maintes reprises.

Inclination naturelle à contourner les obstacles plutôt qu'à les prendre de front ? Dix fois je l'ai vu, obstiné dans l'objectif, souple dans la tactique, glisser entre les mains de ses opposants et les prendre à revers au moment où ils croyaient l'avoir ébranlé.

C'est ainsi qu'il mènera, en particulier, l'affaire de l'avortement, que ses trois ministres de haut rang, dont le Premier, cherchent à remettre en prétextant qu'il n'y aura pas de majorité, au Parlement, pour voter la loi nouvelle.

Ce qui, plus tard, inquiétera, chez lui, cette manière d'ondoyer qui suggère l'indécision, recouvre une irréductible persévérance. L'ennui est que, dans l'art du commandement, mieux vaut changer de cap avec assurance et se renier sans vergogne, que de paraître céder aux vents.

De sa démarche, la façon dont j'entrerai au Gouvernement est une illustration. C'est pourquoi je la décrirai.

Fin mai, Jean-Jacques Servan-Schreiber m'a dit : « Giscard voudrait vous confier un secrétariat d'Etat... Vous accepteriez ? »

L'idée me paraît saugrenue.

Aucune ambition ne m'est plus étrangère. J'ai peu de goût pour les honneurs. Je jouis d'une situation enviable. J'en sais trop sur le monde politique pour ignorer qu'entre le directeur — la directrice — d'un grand journal et un ministre, le pouvoir d'influence est incomparable. Je n'en sais pas assez sur l'Administration pour avoir envie de m'y frotter. Enfin, Giscard, ce n'est pas *my cup of tea,* ma tasse de thé comme disent les Anglais.

« Et qu'est-ce qu'il veut me donner, Giscard ? Les Affaires étrangères ou les Finances ?

— La Condition féminine. »

Tiens donc ! Il s'intéresse à la Condition féminine, le président de la République ? Pour du changement, voilà du changement.

Quelques jours plus tard, en rentrant un soir chez moi, je trouve A., qui me dit en riant : « Le président de la République vous a appelée.

— Ah ! bon, dis-je. Il rappellera. »

La plaisanterie est classique. Nous en restons là. Mais il rappelle, en effet.

« Je sais que vous n'avez pas voté pour moi. Donc, je ne peux pas insister. Mais ce n'est pas incompatible... »

Il me demande de réfléchir. Il rappellera le lendemain soir.

La décision est difficile.

Ce qui se passe du côté des femmes me paraît capital dans l'histoire des sociétés contemporaines. Il m'est toujours apparu que la France pouvait être, à cet égard, exemplaire, que pour de multiples raisons, c'est le pays qui réunit le plus de conditions propices à une évolution relativement harmonieuse des femmes et des hommes vers l'équivalence. Y prendre part, à la fois comme sujet, et du lieu où l'on dispose de quelques moyens, passer du pouvoir sur les esprits au pouvoir sur les choses, n'est pas une entreprise négligeable.

Mais est-ce une affaire de Gouvernement ? Et est-ce l'affaire de Valéry Giscard d'Estaing ?

Le « sexisme » n'a pas de racines politiques, c'est vrai, même si sa dénonciation verbale est plus courante d'un côté que de l'autre.

Les hommes de gauche comptent quelques tyrans domestiques, misogynes de choc... Il suffit de voir, d'ailleurs, ce qui se passe dans les états-majors des partis et des syndicats.

« Louise, vous allez nous chercher du papier ? Madeleine, vous voulez fermer la porte ?... Il faut présenter quelqu'un dans la circonscription de X ?... Aucune chance. Envoyons Marie-Thérèse... Pendant ce temps-là, elle cessera de nous emmerder. »

Mais la gauche, c'est ma famille, même lorsqu'elle m'exaspère, comme toute famille. Cette « immense bonté » qui tomberait d'un Gouvernement socialiste comme de Booz endormi...

Cependant Valéry Giscard d'Estaing est élu pour sept ans. Faut-il pour le pays, chercher son échec ou soutenir son ardeur réformatrice, si tant est qu'elle soit sincère et qu'il trouve sur quelles forces l'appuyer ?

Je consulte cinq personnes dont le jugement m'importe et qui, je le sais, ne me feront pas de cadeau. A., homme « libéré » s'il en est, donc féministe, cœur à gauche mais réfractaire au communisme, m'encourage tout en me disant que je vais devenir ennuyeuse.

C. : elle n'aime pas Giscard. « Mais les femmes... Si tu peux faire quelque chose vas-y... »

G. : ses sympathies vont à Mendès France. Même réaction.

Cl. : Il fait partie du brain-trust de Mitterrand. « Giscard fera beaucoup de choses, me dit-il. Mais étant donné la situation économique... »

Il en fait l'analyse et conclut : « Ça ne peut pas se terminer bien. D'ici deux ou trois ans, les choses iront très mal. Vous prenez des risques. Prenez-les. C'est la dernière expérience libérale. »

Et il ajoute en riant : « J'espère que je continuerai à vous voir ? »

JJ : Il fait la même analyse économique mais refuse la notion de fatalité. Donc : « Pas le droit de refuser... La France... Le Devoir... L'Avenir de nos enfants... Me fiche de votre confort moral... »

Reste la question que personne ne semble se poser, et que je me pose :

Ai-je les capacités nécessaires ? Je ne sais pas. La souplesse indispensable pour s'adapter à un métier inconnu, la faculté d'apprendre ? Je ne suis plus jeune. Puis-je retrouver l'humilité du débutant, saurai-je supporter un ou des « patrons », moi qui n'en ai plus depuis vingt ans ?

Abrégeons sur mes états d'âme. Ce n'est pas le sujet de ce récit.

Le délai fixé m'y arrache, d'ailleurs.

C'est oui, du moins sur le principe. Sur le fond, je suis curieuse d'entendre le Président. De tous les hommes politiques de la Ve République, c'est celui que je connais le moins.

Rendez-vous est pris, chez lui, un matin.

En présence d'un chef de l'Etat pour la première fois, personne, à ma connaissance, n'est à l'aise. Mais la pratique prolongée du journalisme est, de toutes, celle qui réduit le plus la distance aux grands ou présumés tels. J'en ai tant vus, suivis, interrogés... On y apprend à se gommer, à s'effacer, à n'être plus qu'attention à l'autre pour que, peu à peu, il se livre.

Un journaliste entraîné ne cherche jamais à se faire valoir auprès de ceux qu'il interroge. Ceux qui manipulent sous votre nez un magnétophone ou qui agitent des blocs ne savent pas ce qu'ils perdent à être trop présents.

C'est donc tous feux éteints que j'écoute Valéry Giscard d'Estaing, dans le décor de bibliothèque où il me reçoit.

Il est affable, direct, simple, et n'esquive pas les questions par lesquelles je cherche à éprouver la solidité de sa détermination.

Il est clair qu'il cherche des alliés sur sa gauche. Y a-t-il un chef d'Etat qui ne se veuille « président de tous les Français » ? Mais il le fait avec adresse.

De sa politique, il trace les grands traits. L'évolution de la condition des femmes, dans la société, s'y inscrit naturellement.

Nul doute qu'il a saisi, là, quelque chose à quoi le personnel politique français est, dans son ensemble, insensible ou hostile.

Que fera-t-il au sujet de l'avortement ? Il répond nettement et m'interroge sur Simone Veil. Peut-on compter sur sa fermeté ? Je le crois.

De tout cela, dit-il, nous reparlerons. Et, en effet, nous en reparlerons.

Garderai-je le droit d'écrire ? Certainement. Et il ajoute : « A lundi, au Conseil des ministres. Vous y serez. »

Je garde cette conversation pour moi. Mais journaux et radios donnent la chose pour faite. Je demande que mon numéro de téléphone soit changé sur l'heure.

Arrive le samedi où doivent être rendus publics les noms des secrétaires d'Etat.

En vertu d'une comédie — encore une — qui se poursuivra, c'est le Premier ministre qui constitue théoriquement le Gouvernement, et le propose au Président. Je n'ai pas encore rencontré Jacques Chirac dans sa nouvelle fonction.

Il téléphone, vers trois heures, pour régler, me dit-il, une question de détail. Je lui propose de passer le voir à Matignon. Où il m'indique qu'une Délégation, à la place d'un secrétariat d'Etat, ce sera beaucoup mieux. Et qu'en l'annonçant, dans quinze jours, ce sera encore mieux. « Vous aurez la liberté d'écrire et de penser... Vous ne serez pas liée à l'action gouvernementale. Vous aurez plus de moyens... Les secrétaires d'Etat, eux, n'auront pas de cabinet. Et dans six mois, vous aurez peut-être un ministère.

— Ce sont les six premiers mois qui donneront l'impulsion, qui imprimeront la volonté...

— C'est ce que pense le Président. Mais il a tort. Il a sept ans. »

Rétrospectivement, je me demande ce qui serait advenu s'il m'avait dit la vérité. Françoise Giroud, en plus de J.-J. Servan-Schreiber au Gouvernement, c'est trop pour l'Udr. Et un secrétariat d'Etat consacré aux femmes, c'est trop pour lui.

Mais il me traite, ce jour-là, comme une sotte, assez vaniteuse de surcroît pour être prête à passer sous le tapis au prix de quelque fonction officielle.

Je n'ai jamais su exactement pour qui Jacques Chirac me prend. En tout cas, pour une autre.

Discuter ? Je crains qu'en me bousculant, il ne m'arrache un consentement. Il a de la force. Je m'enfuis donc dès que possible, en disant que j'ai besoin de réfléchir.

« Vous avez une demi-heure, me dit-il. A cinq heures, je dois être chez le président de la République. »

Le Président... Il serait convenable de le prévenir. J'appelle. Il est occupé, il rappellera.

Je rappelle le Premier ministre. Le numéro de téléphone a changé. Je perds quelques minutes pour trouver le nouveau.

« J'attendais, dit-il. Et je m'inquiétais... Alors ?

— Alors c'est non. Si les choses s'étaient passées autrement... Mais nous sommes dans un processus où cette reculade serait désastreuse.

— Je ne peux pas insister ?

— Non. Je suis très flattée, je vous remercie, je n'ai aucun regret... C'est fini, voilà tout.

— Bon. Je peux vous rappeler ? »

C'est le président de la République qui rappelle. Je le mets au courant de la situation.

« Vous avez refusé ce que Chirac vous a proposé ?

— Oui. »

J'explique brièvement pourquoi.

« Bien. Il arrive. Je vais faire le point avec lui. »

Je sors, requise par une course urgente. Dans l'ascenseur, je rencontre Michel Rocard et son épouse.

« On peut vous féliciter ?

— Non. Fausse nouvelle.

— Moi, dit Mme Rocard, je suis contre le principe de la Condition féminine, ça me donne l'impression d'être un chimpanzé. »

A six heures, la radio égrène, par la voix du secrétaire général de l'Elysée, les noms des secrétaires d'Etat. En entendant l'un d'eux, je crains soudain que le mien ne suive. Mais non, et il n'est pas question de « condition féminine ».

Le téléphone sonne. C'est le Président.

« Vous avez entendu. Nous n'avons nommé personne. Le Premier ministre avait eu l'impression que vous acceptiez. Nous en reparlerons. »

Le téléphone sonne. C'est le Premier ministre.

« Vous avez entendu. Nous n'avons nommé personne. Je vous en reparlerai. »

A. et C. qui ont assisté à ce festival téléphonique sont médusés. Nous rions en pensant à l'idée que les gens se font de la formation d'un gouvernement.

Le téléphone sonne. C'est ma secrétaire. Télévisions et radios me cherchent. Eh bien, qu'elles continuent.

On sonne à la porte. Je vais ouvrir. C'est un journaliste d'*Europe I*, plus rusé que les autres, micro à la main.

Cette façon de vous prendre « à chaud », c'est

son métier. Mais ce n'est pas le mien de répondre à chaud. Plus tard, je comprendrai que les vieux routiers de la politique ont des « trucs » pour répondre sans répondre tout en répondant qu'ils n'ont rien à répondre. D'où l'intérêt puissant de leurs déclarations de circonstances.

Heureusement, ce chaud ne me brûle pas. Et j'arrive à répondre. C'est difficile.

Et maintenant ? J'ai cru pendant quelques jours, participer au gouvernement ; réuni un début de documentation sur la question des femmes ; Evelyne Sullerot, qui en sait long, m'a généreusement aidée ; j'en ferai un article pour *L'Express*. Pour le reste, l'aventure est terminée et j'en suis soulagée. Allons, il y a encore de beaux jours pour l'Udr...

Depuis que la condition féminine a été mise sur le tapis, si j'ose dire, la fébrilité règne parmi les femmes qui sont ou se jugent capables d'en avoir la charge au gouvernement. Il s'en trouvera bien une, plus comestible que je ne le suis.

Pour ma part, je décroche.

J'ai signé un contrat avec un éditeur pour un *Ce que je crois*... Je pars, le cœur léger, travailler dans le Midi. Je ne suis pas au clair sur « ce que je crois ». L'écriture va m'obliger à élucider. Bon exercice, non sans péril, qui me distrait au sens propre, totalement, sitôt entrepris.

Quelques jours plus tard, le téléphone sonne et m'arrache à la mer. C'est le président de la République.

« Je ne suis pas content de la façon dont les choses se sont passées avec vous. Alors voilà. Je tiens au secrétariat d'Etat. Je vous nommerai quand le Parlement sera en vacances et la classe politique dispersée. »

Le vent souffle sur mon maillot mouillé. J'ai froid. J'abrège. Je ne me sens plus partante...

« Réfléchissez, dit-il. N'en parlez pas, et rappelez-moi. »

On va recommencer ?

L'homme de plage qui m'a passé la communication me regarde et dit :

« Ce n'est pas une mauvaise nouvelle, j'espère ?

— Si. Enfin... Non. »

Je laisse passer les jours. Le téléphone sonne : convocation chez le Président, à son domicile.

Il arrive dans une voiture banalisée, sans escorte. Et cette fois il met, comme on dit, « le paquet ».

Je lui explique que mes rapports avec Chirac sont difficiles et risquent de le rester, pour des raisons indépendantes, d'ailleurs, de la politique. Il y a des Udéères convaincus avec lesquels, sans être d'accord, j'ai toujours entretenu de bonnes relations personnelles. Mais nous développons une sorte d'allergie réciproque. L'allergie se soigne, je suis prête à faire des efforts. Néanmoins, tout reposera sur la volonté du président de la République, et le soutien qu'on pensera qu'il me donne. Est-il vraiment décidé ?

« Vous serez au Conseil qui suivra le 14 juillet, dit-il. D'ici là, êtes-vous capable de garder le secret absolu ? »

J'en ai gardé de plus lourds. De surcroît, je suis persuadée qu'il reculera. Je ne mettrai même pas A. dans la confidence.

Le 13 juillet, le téléphone sonne. Convocation chez le Président, le mardi 16. A l'Elysée cette fois. C'est lui qui m'annonce que j'ai rendez-vous à midi avec le Premier ministre.

Le toboggan est avancé.

Patience, obstination, secret : c'est la technique Giscard.

Elle est efficace quand il dispose du temps

nécessaire pour l'appliquer. Mais en face d'un adversaire rapide et prêt à l'affrontement, elle peut être suicidaire.

Il n'en croit rien. A ce qu'il nomme, avec dédain, « l'agitation », il oppose, impavide, la conviction d'avoir le temps et la certitude qu'il l'a pour allié.

5

Lorsque sonne, en septembre 74, l'heure de ce qu'il est convenu d'appeler la rentrée, aucune des réformes susceptibles de donner aux Français le sentiment d'une évolution décisive vers la diffusion des responsabilités, la justice fiscale et la transformation des rapports d'autorité n'a été engagée. Aucune.

Mais leur menace — ou leur espoir — pèse déjà lourd. Ainsi, ceux qui les redoutent se sentent-ils déjà écorchés, tandis que les autres s'impatientent.

Il y a, à cet instant, dans la démarche de Valéry Giscard d'Estaing, quelque chose qui ressemble à une hésitation. Ce n'en est pas une. Plutôt un parti pris.

Il estime que l'on peut tout changer rapidement, sauf les structures mentales.

Déjà entre l'adhésion intellectuelle au changement et l'adhésion pratique, il y a un gouffre. Alors que dire lorsque la conception d'un avenir différent est prisonnière d'un imaginaire figé dans les formes du présent * ?

---

* En juin 77, il y aura 72 p. 100 de Français pour déclarer que l'arrivée de la gauche au pouvoir n'aurait aucun effet sur leurs conditions de vie.

Les structures mentales des Français pris dans leur ensemble sont figées. Poids de la population d'âge mûr, pour qui, inconsciemment, le changement est ce qui accélère le mouvement vers la mort ; confusion entre les traditions et la survivance d'habitudes qui ont perdu leur raison d'être, choc en retour de l'ébranlement de mai 68... Ceux dont l'esprit ne s'est pas ouvert à ce qu'il signifiait sont d'autant plus crispés, désormais, qu'ils ont vu leur univers familier vaciller[1].

Encore les choses seraient-elles moins complexes si la ligne de clivage, s'ajoutant à toutes celles qui traversent la société française, ne passait à l'intérieur de chaque individu, et, en tout cas, de chaque famille politique. N'est-ce pas Georges Marchais qui a déclaré, en juin 1974 : « Il y a une majorité de Français qui veulent des changements limités[2] » ?

La jeunesse et les femmes : Valéry Giscard d'Estaing voit bien que, globalement, ces deux groupes sont, pour des raisons différentes, en dynamique.

Mais ni les uns ni les autres ne détiennent les leviers de commande. Hétérogènes dans leur composition sociale, ni l'un ni l'autre ne sont organisés en l'une de ces féodalités qui se partagent, en France, les vrais pouvoirs.

Pourtant, les forces de changement existent. Mais où les saisir ? Au Moyen Age, les millénaristes « écrasés par la majesté du temps, choisissaient de le brûler, d'en accélérer follement les cadences, de manière à bondir plus vite de l'autre côté des orages dans une mer enfin reposée ».

En même temps que les adamites allaient nus, pratiquant l'amour libre, détruisant la propriété et cherchant l'histoire au commencement de celle-ci.

Si l'on croit à l'Eternel retour...

Fuite en avant ou prélude à une nouvelle Renaissance, l'impatience est là, patente. Les résistances aussi.

Surpris par leur vigueur, Valéry Giscard d'Estaing, fidèle à lui-même, se replie. Pour les user, il compte sur son complice, le temps. Donc, d'abord, jeter les projets de changement en pâture à l'opinion, et laisser les débats pénétrer peu à peu les esprits jusqu'à ce qu'une majorité finisse par y adhérer. N'est-ce pas ainsi que l'avortement libre — qu'il a essayé en vain de faire voter par son groupe parlementaire lors de la précédente législature — a fini par trouver plus de défenseurs que d'adversaires ?

Mais ce qui est vrai des mœurs, lesquelles précèdent toujours les lois, on le sait depuis Montesquieu, l'est-il lorsque des intérêts, des droits, et des privilèges sont en jeu ? Et les privilèges vont très loin en France, bien au-delà de ceux dits privilégiés.

Fiscalité, contrôle de l'argent public, système d'enseignement, municipalisation des sols... cela relève-t-il des structures mentales ? Les dispositions essentielles par lesquelles Roosevelt, outre la dévaluation du dollar, a assuré en 1932 le redressement des Etats-Unis en proie au désespoir, ont été prises en moins de trois mois. Et jusqu'à Pearl Harbor — mais il s'agissait alors, d'entrer en guerre — ce fut toujours en disant la vérité au pays.

Etait-ce impraticable en France, en 1974 ? Peut-être. Nous ne le saurons jamais. Ce ne fut pas tenté.

Deux ou trois actions vigoureuses et significatives, propres à frapper les esprits, prises, si besoin était, par ordonnances, pouvaient-elles décongestionner une société prête à éclater ?

Peut-être pas. Mais c'est toute la philosophie de la Réforme qui est alors vidée de son contenu.

Il n'est pas évident que la société française soit apte à la réforme, qui est action pratique tendant à substituer de nouveaux modes de fonctionnement à ceux qui ne sont plus adéquats.

L'idéal, la mythologie, le rêve y tiennent peu de place. Ce n'est pas une recette de bonheur, c'est une technique d'adaptation aux réalités.

Elle sollicite l'intelligence des situations, non la passion ; la raison, non la foi ; le pragmatisme, non l'esprit de système. Tout ce que les Français pratiquent fort bien, individuellement, mais moins bien, collectivement.

Parce que les mécontents sont plus nombreux qu'ils ne l'ont jamais été, alors que le niveau de vie a plus que doublé en une génération en un progrès plus rapide qu'il ne s'en est jamais produit dans l'histoire, une formule empruntée à un poète de vingt ans et du XIXe siècle les fait rêver : changer la vie. Formule énoncée « dans la ferme conviction qu'elle ne peut changer qu'en mieux, alors que tant d'éventualités contraires peuvent se présenter » (Alfred Sauvy).

Enfin, Valéry Giscard d'Estaing souffre d'un handicap majeur : il ne peut pas attribuer à son prédécesseur la responsabilité de ce mécontentement.

La méthode, amplement utilisée par Charles de Gaulle — tout le mal venait de la IVe République — lui est interdite.

Pour s'en servir, il y faudrait une audace, un cynisme qui ne sont pas dans son registre. Il faudrait aussi — il faudrait surtout — qu'il ait pris le risque de dissoudre l'Assemblée pour retrouver une majorité « giscardienne ». L'eût-il retrouvée, étroite mais résolue à le soutenir ? Nous ne le saurons jamais.

Nous savons seulement qu'il s'y est refusé.

« Vous n'avez pas le gouvernement de votre

politique, et le gouvernement n'a pas la majorité de sa politique », me lancera un député socialiste lors du débat sur la réforme du divorce. C'est un bon raccourci de la situation telle qu'elle se présente à l'automne 74.

Cependant, le président de la République dit alors, en privé : « C'est facile de gouverner les Français... » Il sera Giscard le Bien-Aimé.

Tous les hommes d'Etat, sans exception, nourrissent le rêve de « rassembler », alors que les passions politiques — passions de classes, de races, nationales, étendues au cours du siècle comme elles ne le furent jamais dans le passé, sont de toutes les passions celles qui divisent le plus. Ils supportent inégalement de n'être pas aimés.

Poursuivant cette chimère, les hommes d'aujourd'hui sont les premiers à devoir subir presque quotidiennement l'épreuve des sondages. Ce qu'ils y gagnent en information, ils le perdent en force intérieure.

« La vérité est quelque chose de terrible, d'insupportable, de mortel », dit un personnage de Unamuno.

Mais les sondages disent, en octobre, à Valéry Giscard d'Estaing, que sa cote mensuelle (Etes-vous satisfait ou mécontent de M. Valéry Giscard d'Estaing comme président de la République) est passée de 44 p. 100 en juin à 53 p. 100 de satisfaits.

Il ne met pas en doute l'étendue de son pouvoir.

C'est le moment où je commence à mesurer les limites des pouvoirs d'un ministre.

6

Le secrétariat d'Etat à la Condition féminine n'existait pas. Il fallait l'inventer.

Un décor grandiose lui fut attribué, l'un des beaux hôtels de Paris donnant sur un jardin carré. Stendhal le décrit et en dessine le plan dans *La vie d'Henry Brûlard*. Fonctionnaire, il y a gratté du papier et « pissé contre les tilleuls ».

Le quadrilatère de la rive gauche où se trouve Matignon est truffé de ces hôtels devenus ministères, boiseries, faux Boulle et fauteuils de velours frappé que le Second Empire a disséminés à travers locaux officiels et préfectures. Ils y sont encore.

Réunis et ouverts aux promeneurs, les jardins mitoyens constitueraient un parc superbe. Projet parfois évoqué auquel on peut douter qu'il soit jamais donné suite.

La vie ministérielle impose d'évoluer dans un réseau serré de conventions, filets d'une politesse chinoise dont chacun des participants, du plus élevé au plus modeste, connaît le code. Chacun joue un rôle dans une pièce dont il connaît les répliques obligées. Interprètes interchangeables, texte immuable.

L'organisation militaire n'est pas seule à reposer

sur les galons. Toute l'Administration est calquée sur ce schéma, outre une bonne partie de la France.

Puissamment aidée par une étroite équipe n'ignorant rien du code, stimulée par l'appui spontané de femmes qui ne partageaient qu'une conviction, l'indispensable fraternité [1], je partis en campagne, avec la foi que donne l'inconscience.

Les ministères sont des organisations verticales, concentrés sur un secteur d'activité. Le secrétariat d'Etat à la Condition féminine était horizontal. C'est-à-dire qu'il avait compétence pour intervenir dans tous secteurs, dès lors que les femmes pouvaient être concernées — et qu'est-ce qui ne les concerne pas ? — mais qu'il n'en avait aucune pour mener une action jusqu'à son terme, dès lors qu'un autre ministère était concerné. Et qu'est-ce qui ne concerne pas les Finances, la Justice, la Santé, le Travail, l'Equipement, le Logement, l'Education et j'en passe ?

Rien n'est impossible, sinon de faire coopérer des ministères. Pas des ministres : des ministères.

Ce dont on convient, entre soi, en une conversation, devient atteinte à l'autonomie et à la dignité des administrations intéressées, qui, montant la garde autour de LEUR ministre, le persuadent aisément que sa physionomie serait diminuée, ses prérogatives atteintes, par une action conjuguée. Les cabinets en ajoutent, les experts font de l'obstruction technique, l'accord de principe s'enlise dans les sables.

Ce qui porte le nom de « Coordination interministérielle », et à quoi tous les ministres sont soumis dès qu'une décision ne concerne pas uniquement leur département, se joue à Matignon.

Là, autour du conseiller du Premier ministre,

spécialement chargé de l'Affaire en cours, se réunissent les représentants de chaque ministère intéressé. Le respect de la hiérarchie, toujours lui, interdit que l'on se rencontre officiellement à des niveaux de responsabilités différents. Un ministre ne peut pas assister en personne à une réunion prévue entre conseillers. Il est déjà hors des normes qu'on se téléphone, fût-ce par l'inter, quand les barreaux de l'échelle ne coïncident pas.

L'inter est un téléphone gris, banal, qui permet d'appeler directement, en formant trois chiffres, tous ceux dont le nom ou la fonction figurent dans un carnet à couverture orange cartonnée.

Le document doit être détruit dès qu'il est remplacé par une nouvelle édition. Il n'en existe qu'un exemplaire par titulaire d'un chiffre d'appel, soit 160 personnes environ.

Les bonnes manières exigent que seuls les titulaires des numéros commençant par un 2 (une cinquantaine parmi lesquels les membres du gouvernement) appellent ceux dont les numéros commencent par 4 ou 5, c'est-à-dire quelques-uns de leurs collaborateurs les plus élevés en grade, outre le gouverneur de la Banque de France, le préfet de Police, les chefs d'Etat-Major, etc.

La hiérarchie ne perd, en France, jamais ses droits.

On m'indiquera, plus tard, que ce réseau interministériel est peu fiable. Qui procède à son écoute, et pour le compte de qui...

La discussion interconseillers relative à une affaire en cours peut être orageuse. Le représentant des Finances dit « Non », par principe.

Il peut y avoir une, deux, trois réunions de ce type, destinées à rapprocher les points de vue, avant de constater... qu'il n'y a pas rapprochement.

L'Affaire arrive alors à l'arbitrage du Premier ministre.

Son conseiller technique lui remet une note qu'il infléchit, évidemment, dans le sens qui rejoint son propre point de vue. Selon que le Premier ministre a plus ou moins confiance dans le jugement de son conseiller technique, qu'il connaît plus ou moins l'Affaire en question, qu'il doit plus ou moins tenir compte de considérations politiques, conjoncturelles, ou de personnes, il suit l'avis dudit conseiller, dont le rôle peut donc être décisif.

Enfin, si un conflit irréductible oppose deux ministres bouillonnants, ou que l'un des deux se sait mal en cour auprès du Premier ministre, il n'est pas exclu que le président de la République soit directement sollicité par celui qui se juge brimé.

C'est ainsi que l'un des ministres, remarquable, officiant sous le précédent Président, s'est brouillé à tout jamais semble-t-il avec Valéry Giscard d'Estaing, alors ministre des Finances. Il a obtenu que Georges Pompidou arbitre en sa faveur.

Tout cela est dans l'ordre humain. Et il est extrêmement rare, contrairement à la légende bien ancrée dans l'esprit des Français, qu'une décision soit, en définitive, prise pour des raisons vulgaires d'intérêt personnel. Extrêmement rare. Simplement, l'esprit de conciliation, de concession aux arguments de l'autre est étranger à la démarche française. On est généralement beaucoup plus fier, en France, d'avoir fait céder l'interlocuteur que d'être parvenu à un accord acceptable pour les deux parties. Les guerres de religion peuvent éclater sur n'importe quel sujet. Ce n'est pas ici le lieu d'en analyser les raisons.

Il convient seulement de constater que cette disposition nationale, si elle encourage grandement à l'exploit individuel, n'est pas propice à l'action en équipe.

Le département dont j'avais la charge était, de par sa structure horizontale, contraint en permanence à l'action interministérielle.

Il m'était arrivé, dans le passé, de rencontrer tel ancien ministre, et de trouver singulier le souvenir vivace qu'il avait, et la fierté d'avoir donné naissance à une disposition apparemment secondaire.

C'est que le résultat est incommensurable à la somme d'énergie déployée. Le public voit la mouche écrasée. Le ministre se souvient du marteau-pilon qu'il a dû manœuvrer.

Il me fallut un moment pour comprendre la tactique du Premier ministre.

Il convenait que le bénéfice des mesures populaires aille aux ministres de son clan, et que le secrétariat d'Etat à la Condition féminine apparaisse comme l'expression d'un intellectualisme parisien vaguement pervers. Quitte à récupérer ses initiatives si elles avaient de l'écho dans l'électorat.

J'ai laissé filer.

L'important n'est pas de savoir qui fait quoi au gouvernement. C'est que les choses se fassent, me disais-je.

Un journal voulut me photographier avec mes deux petit-fils (Je vous assure... Ce sera excellent pour votre image. Grand-mère ! Et il paraît que vous faites souvent la cuisine ? La cuisine plus les petits-enfants... Du gâteau !). J'ai refusé. Sans doute ai-je eu tort. Mais cette comédie-là, dans la fonction précise où j'étais alors, il ne fallait pas la jouer. Je travaillais précisément à ce que l'on jugeât une femme sur d'autres critères.

Une drôle de machine, le S.C.F.

Aucun rapport avec un ministère de gestion, muni de services spécialisés. Ce qu'on appelle des directions, qui constituent la chair et le sang de l'administration française.

Les ministres passent, les directeurs restent. Quand, parmi eux, un changement se produit, c'est à une cadence toute différente. On reste facilement cinq ans à la tête d'une direction, parfois bien davantage. Et, à moins que l'intéressé ne souhaite lui-même partir vers plus prestigieux, on opère généralement avec ménagement pour le muter. Dans un milieu où l'on sait toujours qu'on se retrouvera au coin d'une décision on ne sort pas son couteau sans absolue nécessité.

En théorie, les ministres ont une politique, les directeurs l'appliquent. En pratique aussi, quand le ministre voit ses Directeurs, connaît les problèmes qu'il doit trancher, prend rapidement les multiples décisions qui lui sont quotidiennement demandées, et emporte une véritable adhésion qu'il faudra ensuite faire descendre dans les services, rayonner dans les provinces, à coups de circulaires...

Quand, pour des raisons diverses, cette heureuse conjoncture ne se produit pas, tout va pour le mieux. Pas de politique ? Donc pas de vague. Les Directeurs assurent la continuité. Le ministre signe. Des décrets, des arrêtés. Pas de compétence ? On lui suggère respectueusement, par notes, des solutions. Si le directeur technique est avisé, le ministre choisira la bonne. Sinon... l'important est d'avoir ouvert le parapluie. S'il pleut, ce sera sur le ministre.

Les décisions tardent ? Pas d'adhésion ? La France est éternelle. On fait traîner. En attendant que le ministre change et que son successeur mette, dans la meilleure hypothèse, trois mois pour assimiler les dossiers qu'il aura à traiter. Et comme il aura une autre politique...

Ainsi va la France. Peut-être la meilleure administration du monde, corruption rarissime, sens de l'Etat développé.

Elle maintient.

Les réformes, il ne lui appartient pas de les sécréter et elle en est, par nature, incapable même si, individuellement, des hommes et des femmes en ont le désir et l'imagination. Dunes de sables où le premier vent efface la trace des pas... Les régimes peuvent périr, elle demeurera, pour le meilleur et pour le pire.

Tel un orgue de Barbarie dont on tire toujours la même musique, quel que soit celui qui tourne la manivelle [2].

Il existe un service de Renseignements administratifs par téléphone. Ignoré. J'ai saisi une occasion de le faire savoir. Les appels ont afflué. Alerté, le ministre de la Fonction publique dont dépend ce service s'est indigné. Où irions-nous si on se mettait à répondre à tout le monde !

« Mais le service est fait pour ça !

— D'accord, mais le personnel est insuffisant.

— Alors, il faut le multiplier.

— Vous savez que je ne peux pas.

— Alors il faut le supprimer. »

Supprimer un service qui ne peut pas rendre le service pour lequel il a été créé ?

On ne supprime jamais rien, sauf les lignes de chemin de fer au moment où l'on cherche à diminuer la circulation individuelle.

Ainsi va la France.

Oserai-je écrire sur ce que « on ne peut pas dire » au sujet de la fonction publique ? La forêt est touffue. Il faut un peu d'attention pour y pénétrer.

Environ trois millions de personnes ont l'Etat pour patron — soit 15 p. 100 de la population active.

Six cent mille travaillent dans les grandes

entreprises nationales. Quatre cent mille sont employées par les collectivités locales. Plus de huit cent mille par l'Education.

Plus de quatre cent mille par les Armées. Plus de trois cent mille par les P.T.T.

La Culture, à elle seule, emploie huit mille fonctionnaires.

La croissance est constante et se situe, depuis 1968, entre 2 et 3 p. 100 par an.

Que gagne un fonctionnaire ?

$$T + Z + I - C = R.$$

Ce qui signifie traitement, plus indemnité de résidence, plus suppléments familiaux, plus indemnités proprement dites, moins cotisations d'assurance-maladie et retenue pour pension égal rémunération.

Qu'est-ce qu'une indemnité-proprement-dite ?

Travaux supplémentaires, primes de rendement, sujétions spécifiques, risques particuliers, responsabilité (des comptables, des proviseurs par exemple) remboursement de frais de service, de tournée, de représentation, etc. Leur total peut atteindre le double du traitement.

D'où l'audace qui consiste à dire : « Voilà ce que gagne un commissaire divisionnaire, un inspecteur des P.T.T. ou un gardien de musée », les uns parlant de son traitement indiciaire, les autres de sa rémunération.

Qu'est-ce qu'un traitement indiciaire ?

$$B \times \frac{i}{100}$$

C'est-à-dire traitement de base (B) multiplié par indice (i).

Qu'est-ce que le traitement de base ? C'est celui qui correspond au plus bas échelon du plus petit grade du corps le moins élevé de la fonction publique. Cet échelon est doté de l'indice 100.

La valeur du traitement à l'indice 100 est fixé périodiquement en Conseil des ministres. Elle était de 8 639 F l'an en septembre 74. Valeur théorique puisque aucun fonctionnaire ne débute, depuis 1968, à l'indice 100. Cet indice de début était, en juillet 74, à 164. Le traitement de début était donc, en septembre 74, de 8 639 F (B) × par 1,64, soit 14 168 F l'an.

Comme on dit joliment dans les manuels, il n'y a pas de fonctionnaire sans corps.

Chaque corps (il y en a environ 1 200) est pourvu d'un statut particulier, et appartient à une catégorie. Dans l'ordre hiérarchique, établi selon le niveau de recrutement, catégorie A, B, C et D. Niveau grands concours et licence, baccalauréat, B.E.P.C.

A l'intérieur de chaque corps, il y a, comme dans l'armée, des grades, des galons que le fonctionnaire gagne au cours de sa carrière, essentiellement à l'ancienneté. Et, à l'intérieur de chaque grade, des échelons qui définissent des niveaux de rémunération.

Chaque corps, chaque grade est classé sur l'échelle des indices, et à chaque échelon correspond un indice.

Il s'établit donc entre corps des parités pratiquement impossibles à rompre. Par exemple, entre l'instituteur et le capitaine, l'agrégé et le colonel. En d'autres termes, on ne peut pas augmenter l'un sans augmenter l'autre, toute mesure dite catégorielle finit obligatoirement par être étendue à l'ensemble des agents de l'Etat.

Dans leur bon sens, il arrive que les Français se disent : « Pourquoi diable n'augmente-t-on pas substantiellement le salaire des infirmières, par exemple, puisqu'on ne parvient pas à en recruter et que personne ne conteste leur utilité sociale ? »

Peut-être l'aura-t-on compris. Mise en place par une loi de 1946, la grille de la fonction publique, en dépit de fluctuations juridiques précautionneuses, est devenue un corset de fer. Chacun a d'ailleurs conscience de la sclérose que produit cette rigidité.

L'Etat essaie de-ci, de-là, de la tourner par des procédés dont le détail lasserait la patience. L'un porte le doux nom de pyramide cylindrée.

Dans chaque ministère, des heures et des heures de palabres entre les représentants des syndicats, et avec les Finances, se déroulent pour essayer de modifier des situations intenables — celle des gardiens de musée par exemple — sans déclencher le mécanisme infernal.

Mais toucher brutalement à la grille de la fonction publique, la mettre à plat de haut en bas, éliminer les anachronismes, y faire à nouveau circuler le sang, aucun gouvernement ne peut s'y attaquer sans se suicider.

Rien de tout cela n'est, à proprement parler, secret, bien qu'il soit consiédéré comme indécent d'en parler clairement.

L'extravagant, c'est ce qui en découle.

A peine le noyau de mon cabinet était-il formé... — un magistrat (ou plutôt une) un administrateur civil des Finances (ou plutôt une) un inspecteur du Travail, une attachée parlementaire...

« Ils ont été bien à Matignon, me dit-on. Vous pourrez donner des primes raisonnables.

— Je croyais que les fonctionnaires étaient payés par leurs corps d'origine ?

— Oui, mais il y a le petit supplément... »

Normal. Attaché à un cabinet, un fonctionnaire, métier paisible, mène soudain une vie infernale. Journée de quatorze heures, mobilisation permanente, nuits blanches au Parlement assis derrière son ministre et lui passant des notes techniques, déplacements épuisants... Quelques années de cabinet vous ravagent un homme, et parfois sa vie privée. De surcroît, ce faisant, il peut porter tort à son avancement en grade.

Plus que normal, le petit supplément. Je calcule comment répartir la somme globale que se partageront mes collaborateurs directs. C'est dérisoire. A la limite, inconvenant.

« Ce n'est pas de ça qu'il s'agit, me dit-on.

— Alors, de quoi ? »

On s'assure que la porte est fermée. On s'approche pour chuchoter.

Le petit supplément, c'est de l'argent noir. Prélevé sur une caisse noire, plus ou moins bien alimentée selon les ministères. Et la pratique s'étend, pour des sommes modestes, variant avec l'ampleur des moyens et la générosité du ministre à tout le personnel qui l'entoure.

On arrive donc à la situation savoureuse de voir l'Etat verser à des fonctionnaires des sommes sur lesquelles ceux-ci ne paient pas d'impôts puisqu'on ne saurait déclarer des revenus noirs. Les Finances ne font pas exception à la règle.

Tous ministères et tous cabinets compris, cela ne va pas très loin. Mais le principe n'en laisse pas moins rêveur...

Ainsi va la France.

7

« ÊTES-VOUS satisfait de M. Valéry Giscard d'Estaing comme président de la République ? »

Sont très satisfaits ou satisfaits :

— Juin 74 : 44 p. 100.

— Septembre 74 : 53 p. 100. Dont le Président lui-même.

Le directeur du *Monde* note que, par rapport à ce dont avait rêvé M. Chaban-Delmas, quand il parlait de « Nouvelle société » :

« ... les actes et plus encore les gestes ont rapidement suivi, sans doute parce qu'il y a unité de conception et de commandement. »

On entre dans la période du Verbe.

A la télévision :

« Le changement est apparu comme possible. Aujourd'hui je vous demande de croire au progrès. »

Au colloque sur *Biologie et devenir de l'Homme* où Valéry Giscard d'Estaing complète :

« L'homme politique, c'est précisément celui qui sait traduire un espoir en une volonté. »

Au déjeuner qui, périodiquement, réunit tous les membres du Gouvernement autour du Président :

Il faut « que la société française devienne un chantier de réforme... tirer les conséquences du changement en profondeur de l'économie mondiale... faire un effort national d'adaptation et de redéploiement... »

Dans un communiqué que diffuse l'Elysée : « ... Réformer la justice, moderniser les institutions sociales, réduire les inégalités excessives de ressources, développer l'éducation, libéraliser les législations répressives, développer la culture. »

En conclusion, après le Conseil des ministres qui se tient à Lyon : « La France est un pays qui se porte bien. »

Bien ? Comme tous ceux qui sont heureux, le président de la République est persuadé que les autres le sont. Et que dans leur majorité, ils le savent.

Les inégalités, source de « larmoiement permanent » ? Il faut s'en occuper. Mais n'est-il pas vrai qu'en cinquante ans, elles ont été davantage réduites que pendant deux siècles ?

Incontestable. Mais les malheurs des générations précédentes n'ont jamais fait le bonheur des générations suivantes. Ce que l'on retient du passé, c'est toujours ce qui allait mieux. L'air et l'eau n'étaient pas pollués... On pouvait circuler... L'instituteur était respecté... Les enfants obéissaient... On n'était pas tout le temps pressé...

Et puis quoi ! Tout ce qui est atteint est détruit, c'est la loi des hommes. Et celle-là, nul ne la réformera jamais. Plus on va vite, plus on atteint, plus il faut faire mouvement.

Français, patientez un peu... Le Président vous promet qu'au cours de son septennat...

Mais ceux qui gouvernent ont perdu, par la conjonction de la télévision et des sondages, le bénéfice de deux dimensions : la durée et la distance.

On se mutine dans les prisons ? Tous les foyers sont sur l'heure saisis. C'est sans délai qu'il faut, et à la connaissance immédiate de tout le pays, réagir, déclarer, prendre des mesures, les annoncer. Les viticulteurs se révoltent? La Corse flambe? Les soldats du contingent s'agitent ? Piqûres pour anesthésier, pansements sur la blessure, promesses, subventions, et on enchaîne, jusqu'à la prochaine.

Réfléchir ? On commandera un rapport. On créera une commission. Monsieur Prison, Monsieur Prostitution, Monsieur Tartempion.

La légitimité née du suffrage universel, l'autorité qui s'y attache, la durée du mandat donné ? Un mauvais sondage, un second, et l'individu mécontent sait qu'il y en a 47 p. 100, 50 p. 100, 52 p. 100 qui le sont aussi. Le voilà dans une armée, puissante en nombre. Toute passion s'avive à se sentir attenante à des millions de passions semblables.

C'est tous les mois qu'il faut être potentiellement élu, renouvelé dans sa légitimité et, avec le chef de l'Etat, tous ceux qui, quelque part, agissent au nom du Pouvoir.

De cette donnée fondamentale, le rétrécissement de la durée et de la distance, il faudrait tirer les conséquences ; sur tout cela il faudrait réfléchir, pour s'ajuster, adapter, maîtriser, imaginer.

Mais qui a le temps de réfléchir ? A supposer qu'on y ait quelque disposition, la pensée est hors d'atteinte une fois engagé dans cette course d'obstacles.

Il est exclu, en tout cas, qu'un Premier ministre en ait la disponibilité.

Les ministres pas davantage.

Ceux qui servent l'Etat depuis longtemps le constatent avec effroi ou satisfaction, selon qu'ils sont ou non lucides : au fur et à mesure que l'Etat élargit le champ de ses interventions, de ses responsabilités directes, de ses compétences, leur charge croît à une allure qui va s'accélérant en même temps que grandit l'exaspération de ceux dont la vie quotidienne, la marche des affaires, les transactions, allocations, subventions, autorisations, sont soumises à leurs décisions.

Démultiplier les responsabilités ? Décentralisation, déconcentration — les mots à la mode —, régionalisation — le mot qui fait peur — en sont à peine au stade du balbutiement.

Ce dont un ministre doit s'occuper directement, et *a fortiori* un Premier ministre, défie l'énumération et même l'entendement. Alors, réfléchir... A quelle heure ?

Quelques hauts fonctionnaires s'y emploient à la demande et produisent des rapports, parfois remarquables.

Il y a des rapports sur tout, en France. Le cinéma et les oléagineux, les inégalités et l'archéologie, la démographie et l'enseignement de l'architecture. J'en ai dénombré trois cents concernant les problèmes intéressant exclusivement les femmes. Deux cents pages, trois cents pages, cinq cents pages... Secrets, souvent. Par principe, un rapport est secret.

Il n'en existe ni une nomenclature, ni un dépôt automatique et obligatoire dans un lieu où il serait possible de les consulter. De sorte que l'on refait rapport sur rapport, sans que le précédent nourrisse le nouveau qui le double parfois.

J'ai suggéré la création de ce dépôt. Dans cinq ans, peut-être... ou dix... C'est le temps qu'il faut pour passer d'une idée à sa réalisation, lorsque rien ne s'y oppose.

La caractéristique de ces rapports est qu'ils sont superbes dans le choix des fins, faibles dans le choix des moyens. Minutieusement descriptifs de la situation qu'il conviendrait de modifier, et de celle qu'il faudrait atteindre, les voies pour passer de l'une à l'autre en sont absentes ou à peine esquissées. Parfois elles sont indiquées, mais dans un mépris total du contexte politique, économique, social, psychologique dans lequel il faudrait opérer.

En chirurgie, cela s'appelle opérer un malade de telle sorte qu'il mourra guéri.

L'excès de pragmatisme ne nous menace pas encore.

Notre effervescence intellectuelle n'est pas stérile, cependant, même si les fruits ne tiennent pas la promesse des fleurs. Mais avant qu'un rapport s'inscrive dans la réalité vivante...

La réflexion, seul le chef de l'Etat peut trouver le loisir de s'y consacrer. Valéry Giscard d'Estaing préserve cette disponibilité nécessaire et l'emploie intensément. Comment améliorer ce qu'il appelle « la santé profonde de la société française » ?

Il se meut, dans l'abstraction, comme un poisson dans l'eau. Vision globale de l'évolution du monde, perception des grands courants qui le sillonnent, déductions logiques... De la grosse centaine de jeunes nations affamées, surpeuplées, grouillantes d'enfants, qui sont en train d'émerger à la conscience d'elles-mêmes, à l'absence d'un projet à laquelle rallier la jeunesse française ; de la puissance américaine à la faiblesse de chaque nation européenne prise isolément, il n'y a aucun sujet de méditation que son intelligence n'aborde, ne domine, ne digère, qu'il ne sache mettre en équations et exprimer en termes limpides.

Mais tel l'intellectuel au cerveau puissant capable d'appréhender toutes les données de la société française mais désarmé lorsque ses enfants rapportent de mauvaises notes de l'école, il bute sur la conception des actes adéquats à la situation qu'il a analysée.

Non que les idées lui fassent défaut, il en a cinq

par jour. Mais entre ce qu'on a appelé « le gadget », et les idées générales, il manque la dimension intermédiaire.

Il dit : « Nous vivons dans une société de classe. Les responsables ne parlent à personne. Il faut voir les gens, leur parler, les rencontrer. »

Et il s'invite à dîner dans des foyers modestes.

Il dit :

« Une saine décentralisation ne suppose-t-elle pas, au moins à terme, que la région bénéficie d'un exécutif élu ? La solution du dynamisme réclame l'élection des conseillers régionaux, territoriaux, au suffrage universel direct. »

Et il décide de réunir un Conseil des ministres à Lyon.

C'est aussi que, là, l'initiative lui appartient seul.

Tandis qu'on ne trouve pas seul, on n'actionne pas seul les leviers qui peuvent modifier les relations internes à une société.

Et, sans aller jusqu'à pareille ambition, sur quoi donc le président de la République peut-il agir qui n'exige des relais, des courroies de transmission ?

Dans le domaine extérieur, il est en prise directe sur la conduite des Affaires.

Il fait sensation en ouvrant une conférence de presse, celle d'octobre 74, par ces mot : « Le monde est malheureux. Il est malheureux parce qu'il ne sait pas où il va et parce qu'il devine que s'il le savait, ce serait pour découvrir qu'il va à la catastrophe. »

Etrange lumière jetée, soit dit en passant, sur son fameux optimisme. Il ne s'aveugle, quand il s'aveugle, que lorsqu'il est en question.

Mais dans la foulée, il peut annoncer une conférence restreinte des pays exportateurs et importateurs de pétrole. Ce qui deviendra la conférence Nord-Sud.

Dans le domaine intérieur, il y a la théorie, formulée par Jacques Chirac : « Une orientation est donnée par le Président. Une volonté politique existe au Gouvernement. Une mise au point technique est effectué par les ministres [1]. »

Et il y a la pratique, où entre l'orientation et la réalisation, tout se dilue, se déforme, se reforme, se transforme, s'ensable, et aboutit — ou n'aboutit jamais — quelques années plus tard, à des dispositions où il ne reste, de l'orientation initiale, qu'un parfum fané.

Entre-temps, ce qui fût apparu comme un progrès a pris, pour ceux qui en bénéficient, le goût d'un vieux chewing-gum remâché qu'on leur jetterait dans la bouche après usage.

L'exemple des mineurs de glaise, raconté dans son détail par Alain Peyrefitte, est devenu un classique du genre [2].

Dans un registre plus modeste, le recul de trente-cinq à quarante-cinq ans de l'âge limite auquel on peut présenter un concours donnant accès à la fonction publique dans la catégorie A, disposition proposée et acceptée en pensant aux femmes que les maternités ont handicapées pendant quelques années, est toujours suspendu à quelques signatures.

Raymond Barre, essayant de mettre de l'ordre dans la maison, a fait procéder à une récapitulation : il a constaté que, à la fin de 1976, la moitié des lois votées fin 73 n'étaient pas entrées en vigueur dans leur entier parce que la moitié des décrets d'application n'avaient pas encore été pris. Et on en était encore, en 1973, à publier au *Journal officiel* des décrets d'application relatifs à des lois votées en 1964 !

Sur « l'échiquier de forteresses » que constitue l'Administration, on ne se déplace qu'avec une majestueuse lenteur.

Surcharge des services ? Sans doute. Blocage

délibéré par un fonctionnaire qui désapprouve telle ou telle loi ? Cela s'est produit dans un cas précis, que je ne désignerai pas davantage pour ne nuire à personne. Pour retarder l'application d'une loi, on a vu celui qui était chargé d'élaborer les décrets permettant son application garder le dossier sous le coude pendant plusieurs années et, un été où il craignait qu'en son absence, ledit dossier ne soit confié à un autre, se priver de vacances. Sans doute, au-dessus de lui, n'était-on pas trop pressé non plus.

Cette lenteur préserve-t-elle au moins de la précipitation ? C'est le contraire. La lenteur naît de la précipitation née elle-même de la lenteur.

Exemple banal et particulièrement dépourvu de complexité ; les films pornographiques. Il était clair, en 1974, que devant l'invasion des affiches, des titres racoleurs, de la publicité obscène dont ces films faisaient l'objet, une réaction se produirait.

L'ayant prévue, sans mérite, j'ai suggéré qu'une commission, déjà existante — il n'y avait même pas lieu de la créer —, soit chargée de contrôler le matériel publicitaire, et d'en baisser, avec rigueur, le ton. La fréquentation de ce type de spectacles en serait, inéluctablement, diminuée. Donc la production. Suggestion retenue par le ministre responsable, celui de la Culture.

Mais l'opinion ne s'est pas encore émue, nulle pression sensible ne s'exerce, donc on ne fait rien. Ou plutôt on « étudie ». On étudie énormément dans les ministères.

Passent les jours, passent les semaines, passent les sessions, c'est-à-dire les périodes pendant lesquelles siège le Parlement : octobre à fin décembre ; avril à fin juin.

Le moment arrive, toujours, où dans l'opinion, naît l'agitation, surgit l'explosion. Il y a inéluctablement explosion, générale ou catégorielle, corporative, lorsque l'inadéquation entre la loi — ou l'absence de loi — précédente et la situation devient par trop sensible.

En ce qui concerne la pornographie, qu'est-ce que l'adéquation ? C'est le seuil de tolérance d'une société prise dans son ensemble. *Les Fleurs du mal*, condamnés au XIXe siècle par les tribunaux, *L'Amant de Lady Chatterley*, roman interdit en France entre les deux guerres, dépassaient à leur époque ce seuil.

Le seuil de tolérance de la société française à la diffusion sans restriction des films pornographiques produits et publicisés en 1974 était manifestement atteint, c'était, encore une fois, évident. Il y a eu explosion.

Dans d'autres secteurs, l'inadéquation peut aussi bien concerner la fiscalité que l'organisation de l'Armée, le logement, l'enseignement technique, que sais-je...

C'est le moment où la précipitation succède à la lenteur. Un texte de loi est élaboré en hâte, examiné en hâte, soumis aux deux Assemblées en usant de la procédure d'urgence qui permet toujours au Gouvernement d'introduire dans le calendrier d'une session la discussion d'un projet de loi...

Les débats se déroulent à chaud, dans la passion, la fureur, la démagogie, sous les feux croisés de tous ceux qui, dans le pays, sont intéressés... Les pressions s'exercent de tous côtés. Les amendements à chacune des dispositions du texte pleuvent, parfois contradictoires mais peu importe, ils sont votés, parfois par dix personnes en séance... Le travail qui devrait normalement requérir le plus d'attention, de sérénité, de calme, c'est-à-dire le travail législatif, se fait dans l'atmosphère la moins propice.

Parfois amélioré dans son ensemble, parfois

amélioré sur quelques points mais abîmé sur d'autres, parfois détourné de son véritable objet et déformé jusqu'à la caricature, le projet de loi, enfin, est voté. Le processus se reproduit au Sénat. Eventuellement, s'il a subi de nouvelles modifications, le texte revient devant l'Assemblée nationale qui a le dernier mot, ou, si les modifications sont peu nombreuses, se discute en commission paritaire (représentants des deux Assemblées travaillant ensemble) ; là on finit par se mettre d'accord. Enfin, c'est fait !

Le lendemain, le public est informé qu'une nouvelle loi règle le problème qui a occupé les moyens de communication.

Mais le détail de chacune des dispositions prises n'est pas inclus dans la loi. Si c'était le cas, le travail deviendrait impossible, outre qu'il reste toujours nécessaire de vérifier la cohérence avec l'ensemble de la législation.

Commence donc la longue route épineuse où vont s'élaborer les décrets d'application, c'est-à-dire en clair, les détails, prévus jusqu'au dernier comme il est nécessaire, des conditions d'application des textes de la loi.

Ce sont les services du ministère responsable qui s'en chargent.

Plus le texte de base a été conçu dans la hâte, et sous la pression, sans examen minutieux de chacune de ses conséquences, plus les lacunes, les imperfections, voire les incohérences — impitoyablement relevées par le Conseil d'Etat lorsque sa ratification est demandée — apparaissent.

Ainsi, en ce qui concerne les films pornographiques, s'est-on aperçu qu'il y avait incompatibilité entre une disposition précise et les règles qui régissent la Communauté européenne.

De surcroît, l'explosion a provoqué la panique au niveau du Gouvernement.

Un film, *Emmanuelle 2,* dont la commercialisation a été proposée par la commission de contrôle au ministre, lequel a donné son agrément, se voit soudain retirer le droit à la libre diffusion. Parce que son titre fait l'effet d'un chiffon rouge. Il n'est ni plus ni moins pornographique qu'*Emmanuelle 1,* qui continue sa carrière.

Le ministre, qui a déclaré de bonne foi quelques mois plus tôt que sa politique viserait à supprimer toute censure, ce qui eût pu être tenté si le matériel publicitaire avait été, lui, sévèrement contrôlé, décide soudain de placer *Emmanuelle 2* dans la catégorie nouvellement créée des films dit *ixés.* Réservés à des salles spécialisées.

Il ne s'agit plus ni de cinéma, ni de pornographie : il s'agit de politique.

Le producteur se rebiffe. La discrimination n'existait pas quand il a reçu l'autorisation de produire. Il attaque la décision devant le Tribunal administratif dont on peut présumer qu'il lui donnera raison.

Quoi qu'il en soit, l'affaire est de bout en bout mauvaise. Et certaines dispositions de la loi ne sont toujours pas appliquées parce qu'elles sont inapplicables. Quels que soient les résultats, la méthode n'en est pas une.

L'exemple est loin d'être unique.

Alors que se passe-t-il lorsque le président de la République, conscient de la nécessité de réformer ceci ou cela qui exige de passer par la voie parlementaire, la seule démocratique, veut agir avant l'explosion ? Frapper l'opinion ? Il saisit ou provoque l'occasion d'un discours, d'une déclaration, d'une conférence de presse, et il annonce, comme le fait Valéry Giscard d'Estaing en septembre 1974: « La Sécurité sociale va être étendue à tous les Français. » Renforçant ainsi l'antique et si préjudiciable conviction française selon laquelle le Souverain peut tout, le sort des uns et des autres dépendant de son bon vouloir.

Il y a encore, en France, des personnes convaincues que l'augmentation du minimum vieillesse, annoncée de la même manière par le président de la République, est assimilable à une façon de générosité personnelle. Qu'il y a une « cassette du Souverain » et en tout cas du Gouvernement, auquel il faut donc arracher les libéralités.

La relation qui est déjà si mal perçue entre le revenu national et le revenu individuel, entre les recettes de l'Etat, c'est-à-dire les impôts directs et indirects, ce qui constitue l'Argent public, et son emploi, entre le fait que l'Etat peut utiliser autrement cet argent, modifier la répartition des dépenses, mais qu'il ne peut pas en augmenter le montant global et que toute répartition nouvelle suppose que l'on enlève ici ce que l'on ajoute là ; la relation entre l'expansion — un peu plus d'argent à répartir — et les dépenses nouvelles, tout cela qui exigerait déjà pour être assimilé, un effort pédagogique incessant, en est encore davantage obscurci.

Je m'engage à le faire comprendre à n'importe qui.

Mais tout ce qui est clair et tend à rendre les sociétés plus transparentes est dangereux, suscite des questions et des remises en question, est de nature à provoquer des débats entre citoyens sur les décisions fondamentales, à s'interroger sur ce qu'est l'intérêt national, général, collectif, et à répondre. Comme dit Cavanna dans *Charlie Hebdo* « le danger quand on médite c'est qu'on comprend des trucs ».

L'intérêt en fonction de quoi ? Qu'est-ce qui fait le bonheur des peuples ? Est-ce l'affaire de l'Etat, le bonheur, ou bien s'agit-il d'éliminer les conditions d'un certain malheur ? Et si cela en créait un autre ? Si ce que l'on nomme progrès n'était qu'une façon de changer de malheur ?

Ah ! ne commencez pas à tirer le fil de cette bobine-là, c'est la bobine du diable.

Valéry Giscard d'Estaing n'a pas peur d'aller vers la transparence. S'il ne lui déplaît pas d'apparaître comme le Souverain qui puise dans sa cassette, il croit à la raison et qu'il faudra bien finir par en passer par là. C'est ce par quoi il n'est pas « de droite », cette primauté qu'il accorde à la raison sur l'obscurantisme.

Mais pour faire le petit pas vers ce qui éliminera quelques conditions du malheur dans la vie de 2 p. 100 des Français encore exclus du régime de la Sécurité sociale, il n'y a qu'un moyen : annoncer lui-même que ce sera fait.

Panique et clameurs dans les services, jérémiades ministérielles, à quoi pense-t-il le Président, il ne sait plus compter, ah ! si c'était lui qui était ministre des Finances, enfin maintenant qu'il l'a dit publiquement, il faut trouver un truc.

Et on trouve un truc.

On trouve toujours un truc.

Mais si, pour des raisons diverses, volonté du Président, volonté du Parlement, action d'un groupe de pression il y en a dans tous les secteurs, une loi est adoptée alors que son financement est incompatible avec le Budget, ou si le Premier ministre y est sourdement opposé, l'application de la décision prise sera reportée *ad aeternum* par le biais des décrets qui ne sortent pas.

Transposées à une entreprise industrielle ou commerciale, le résultat de ces méthodes porterait un nom : la faillite.

On a beaucoup écrit sur les pouvoirs exorbitants dont dispose un Président de la Ve République. La mise en œuvre de *Concorde* — et plus modestement la réalisation du centre Georges-Pompidou — en sont les exemples fameux.

Concorde : le programme franco-britannique devait coûter deux milliards en 1962. La France devait en vendre 150 à 450 exemplaires à partir de 1970.

Concorde a coûté vingt-deux milliards en 1976. Ont été vendus neuf appareils, dont l'achat a été imposé aux compagnies nationales des deux pays constructeurs.

Dans l'hypothèse favorable où la série dont la construction s'achevait en 1977 trouverait acheteurs, il en aura coûté environ douze milliards aux Français.

A l'origine, une décision du président de la République du moment, Charles de Gaulle. Ensuite, pas un débat, pas une enquête, pas un contrôle.

Le 17 juin 1970, un avertissement vibrant, portant sur l'ensemble des industries de pointe, lancé par un député de l'Udr, et disant ceci au bureau politique de son parti :

« ... Une analyse sommaire depuis 1962 fait ressortir une vérité affolante. Sur des thèmes principaux : politique aéronautique, Secam, chantiers navals, électronique, nous avons gaspillé ou nous nous sommes engagés à gaspiller plus de 5 000 milliards d'anciens francs sans espoir sérieux de débouchés commerciaux (...)

« Nous devons rajouter à ce chiffre des sommes importantes qui sont consacrées à la mutation industrielle ordinaire. En fait, quelques investissements bien ou mal dirigés dans les industries de pointe rendront demain notre commerce extérieur tributaire du pourcentage qui fera que notre économie sera saine ou malsaine.

« En d'autres termes, en cas d'échec, notre monnaie sera dévaluée de décennie en décennie, nous deviendrons un pays sous-développé parmi les pays moyennement développés (...)

« Ce n'est pas un problème de régime mais un problème de système. Le régime gaulliste a favorisé l'implantation de ce système et, ce qui est grave, c'est que l'on reprochera les échecs au régime et non au système (...)

« On ne peut pas dissocier le *Concorde* de l'ensemble de notre politique aéronautique ne serait-ce qu'en vertu de la place qu'il y occupe. La période qui s'étend entre 1950 et 1960 avait été heureuse quant aux choix de nos programmes (...) A l'avenir nous pourrons intituler la période de 1960 à 1970 celle des « occasions manquées » pour ne pas dire celle des « aberrations intellectuelles ». Tout indique aujourd'hui que notre industrie aéronautique est condamnée pour 1980 car nous n'aurons plus rien à vendre.

« Ce qu'il y a de plus dramatique, c'est que aujourd'hui pas plus qu'en 1966, la commercialisation de *Concorde* n'est assurée, je dirais même sans m'engager trop avant qu'elle est plus aléatoire.

« Dans les circonstances les plus optimistes, l'Etat ne rentrera jamais dans ses fonds... »

Le texte de quinze pages serrées, riches de précisions techniques, dont ces lignes sont extraites, a pour auteur, je le répète, un député de l'Udr, ancien ministre, parlant à ses compagnons en juin 1970. Il a été tenu secret *.

Le centre Georges-Pompidou : un milliard pour le construire. 130 millions pour le faire fonctionner

---

* Charles de Chambrun, député Udr de la 2e circonscription de la Lozère, élu en 1962, réélu en 1967 et en 1968. En 1973, évincé par un autre député de la majorité, Républicain indépendant. A été secrétaire d'Etat au Commerce extérieur auprès de Michel Debré, lorsque celui-ci était ministre des Finances.

en 1977, et l'augmentation de son budget est inévitable. Encore s'agit-il là d'un succès. L'opération, voulue par le président de la République du moment, a été conduite « hors budget ». C'est-à-dire sans contrôle. Dans la société formée pour assurer la construction proprement dite du Centre, il y a des parlementaires. Ils ont dû faire serment de ne jamais livrer de chiffres pendant tout le temps où l'opération se déroulera.

L'un d'eux me l'a dit, parlant à ma personne, lorsque, stupéfaite par l'émoi provoqué quand j'ai fait connaître le montant des sommes engagées, je m'en suis étonnée.

Le contrôleur financier qui a surveillé la régularité des dépenses a, lui aussi, reçu l'ordre de se taire.

On peut être pour ou contre l'opération Centre Pompidou. On peut trouver que les fonds auraient été mieux employés dans la construction de 40 000 places de crèches, ou, au contraire, que la France ne consacre pas assez à des opérations de caractère « culturel », ou qu'il ne faut pas privilégier Paris, ou ceci ou cela... Ce n'est pas la question.

Comme *Concorde* — avec des prolongements tout différents, je le répète — le président de la République a dit « Je veux ». Et les choses se sont faites. Le schéma est le même.

Mais d'où vient ce pouvoir-là ? Du pouvoir sur les personnes. Tous ceux qui auraient pu, à un moment quelconque, élever des objections, s'opposer à ces réalisations, les suspendre ou les retarder, s'en sont gardés parce qu'une personne, fût-elle au plus haut niveau d'une carrière politique ou administrative, ne s'oppose pas sans risque au président de la République.

Ce pouvoir-là est donc doublé d'un non-pouvoir. Que le Premier ministre soit hostile à une décision du Souverain-Président, et il peut freiner, ralentir, tergiverser, saboter.

Le Président peut s'en séparer ? On ne provoque pas un conflit de dimension nationale à tout bout de champ.

D'où la nécessité impérieuse d'un accord véritable et sincère entre les deux hommes, et le cas échéant, si le Président n'est pas convaincu par les objections du Premier ministre, l'importance que revêt sa capacité d'imposer. Capacité personnelle, forces sur lesquelles il s'appuie, etc.

Que signifie être d'accord ? Chacun de nous le sait pour son compte. On peut s'opposer sur des détails, se heurter, se convaincre l'un l'autre, concéder, en étant fondamentalement d'accord. La consonance existe à la base, composée de toutes sortes d'éléments, les uns concrets — intérêts communs —, les autres plus subtils.

Ma conviction fondée sur l'observation des hommes et des faits, est que cette consonance-là n'a jamais existé entre Valéry Giscard d'Estaing et Jacques Chirac. Mais que le second se serait accommodé du premier si les résultats des élections cantonales d'avril 1975 avaient été bons pour la Majorité.

Les conflits internes de l'opposition, rendus publics à l'automne 74, donnent quelque répit à cette majorité, où Jacques Chirac panse les plaies de l'Udr.

Les instances du Parti se sont réunies à Cagnes. « L'Udr, qui s'est fondée contre les partis politiques et a brocardé le parlementarisme, se voit contrainte à rechercher le salut dans ce recours à ses députés, rendant un amer hommage au Parlement », écrit un journaliste qui lui est cependant favorable [3].

Le truc, destiné à réaliser la généralisation de la Sécurité sociale, la fait grincer des dents et pas elle seulement.

Il y a divers régimes à l'intérieur de la Sécurité sociale. Le régime dit général, concernant les salariés, le régime agricole, le régime des artisans et commerçants... Sur quelle base les Français non encore assurés le seront-ils au 1er janvier 1978 ?

Un chef syndicaliste de haut niveau a exprimé à un ministre ses craintes de voir les avantages des uns repris pour compenser ce que l'on donnera aux autres.

« Vous croyez vraiment ce que vous dites ?

— Je ne le crois pas, mais je dirai le contraire. »

A l'Assemblée, les députés décident qu'il faudra aligner les nouveaux assurés sur les avantages prévus par le régime général.

On découvre qu'il en coûtera la bagatelle de 8 milliards de francs.

Le Premier ministre sermonne les députés qui reculent.

Ce qui se généralise rapidement, c'est la grogne.

Jacques Chirac s'alarme... Au Parlement, il ne tient pas encore son groupe qui oscille entre l'allégeance et l'autonomie. Dans le pays, règne un curieux mélange d'insouciance — les salaires continuent à monter plus vite que les prix — et d'inquiétude — le nombre des demandeurs d'emploi monte également.

« L'opinion n'est pas mobilisée. Il faut dramatiser, dit Jacques Chirac.

— Dramatiser, c'est en réalité décourager », répond Valéry Giscard d'Estaing.

A la suite de l'un de ces coups de projecteur dont il éclaire parfois, à l'usage des ministres, la situation économique mondiale et ses développements, je lui demande : « Pourquoi ne dites-vous pas cela publiquement ? Les Français sont anxieux sans être informés... Cela pousse chacun à se battre encore plus âprement pour ses intérêts personnels, pour tirer si possible sa propre épingle d'un jeu confus... Il faudrait leur proposer un plan d'action sur quelques années et pour les y associer, les informer.

— Vous avez raison sur le plan intellectuel, répond le Président. Mais il faut choisir le moment.

— C'était après la guerre de Kippour. Il a été raté. N'est-on pas en train de le rater, encore une fois ?

— S'il y a une augmentation du prix du pétrole, ce sera le moment. »

Mais dix mois plus tard, il conseillera aux Français de partir tranquilles en vacances.

A la même époque, l'automne 74, dans une occasion analogue :

« Pourquoi ne faites-vous pas un grand « coup » au sujet de la diffusion des responsabilités dans les régions ? Puisque nous allons vers un temps où il ne faudra pas espérer « avoir plus », il devient urgent de compenser en permettant « d'être plus ».

— Vous avez raison sur le plan intellectuel. Mais les régions, c'est à manipuler avec précaution. »

Un ministre résolument centralisateur, qui écoute, approuve. Très dangereux... Ne pas y toucher. Le Président :

« Si. Il faut leur donner plus d'autonomie économique. Il faudra que nous parlions ensemble des régions... »

Mais il n'y reviendra pas.

Raidi par l'explosion corse, il fera machine arrière. Plus tard, il s'en félicitera, disant en privé : « J'ai enterré les régions, même si ça ne plaît pas à tout le monde... »

Jacques Chirac sent que la France fermente. La grève qui a paralysé les P.T.T. est un avertissement. Il a une longue expérience du Gouvernement mais pas des crises économiques : il appartient à la génération qui n'a connu que l'expansion rapide. Simultanément, les secousses n'ont pas manqué, mais d'une autre nature.

L'économie française a absorbé mai 68 et les accords de Grenelle. Pendant cette longue période faste où l'euphorie a été largement alimentée par l'inflation, certains se sont escrimés à préconiser les mesures nécessaires pour que soient assainies les parties malades du corps industriel — sidérurgie, aéronautique, subventions de l'Etat au profit d'activités en déclin — et que soit mieux équilibrée la charge fiscale, la plus réactionnaire de tous les pays industrialisés occidentaux après l'Italie, puisqu'elle pèse davantage sur la consommation que sur le revenu, et davantage sur le revenu du travail que sur le revenu du capital.

Ces mesures ont été dédaignées mais l'augmentation constante du niveau de vie en a relativement camouflé l'urgence.

Maintenant, il faut en même temps faire face aux résultats de l'inertie et à ceux de la crise.

Le Premier ministre cherche « un économiste qui ait de l'imagination ». Il est prêt à s'entretenir avec le Diable.

Condisciple de Michel Rocard, il l'a vu, pendant toute une soirée, avec ses conseillers, et ils ont parlé « jusqu'à en avoir mal à la tête ».

Mais la lumière n'a pas jailli.

Dans l'une des occasions, rarissimes, où il réunit une dizaine de secrétaires d'Etat, nous tournons et retournons les problèmes.

C'est un dîner amical. Petite salle à manger, petit salon bleu confortable qui fut aménagé par

Mme Pompidou lorsque son mari occupait Matignon.

La grande toile de Soulages, placée au-dessus d'un canapé, ornait autrefois le bureau de Georges Pompidou qui aimait la peinture contemporaine. Pierre Messmer l'a exilée dans le salon bleu. Elle y est restée. Accrochée trop haut. Mme Barre, qui connaît la peinture mais qui n'aime pas les mélanges de style, la fera remplacer par une tapisserie.

L'atmosphère, ce soir-là, est agréable. Jacques Chirac peut être souriant, disert, cordial. C'est sa face blanche.

Il redoute les effets politiques du chômage. Jusqu'où peut-on aller ? Huit cent mille, c'est le maximum. Au-delà... « En 67, dit l'un de ses conseillers, les élections ont été gagnées de justesse à cause d'une phrase contenue dans le Plan et faisant état de l'existence possible de six cent mille chômeurs. Une relance immédiate s'impose.

— Non. C'est trop tôt. On va relancer l'inflation. »

Parmi nous, il n'y a pas « un économiste qui ait de l'imagination ». Aussi bien, le Premier ministre ne s'attendait-il pas à le trouver dans le petit aréopage qui se disperse, soucieux. Le débat sur l'avortement commence le lendemain à l'Assemblée.

Plusieurs ministres y sont hostiles et ont essayé de persuader le Président de le remettre, puis de modifier le contenu du projet de loi. En vain. C'est le secrétaire général de l'Elysée qui a repris, de sa plume, la rédaction de l'exposé des motifs.

Le Premier ministre m'a demandé de ne pas assister au débat. Il n'y aura personne, au banc des ministres, à part le ministre de la Santé, chargé de défendre le projet. Soit.

Le matin, le ministre du Travail m'indique qu'il sera présent. Dans ce cas, j'irai aussi. Si jamais problème fut celui des femmes... Par correction, j'en fais prévenir le Premier ministre. Son directeur de cabinet s'affole. Le Premier ministre m'appelle : « Allô ! ma chère amie... » Il se lance dans une explication confuse.

Curieux qu'il ne pense jamais à dire la vérité. « Vous craignez que j'échauffe les oreilles de vos Udéères ? lui dis-je. N'ayez pas peur. Je serai présente, mais discrète. »

Il n'insiste pas. J'apprendrai plus tard que l'Elysée est intervenu.

Pendant le débat, auquel les membres du Gouvernement assisteront nombreux, du moins les premiers jours, je laisse passer un ministre pour qu'il puisse s'asseoir entre le Premier ministre — qui occupe toujours la même place — et moi.

Celui qui est à ma gauche me souffle : « Il fallait me dire que vous ne vouliez pas vous asseoir à côté du Premier ministre... »

La réflexion m'amuse et m'ennuie. Nos relations se sont, d'un commun effort, détendues. Il s'obstine à m'appeler « Chère amie » et à me baiser la main, lui qui tutoie tout le monde et dépose des baisers sonores sur les joues de Simone Veil. Nous n'en sommes pas là, je n'incite pas, je le sais, à la familiarité pour laquelle je ne suis pas douée, mais tout de même ça va mieux.

Je l'ai surpris, un jour à l'Assemblée, lisant des poèmes de Patrice La Tour du Pin pendant qu'un orateur s'évertuait à la tribune. Il y a des gens qui lisent *Play Boy* dissimulé sous une revue économique. Lui affecterait plutôt l'attitude inverse. Que de complexes chez cet homme qui vous rirait au nez si on le lui disait... « Moi qui n'ai pas d'états d'âme... » assure-t-il fréquemment.

« Vous vous trompez, dis-je à mon voisin. Il est quelquefois insupportable, mais il peut être sympathique... »

Il approuve.

Quand l'année s'achève, en même temps que la session parlementaire, l'indice de satisfaction accordée par les Français au président de la République est resté à peu près constant : 52 p. 100.

L'indemnisation à 90 p. 100 de leur salaire pendant un an, des licenciés pour cause économique est instituée.

Dans mon domaine, les choses ne vont pas trop mal. Une série de dispositions ont été adoptées en octobre 74 sans difficulté. Aucune n'est spectaculaire, toutes sont utiles.

Au cours du Conseil restreint où ces dispositions ont fait l'objet de l'arbitrage du Premier ministre entre les différents ministres intéressés, j'ai lancé l'idée à laquelle je suis — et reste — profondément attachée, d'une allocation substantielle pour tous les foyers où se trouve un enfant de moins de trois ans, que la mère travaille ou non.

J'ai la conviction que tout l'effort de la société doit tendre à soulager les femmes à l'âge où elles ont de jeunes enfants, et non à en faire à cinquante-cinq ans des chômeuses pauvrement indemnisées, ou si l'on préfère, des retraitées prématurées. Il y va de l'intérêt national autant que de leur intérêt personnel.

La proposition a soulevé un tollé. Sauf de la part du Premier ministre.

Elle cheminera dans les esprits et les ministères, pour finir par aboutir en juin 1977 au « complément familial » bon dans son principe, onéreux pour la collectivité, notoirement insuffisant dans son montant pour remplir vraiment son office.

C'est le drame de toutes les mesures dites sociales. Individuellement, elles sont ressenties comme des aumônes.

Globalement, quand il faut multiplier leur montant par le nombre des bénéficiaires elles se chiffrent par milliards.

Au moins eût-il fallu concentrer sur cette mesure-là tous les moyens possibles, au lieu de quoi, l'Assemblée abaissera de soixante-cinq à soixante ans l'âge de la retraite pour les femmes, qui ne bénéficient pas déjà, de cette disposition.

Ces cinq années « gagnées », qui seraient si précieuses à l'âge des maternités, si la collectivité peut en assumer le financement, on en fait, sous couvert de bons sentiments, une version moderne du cocotier.

Les pays socialistes, revenant sur d'anciennes règles fixées il y a soixante ans, prennent le chemin inverse pour prolonger la vie active, en même temps que les congés de maternité. En U.R.S.S. lorsque le travailleur persiste pendant sept ans dans son activité au-delà de l'âge théorique de la retraite, celle-ci est majorée de 25 p. 100. Du moins était-ce le projet élaboré en 1974 [1].

Nous, qui sommes civilisés, nous préférons faire de la démagogie électorale envers les moins jeunes, qui sont les plus nombreux, qu'aider les plus jeunes dans leur vie familiale.

En 74, j'ai l'espoir — fou — de convertir à mon point de vue quelques augustes têtes.

Au Parlement, des dispositions favorables aux veuves ont été votées.

Ce n'est pas le moment de décrocher, quelque tentation que j'en aie.

Ce métier rend idiot. Vivre sous l'œil du public, c'est abdiquer toute liberté. Du vêtement dont il faut se soucier pour rester dans la neutralité, à l'humeur, qui doit être constamment contrôlée — pas d'éclat, pas d'humour intempestif, pas d'impatience, pas de fatigue avouée fût-ce après deux heures de station debout, pas de sentiments manifestes de sympathie ou d'antipathie, une attention constante aux interlocuteurs qui se succèdent, de demi-heure en demi-heure, seuls ou le plus souvent en délégations, un intérêt soutenu pour l'exposition, la foire, le bâtiment, l'usine, où l'on déambule cerné d'officiels qui empêchent tout contact véritable avec ceux qui vous regardent, tel l'ours blanc au zoo, le déjeuner à la préfecture, le dîner à l'hôtel de ville, les repas trop copieux, les vins trop lourds, le champagne tiède qu'il faut accepter, les déplacements en province, strictement minutés, les dossiers qu'il faut assimiler avant d'arriver à Lille, à Rennes, à Montpellier, à Besançon, à Nantes ; chaque ville, chaque région attendant légitimement que le ministre connaisse ses problèmes propres, son histoire, ses particularismes, et toujours cette cellophane qui vous entoure, cette impression d'être en vitrine, implacablement isolé de la réalité des choses et des êtres par un cordon de notables empressés, de motards, de véhicules officiels...

Dignité du Gouvernement, autorité de l'Etat, nécessité de garder ses distances et de mettre, entre un ministre et la population, tout l'apparat nécessaire pour conserver à la fonction son prestige, danger de l'exposer à des manifestations ? En quel siècle sommes-nous donc ? Comment prétendre gouverner en ayant peur, peur des Français ? Et qu'est-ce que cette distance dont on croit qu'elle protège la dignité, sinon la peur qui la détruit ?

Marcher dans la rue, seule, entrer dans un magasin, se présenter, parler à la vendeuse, aux clients, frapper à une porte, interroger, s'informer... « Vous n'y pensez pas, Madame le Ministre... » J'y pense, justement, et deux ou trois fois, je le ferai mettant les voitures de police en émoi et le Préfet en transe. Sa responsabilité est engagée. S'il arrive quelque chose... Deux d'entre eux ont été mutés, en quelques jours, parce qu'un ministre avait trouvé sa protection insuffisante... Des manants s'étaient approchés, avaient été peu gracieux.

Après tout, peut-être est-ce moi qui ai tort de croire qu'il vaut mieux affronter, s'ils se produisent, des gestes hostiles, entendre ce que les gens ont à vous dire, voir de ses yeux, écouter de ses oreilles, plutôt que d'être trimbalée comme le Saint-Sacrement.

Après tout, ils ont l'habitude. Ils doivent savoir mieux que moi.

Et puis, il y a le beau, le peu qu'on parvient à saisir, la gentillesse infinie de ceux qui vous approchent, ce qu'on parvient à leur arracher de vrai, de sincère, la fierté qu'ils ont de leur ville, de leur région, de leur métier, l'espoir que fait naître la visite du ministre, ou l'audience accordée par le ministre, le contact chaleureux lorsque, en dépit des obstacles, on parvient parfois à l'établir, l'interlocuteur inconnu dont la qualité éclate en quelques mots, la somptueuse diversité de la France et ce qui en même temps la fait une.

Difficile de départager ce qui rend idiot de ce qui rend meilleur, plus apte à le faire, ce métier.

Le sûr est qu'il corrompt. J'étais rompue à la notoriété agréable. Celle qui vous procure une table de restaurant, une demande de dédicace sur un livre, des gentillesse ici et là... On me reconnaissait parfois, juste ce qu'il fallait pour que ce soit plaisant, au gré des émissions de télévision auxquelles il m'arrivait de participer. Cela s'était fait lentement, sans excès. Ma vie professionnelle n'en dépendait aucunement.

Avant que j'entre au Gouvernement, 37 p. 100 des Français connaissaient mon nom. C'était plus qu'il n'en fallait à l'exercice de mon métier. Soudain cette notoriété devient un élément de l'action. Il faut l'entretenir, en surveiller la courbe. Comme les acteurs, on perd le droit à l'insuccès. Les gestes, les déclarations, les interviews, tout devient calculé ou devrait l'être. Tout succès, à peine son effet estompé, exige que l'on en vise un autre.

Cela vous gagne, comme une gangrène. Les conseillers veillent. « Ne faites pas cela, ne dites pas ci, c'est mauvais pour votre image »... Toujours l'image.

Je me moque de mon image ! Que voulez-vous que j'en fasse ? Que je la déguste tous les matins à l'heure du petit déjeuner ? A quoi bon la popularité si l'on ne s'en sert aux fins que l'on croit justes ? Autant garder de l'or dans un coffre-fort. Oui, mais c'est l'arme du combat. Et puis, une fois pris dans l'engrenage, on ne reste pas indifférent aux variations de cette popularité. Ceux qui le prétendent mentent. A-t-on le droit, d'ailleurs, d'y être indifférent ?

Idiotie et corruption, puisque j'ai conscience de la menace, je peux m'en défendre.

Parce que je gagne moins d'argent que l'année précédente, et que je traîne de surcroît un reliquat d'impôts sur des droits d'auteur, ma vie devient schizophrénique. Une armée de serviteurs en tous genres épargnent au ministre tout souci d'organisation matérielle, mais le soir je fais la cuisine, le marché le samedi, et du repassage le dimanche sur la robe du soir qu'il faudra porter le mardi au dîner de l'Elysée, du Quai d'Orsay, de l'ambassade...

C'est sain, mais bizarre.

Alors, décrocher ?

Un détail qui m'avait échappé lorsque je suis entrée au Gouvernement, et dont le président de la République n'avait pas connaissance, m'interdit l'hésitation. Par décision des Nations-Unies, 1975 sera l'Année internationale de la Femme.

Que faire de ce cadeau empoisonné ? Personne, au Gouvernement, ne veut en entendre parler. La moindre manifestation exigera des crédits dont je ne dispose pas. Je les demande au ministre des Finances, avec l'espoir sournois qu'il les refusera. Mais non. Amical et coopératif, il m'octroie un budget décent. Il ne reste plus qu'à avoir des idées, et à porter, pendant douze mois, cette croix.

Expérience singulière, parfois burlesque, toujours passionnante exploration du continent des femmes dont la relation, je l'ai dit, n'aurait pas sa place dans ce récit, qui est une fugitive histoire d'hommes surpris dans leurs jeux.

8

La coutume exige que, au matin du 1er janvier, le Premier ministre présente les vœux du Gouvernement au président de la République.

La cérémonie se déroule en présence des ministres au grand complet, rangés, debout, en arc de cercle, et des collaborateurs immédiats du Président.

Ensuite, franchissant à pied les deux cents mètres qui séparent le palais de l'Elysée du ministère de l'Intérieur, les membres du Gouvernement s'en vont y prendre un petit déjeuner, autour de quelques tables qui se forment au gré des sympathies.

Ce cortège se propulsait, autrefois, en jaquette, et aux aurores. Valéry Giscard d'Estaing a supprimé la jaquette et retardé le début du rituel. Mais la tradition demeure.

Comme toujours, lorsqu'il parle sans note, Jacques Chirac récite son compliment le premier janvier 75, en se balançant d'avant en arrière, soulevant et reposant les talons. Il a le don d'enchaîner les phrases creuses, en arabesques bien balancées où il semble qu'il suffirait de changer deux mots ici, trois adjectifs là, pour que le texte serve indifféremment à ouvrir un banquet, enterrer un illustre défunt, inaugurer une foire ou décerner une Légion d'honneur. De jour en jour, il perfectionne ce talent particulier.

Valéry Giscard d'Estaing répond en termes choisis d'où il évacue soigneusement les clichés. « Il n'y a que les détails qui soient amusants », dit-il.

Il n'en néglige aucun pour que les traditions, dépoussiérées, retrouvent leur signification. S'y mêle aussi un certain esthétisme. Il a horreur des fausses notes au propre comme au figuré, de l'emphatique, du boursouflé, du pompeux. Harmonie, divine harmonie...

Dans le genre, il réussit quelques petits chefs-d'œuvre. Ainsi du jour où il remet lui-même la Légion d'honneur à la pianiste Magda Tagliafero, dans un petit salon de l'Elysée.

Lumière douce, haute flambée, musique subtile... Diffusé de la pièce voisine, à l'exacte ampleur qui convient, c'est un concerto de Mozart, enregistré par celle qu'il va honorer... Il y a là, aménagé pour une dizaine de personnes tout au plus, un moment où passe la grâce.

Parfois, la recherche, dans le détail, est moins heureuse. C'est l'interminable ritournelle exhumée des musiques militaires du Directoire, jouée pendant les cérémonies du 11 novembre... C'est la tribune, qu'il a exigée découverte, en ce 14 juillet d'un été torride où, pendant les deux heures que durera le défilé, la pluie tombera en hallebardes sur les dignitaires de la République, les ministres, leur suite et le corps diplomatique, stoïques... Episode comique, que l'on aurait cru imaginé par René Clair.

Sous le déluge, le velours et la soie rouge des fauteuils et des chaises commencent à déteindre. Il est donc exclu de s'asseoir, pendant les temps morts du défilé. Le Président, qui tient à rester seul debout, pendant deux heures, s'agace... Par signes, le Premier ministre lui fait comprendre la délicatesse de la situation. Les galons des sièges se décollent... Le doré des dossiers colle, en revanche, aux doigts de ceux qui s'y appuient, et qui s'en barbouillent ensuite la figure, les écharpes tricolores barrant quelques poitrines déposent leur bleu et leur rouge sur les chemises blanches... Le vert et le noir des yeux fardés dégoulinent...

Quelques ministres ont pensé à se munir d'un imperméable, mais, à l'exception d'un seul, ils l'ont enlevé en voyant le président de la République arriver sans protection et les parapluies se sont fermés. L'irrespectueux sera puni : la doublure de son imperméable, transpercé par les trombes d'eau, déteindra sur son costume neuf qui ne s'en est pas remis.

Ce fut, pour tout dire, un joyeux moment. Mais les accidents sont plus rares que les réussites, dans la recherche du détail.

Le 1er janvier 1975, Valéry Giscard d'Estaing et Jacques Chirac échangent, sans accroc, quelques douceurs. Le président de la République ne cesse de se déclarer, *urbi* et *orbi*, enchanté de son Premier ministre.

Le 1er janvier 1976, Valéry Giscard d'Estaing et Jacques Chirac échangent, sans accroc, quelques douceurs. Le Premier ministre ne cesse de se montrer, en privé, horripilé par le président de la République.

Toute l'année 75 s'est déroulée sous le signe des supputations quant au moment où Valéry Giscard d'Estaing comprendra qu'il ne faut pas rêver. Rêver d'un Chirac converti au giscardisme par les bons pères réformateurs et s'écriant, comme Pauline dans *Polyeucte* : « Je vois, je sais, je crois, je suis désudérisé... »

Or, c'est le contraire qui s'est produit : l'Udr s'est chiraquisée. Cela s'est fait alors que l'humeur du parti était à la fronde.

A l'Assemblée, il avait entendu Jacques Chaban-Delmas s'écrier « Tout est détérioré... » et Michel Debré s'insurger contre « la dégradation de l'Etat ». Aux frontières, l'étoile de Michel Jobert s'était mise à briller, auprès des militants gaullistes, d'un éclat troublant. Le vent soufflait contre Giscard l'Usurparteur. Les 43 n'avaient pas élargi leur cercle [1].

Il s'agissait maintenant de désigner le nouveau secrétaire général du Parti.

Lorsque l'éventualité d'une candidature de Jacques Chirac a été évoquée, les barons ont ricané. Des candidats purs et durs sont entrés en lice.

Tous vont se faire dindonner, selon l'expression favorite de Valéry Giscard d'Estaing.

En un tournemain, le jour du Congrès, Jacques Chirac a persuadé — ou contraint ? — le candidat le plus dangereux de lui laisser le chemin libre.

Il se présente, seul. Et il est élu. « Ce sont ses Corses qui perdront l'Udr », a pronostiqué Michel Poniatowski. En attendant, ils l'apportent à Jacques Chirac sur un plateau d'argent. Marie-France Garaud a préparé le travail. Jacques Chirac l'a exécuté. Cent soixante-treize députés, sur trois cent cinq qui constituent, ensemble, la majorité parlementaire, ont désormais un chef.

On prononce bien, du côté des gaullistes, des propos peu amènes.

« Un cumul absurde, nocif et dangereux... » dira l'un d'eux, à propos de la double charge de Premier ministre et de secrétaire général de l'Udr qu'assume désormais Jacques Chirac [2]. Mais le parti vient, en fait, de refaire son unité.

Il n'est pas homogène. Aucun parti ne peut d'ailleurs y prétendre. Un clivage ancien et profond sépare les chefs historiques, les nostalgiques des grandes heures du gaullisme, et ceux qui ont vécu pour et par l'Etat-Udr. Combien de fois, sous l'œil noir de Marie-France Garaud, les premiers ont-ils été acclamés, en congrès, par les militants tandis que le nom de Georges Pompidou tombait dans le silence ? Mais l'éclatement que certains attendaient, préconisaient, espéraient ou redoutaient ne s'est pas produit.

Opération inscrite dans une savante stratégie ? Jacques Chirac n'est pas un stratège. Marie-France Garaud non plus. Pierre Juillet, dit-on, aurait la vue plus longue... Eux, ils voient court, et travaillent au coup par coup. Mais ils voient vite et exécutent plus vite encore.

Michel Poniatowski en était encore à se demander comment il pourrait faire racheter *Le Figaro* par des amis sûrs que l'affaire était emballée, rondement menée par Jacques Chirac, Marie-France Garaud, Edgar Faure et un mystérieux personnage, dont le nom figure dans les annales de la collaboration et que les historiens de la Ve République découvriront, lorsqu'ils chercheront, mêlé comme un fil noir à bien des nœuds.

Fascinante personne, Mme Garaud. Probablement l'une des femmes les plus haïes de France parce qu'elle a beaucoup humilié, et au-delà. S'il lui arrive d'être un jour en détresse, ils ne seront pas nombreux, ceux qui l'auront en miséricorde. Mais, lorsqu'elle veut plaire, pas antipathique, au contraire. Redoutable, oui. Antipathique, non.

Elle est belle, d'une beauté impérieuse dont elle accuse l'austérité par la rigueur du chignon. Lisse, poncée, elle porte des vêtements coûteux mais qui ne le montrent pas, dont tout négligé est exclu, fut-il élaboré. Elle n'a pas l'élégance désinvolte, dite parisienne, mais le bon genre que l'on voit parfois aux épouses des notables de province.

L'ensemble est harmonieux, les jambes jolies, la silhouette fine.

Elle a de l'humour, le sens des formules, de vraies trouvailles dans la métaphore.

Enfin elle est cynique, totalement cynique, ce qui est rare dans un milieu où « la France », « la Démocratie », « l'Intérêt de la nation », « le Bien du Peuple », et autres grandes causes sont toujours censées inspirer l'action et l'inspirent, au demeurant, plus souvent qu'on ne le croit.

De sorte qu'en face d'elle, quiconque nourrit le moindre idéal a le sentiment d'être le docteur Schweitzer.

En remet-elle ? C'est possible. En tout cas, elle assume. Sa passion du pouvoir, son goût de l'intrigue, son dédain pour les faibles, ces contingents.

Des duchesses de la Fronde à Mme de Porte — et combien d'autres —, l'histoire de France est pleine de femmes de cette race. A condition de ne pas se trouver sur leur route, c'est intéressant d'en voir une à l'œuvre.

Jamais une note écrite, jamais une letttre. Elle n'use que du téléphone et du contact direct, toujours discret.

Un époux déférent, avocat à la Cour de cassation, deux enfants, un grand appartement près du parc Monceau, deux servantes, une propriété dans le Poitou, une voiture qu'elle conduit elle-même, une licence de droit, lui composent une silhouette de bourgeoise nantie, autoritaire, modèle courant.

S'il y a une paille dans l'acier, elle est invisible.

On s'étonne qu'à l'époque où les femmes peuvent théoriquement satisfaire, par voie directe, leur volonté de puissance, elle ait toujours exercé la sienne dans l'ombre d'un homme — Jean Foyer,

Georges Pompidou, puis Jacques Chirac — fuyant la lumière et le monde, refusant le portefeuille ministériel que Valéry Giscard d'Estaing voulait lui confier.

On s'étonne, et on a tort. Aucune fonction accessible à une femme ne pourrait lui donner le pouvoir sur les puissants — ou présumés tels — que sa situation auprès de Georges Pompidou lui a conféré, et une capacité d'intervention sur l'ensemble des affaires de l'Etat.

Du temps qu'elle était à l'Elysée, il n'y a pas de ministre, pas de haut fonctionnaire qui n'ait obéi à ses ordres, donnés sans ménagement. Et elle compte bien s'y retrouver un jour, à l'Elysée, avec Jacques Chirac s'il tient la distance, ce dont elle ne jurerait pas. Mais toujours dans l'ombre.

Peut-être a-t-elle une juste appréciation de ses moyens, elle qui ne se trompe guère sur ceux des autres. Il n'est pas certain — ou elle n'est pas certaine — d'être faite pour monter en première ligne. Elle manifeste, en tout cas, la conviction qu'il s'agit là du rôle des hommes.

C'est peu de dire qu'elle n'est pas féministe.

Cependant, on trouve plus d'hommes que de femmes pour en dire du mal. Peut-être parce qu'elle établit volontiers avec les femmes une sorte de connivence pour moquer « ces grands enfants » que seraient les hommes. Des enfants qui ont peur d'elle, c'est clair. Peur. Quand elle ne les subjugue pas.

« Une courtisane intellectuelle », disent d'elle ceux qui l'ont vu établir son emprise sur ses « patrons successifs ». Et comme les courtisanes qui en usent autrement, ne perdant pas son temps avec les hommes inutiles.

Contrairement à une légende qui l'horripile, elle n'a jamais parlé de Jacques Chirac en l'appelant son « poussin ». C'est lui qui appelait ainsi l'un de ses collaborateurs, ami d'enfance. Et c'est ce « poussin », agacé par le sobriquet, qui lança à Chirac devenu ministre de l'Intérieur : « Bonjour, poulet ! »

Elle le connaît, ce Chirac, comme si elle l'avait fait. D'ailleurs, elle le fait. Avec des moments d'impatience quand elle doute, parfois, qu'il soit à la taille des ambitions qu'elle nourrit pour lui.

Elle en parle bien, avec amitié et lucidité.

D'elle-même, elle dit : « Je suis réactionnaire... » sans y mettre de coquetterie. Elle est réactionnaire, elle le dit comme elle dit à un leader politique pétulant, après l'un de ses discours : « Vous dites tout ce qui vous passe par la tête et sur n'importe quoi. »

Bref, mérite le détour.

L'opération récupération de l'Udr a été conduite allegro presto, pendant que le chef de l'Etat s'entretient à la Martinique avec le président des Etats-Unis.

Quand il en a eu connaissance, il a dit « Bien joué », comme si un bon et fidèle berger venait de rassembler, pour mieux servir ses desseins, des brebis égarées. Mieux : il va modifier le règlement de l'Ordre du Mérite pour hisser d'un coup Jacques Chirac à la dignité de Grand-Croix.

Technique Giscard ? Non. Pour l'heure, c'est lui qui se fait encercler.

Des rumeurs ont commencé à ramper, concernant de prétendues escapades nocturnes du Président, qui a cru pouvoir protéger sa vie privée. Il en est blessé — la malveillance l'étonne toujours — mais les Français ne s'en émeuvent guère : sa cote personnelle atteint, en mars, 56 p. 100.

Et les réformes ?

La nouvelle procédure relative au divorce est adoptée, après que le texte de la loi a été « réécrit en français », selon les instructions du président de la République qui en modifiera, de sa main, certain termes.

Pour le reste, on parle.

Du rapport sur la lutte contre les inégalités sociales, contenant soixante propositions rendues publiques, lesquelles jettent le trouble jusque dans les rangs de l'opposition tant il est clair que, si de telles propositions entraient dans les faits...

De la réforme foncière.

De la réforme du système éducatif.

De la réforme de l'entreprise.

De la réforme des collectivités locales.

Au cours de l'un des premiers conseils de l'année, le calendrier de six mois de travail a été établi.

J'ai fait timidement observer que tous les travaux et commissions réunies au sujet des inégalités garderont un caractère artificiel si le Gouvernement ne s'attaque pas également à une réforme de la fiscalité, c'est-à-dire de l'assiette de l'impôt. Si l'on ne vise pas clairement l'enrichissement.

« Je fais remarquer à Mme Giroud que la taxation des plus-values vise précisément l'enrichissement... » répond le Président, sec.

Il n'a pas aimé.

Au cours d'un conseil restreint présidé par le Premier ministre, j'y suis revenue.

« Vous voulez parler de l'impôt sur les plus-values ?

— Non. Sur le capital.

— Vous êtes folle ! » s'écrie Jacques Chirac.

C'est la réforme de l'entreprise que Valéry Giscard d'Estaing place en première ligne, à partir du rapport élaboré par la commission Sudreau.

Il ne sait pas, en vérité, comment fonctionne une entreprise. Qui le sait d'ailleurs au gouvernement ? Dans l'administration ?

Mais il n'aime pas les patrons, qui le lui rendent bien. Respectueux des grandes fortunes, dont les héritiers paraissent lavés du péché originel commis par quelque aïeul, qui fut peut-être un forban, il méprise ceux qui « font de l'argent », activité vulgaire s'il en est, et trouve particulièrement inconvenant qu'un manager puisse, par son train de vie, s'aligner sur ceux qui vivent des revenus de leur capital.

Pour qui ces gens-là se prennent-ils ?

D'une façon générale, et ressemblant par là à beaucoup de Français, il entretient avec l'argent des relations ambivalentes, aimant ce qu'il procure, détestant ce qui le produit, convoitise et culpabilité intimement mêlées.

C'est peu de dire que le Premier ministre ne met pas, à réaliser la réforme de l'entreprise, l'empressement souhaité.

Les patrons, il en a besoin : un de mes collaborateurs l'apprendra à ses dépens.

Un après-midi, l'inter sonne. C'est le Premier ministre.

« Vous avez chez vous un certain J. M. ? Foutez-le à la porte immédiatement. »

J. M. est un fonctionnaire de rang relativement modeste. Compétent, aimant son travail, provincial dans le meilleur sens du terme, étranger au monde parisien de l'intrigue et à l'univers des Cabinets, il est représentatif de ces très nombreux agents de la fonction publique qui servent scrupuleusement l'Etat. C'est un précieux collaborateur.

Qu'a-t-il pu faire ? Le Premier ministre me l'apprend.

Des ouvrières d'une usine de la région parisienne m'ont écrit pour me demander de venir constater de visu les conditions de travail qui leur sont faites.

J. M. a répondu que je viendrai. De telles lettres sont courantes.

Mais il est novice. Je le suis aussi. Nous n'avons pas pris garde au fait que cette lettre-là émanait de la section syndicale C.G.T. de l'usine. Etait-ce un piège, tendu au moment où les députés communistes revendiquent le droit d'aller tenir des réunions dans les usines ? Si les membres du gouvernement s'y rendent, pourquoi pas eux...

Je ne sais. Toujours est-il que la C.G.T. rend soudain sa réponse publique.

Le directeur du personnel a dès lors alerté le chef de l'entreprise qui s'est plaint au président du C.N.P.F.

« Ceyrac vient de m'appeler, dit le Premier ministre. Vous croyez que c'est le moment d'aller vous balader dans les usines ? Votre type est un con dangereux. Vous le foutez dehors, hein ? »

Et il raccroche.

Je garde J. M., naturellement. L'imprudence, si imprudence il y a, c'est moi qui l'ai commise. On ne contacte pas aisément le réflexe de Créon... Et d'ailleurs, je ne le veux pas, tout en voyant bien dans quelles contradictions je risque d'être bientôt enfermée en prétendant agir en faveur des femmes, alors qu'on attend d'un ministre qu'il agisse en faveur du Gouvernement.

Quelques semaines plus tard, alors que J. M. doit franchir un échelon dans la hiérarchie de son corps d'origine, cette promotion lui est refusée. Motif ? Pas de motif. Il se débat. On lui oppose un mur de silence. Il m'en parle, timidement. Je crains de comprendre. Une enquête rapide confirme cette crainte : l'ordre est venu d'en haut. J. M., le gentil J. M., aussi peu contestataire que possible, est désormais suspect.

L'indignation le suffoque, puis le ronge.

Il devient pâle, nerveux, il perd le sommeil.

L'injustice dont il a vivement conscience d'être victime, il sait bien sûr qu'elle est de ce monde. J. M. n'est pas un enfant. Mais il est soudain comme un poisson rouge précipité dans une mer de requins. Et il ne veut pas jouer avec les requins.

Par chance, le ministre dont dépend le corps auquel il appartient est un ami, qui goûte peu, de surcroît, certaines méthodes.

Quelques mois plus tard, sur son ordre, J. M. recevra la promotion qui lui est due.

Les patrons ont quelques raisons d'être nerveux. A l'inverse des Allemands et des Américains, ils s'abstiennent, autant qu'ils le peuvent, de licencier leur personnel en surnombre. Et c'est un fait que, pour beaucoup d'entre eux, les beaux jours sont loin.

Valéry Giscard d'Estaing va-t-il continuer à faire de la provocation envers ces grands électeurs de la majorité ? La visite aux prisonniers, la visite aux immigrés, la promotion des femmes...

Les patrons — pour autant qu'on puisse généraliser, l'espèce est diversifiée — sont hostiles au travail des femmes, quand il s'agit des leurs. Quand il s'agit des autres, ils ne sont pas prêts à s'en passer... C'est la main-d'œuvre la plus disciplinée, et la moins coûteuse... A condition qu'on ne vienne pas lui mettre on ne sait quelles funestes idées en tête en prétendant appliquer la loi selon laquelle « à travail égal, salaire égal... ».

Et voilà maintenant que Valéry Giscard d'Estaing veut réformer l'entreprise !

Quand il entend le mot « réforme », Jacques Chirac commence à avoir envie de tirer son revolver.

De surcroît, les élans du cœur que manifeste parfois Valéry Giscard d'Estaing l'exaspèrent.

La société est un champ où s'opposent des forces antagonistes. Il s'agit d'être le plus fort, il ne s'agit pas de s'attendrir sur le sort de ceux qui, en tout état de cause, ne voteront pas pour vous.

Valéry Giscard d'Estaing rapporte un jour la conversation qu'il a eue avec le vice-Premier ministre de Chine, Teng Hsiao Ping, en visite officielle à Paris. Les sujets de conversation étaient épuisés. Pour dire quelque chose, Valéry Giscard d'Estaing a demandé : « Croyez-vous qu'une révolution risque de se produire dans les sociétés occidentales ? »

Teng Hsiao Ping, 1,50 m, le masque terrible d'un Chéri-Bibi chinois, s'est fait traduire la question deux fois. Puis :

« Une Révolution ? Elle est inévitable.

— Vraiment ? Pourquoi, monsieur le Vice-Premier Ministre ?

— Vous avez entendu parler de la lutte des classes, monsieur le président de la République ? »

Et Valéry Giscard d'Estaing poursuit :

« C'est vrai que nous sommes une société de classes. Que nous ne voyons jamais un travailleur normal. Que nous n'en fréquentons pas. »

Serait-ce qu'il le découvre ? On pourrait le croire. Ah ! qu'il aurait donc aimé être le duc d'Aiguillon la nuit du 4 août !

Ce jour-là, il indique qu'il tient essentiellement à l'entrée des travailleurs manuels dans les conseils d'administration.

Ce n'est peut-être pas ce qu'ils attendent avec le plus d'impatience, mais au-delà du vocabulaire sentimental, Valéry Giscard d'Estaing a évidemment compris ce que quelques-uns s'évertuent à crier, depuis des années, dans le désert. Que le travail manuel doit être revalorisé financièrement et, psychologiquement, au lieu que le mépris en soit enseigné dès les bancs de l'école ; qu'un ouvrier qualifié est plus précieux que nombre d'employés du tertiaire dont l'espèce prolifère, tandis que les jeunes gens fuient l'industrie.

Indifférent aux ricanements, Valéry Giscard d'Estaing finira par créer un secrétariat d'Etat consacré au travail manuel dont l'action, pour timide et contrariée qu'elle soit par un milieu hostile, ira au moins dans le bon sens.

Dans l'immédiat, de Conseil restreint en Conseil restreint, la réforme de l'entreprise devient une tarte à la crème.

Au ministre du Travail qui affirme : « Il est fondamental que le salarié puisse s'exprimer sur son travail », et qui fait état des entreprises où cette expression a été organisée, Jacques Chirac répond :

« Chacun a son petit patron exemplaire. Les expériences dans l'entreprise, je ne veux pas en entendre parler. »

Veto, aussi, sur les diverses formules de participation aux décisions qui sont envisagées.

Mais veto, également, à la suggestion insistante de l'un de ses ministres qui veut modifier ce qu'on appelle le critère de représentativité des organisations syndicales.

En d'autres termes, les syndicats sont seuls habilités à présenter des candidats aux élections qui se déroulent dans les entreprises. Un travailleur non syndiqué ne peut pas poser sa candidature. C'est ce monopole qu'au sein de la majorité un certain nombre d'hommes rêvent, depuis longtemps, de casser.

Jacques Chirac a déjà mis en garde, contre cette vieille tentation, le président du groupe parlementaire Udr.

Ce n'est pas lui qui fera sauter « le verrou syndical ». Il a le respect de la force, et de la force organisée. Il ne se voit pas, allant chatouiller la C.G.T. avec près de 800 000 chômeurs sur les bras, et au moment où les députés communistes viennent en personne tenir des réunions dans les usines.

Sévère pour « les chefs d'entreprise qui vont à la faillite et la méritent », il ne semble pas s'interroger plus que Valéry Giscard d'Estaing sur la responsabilité des gouvernements précédents quant aux structures de l'industrie française. Quand Raymond Barre deviendra l'année suivante Premier ministre, il émettra un verdict froid et dur sur ce que fut, à ses yeux, le pompidolisme.

Jacques Chirac ne saisit pas ce qu'il y a de vivace dans le besoin d'auto-organisation du travail. Comme toujours, ce qu'il perçoit, c'est la situation immédiate.

Le seuil jugé fatidique des 800 000 demandeurs d'emploi va être atteint. Le chômage partiel, qui était concentré dans le textile, les cuirs et peaux, l'habillement, s'étend à la transformation des métaux, au bois, à l'ameublement.

La réforme de l'entreprise ? Bavardage et bavardage. C'est d'une relance que les entreprises ont besoin.

« Ne parlez pas de relance. Il s'agit d'un plan de soutien à l'économie », recommande le Président lorsque la décision est prise, contre la volonté du ministre des Finances, d'injecter 40 milliards à l'économie défaillante.

C'est la technique de l'escarpolette, du *stop and go* — un coup de frein, un coup d'accélérateur — pratiquée depuis plusieurs années par la Grande-Bretagne avec les résultats que l'on connaît.

L'économiste doué d'imagination n'est toujours pas en vue.

Il y a plus d'un siècle que les experts en questions monétaires se disputent sur le point de savoir si la monnaie influence l'économie ou en est la conséquence, si elle est la cause ou la résultante des conditions économiques. Et on ne voit aucune raison pour qu'ils se mettent d'accord. Mais c'est la fonction même des experts.

Relançons, soutenons, redéployons, et feignons de croire qu'il y a eu un mauvais moment à passer, quelque chose comme un tunnel dont la sortie est en vue, le Premier ministre l'a assuré.

Qui le croit ? Un nombre suffisant de Français pour que 59 p. 100 se déclarent, en mai 75, satisfaits du président de la République.

Et lui-même, le croit-il ? Il va prendre une décision importante, en faisant rentrer le franc dans le « serpent » où se trouvent les monnaies fortes. Signe de confiance, qui traduit sa légitime obsession : l'économie mondiale est malade mais il y a des malades plus atteints que les autres. La Grande-Bretagne et la livre s'effondrent dans la dignité. L'Italie et la lire s'effondrent dans l'anarchie. La France doit pouvoir se tenir dans l'autre camp, celui de l'Allemagne et des Etats-Unis.

Commentant la dernière conférence des ministres des Finances sur la réforme des institutions monétaires, il assure : « La crise du système capitaliste est lié au désordre du système monétaire... Le fait qu'il n'y a pas de système de parités fixes a des conséquences psychologiques... Il faut revenir à un tel système, mais non fondé sur l'or. »

Cependant, les prévisions dont on lui fait part le laisse sceptique.

Après une année dure, il y aura en 1975, disent les experts, reprise de la demande intérieure et extérieure. On peut tabler sur un taux de croissance de 4,9 p. 100 (ce qui assurerait au mieux une stabilisation de l'emploi), sur une hausse des prix de 7 à 7,5 p. 100 ; et sur un retour à l'équilibre de la balance commerciale. Aucun doute ne semble permis sur le caractère quasi mécanique de la reprise, dont personne ne conteste qu'elle soit amorcée.

« C'est absurde, répond Valéry Giscard d'Estaing. Il n'y a pas de raison pour que la demande recommence. On ne veut pas le voir, mais nous allons vers des situations différentes. »

Des Conseils du printemps 75, je sors, pour ma part, le cœur serré, tant les efforts que nous faisons chacun dans notre secteur paraissent, en quelque sorte, en marge de la situation.

La pendule du Sénat marque 4 h 10 — du matin — le jour de juin où s'achève le débat sur le nouveau mode de recouvrement des pensions alimentaires, devant une poignée de sénateurs ensommeillés.

J'ai commencé la journée dans l'avion qui me ramenait du Mexique, où s'achève la Conférence internationale des Nations unies sur l'Année de la Femme, et une dizaine de cafés, s'ils m'ont tenu les yeux ouverts pendant le débat, malgré le décalage horaire, m'empêchent maintenant de les fermer.

Je cherche un livre, j'ouvre, au hasard, celui qui me tombe sous la main, et je lis : « On a parlé de changements dans la législation. Je suis très porté à croire que ces changements sont non seulement très utiles, mais nécessaires... Mais je ne suis pas assez insensé, messieurs, pour ne pas savoir que ce ne sont pas les lois elles-mêmes qui font la destinée des peuples ; non, ce n'est pas le mécanisme des lois qui produit les grands événements. C'est l'esprit même du gouvernement. Gardez les lois, si vous voulez ; quoique je pense que vous ayez grand tort de le faire gardez-les ; gardez même les hommes, si cela vous fait plaisir ; je n'y fais pour mon compte aucun obstacle ; mais, pour Dieu, changez l'esprit du gouvernement, car, je vous le répète, cet esprit-là vous conduit à l'abîme *. »

Allons... la France est éternelle.

Valéry Giscard d'Estaing oppose un front serein à ceux qui prédisent des troubles graves en octobre.

Pourquoi octobre ? Parce que les Français ne font jamais deux choses à la fois : les vacances et la Révolution.

Michel Poniatowski fait état d'informations précises sur l'insurrection qu'escompterait François Mitterrand. Celui-ci l'aurait confié lui-même à un préfet.

Je doute, pour ma part, que François Mitterrand choisisse un préfet pour lui faire ce genre de confidences, ni même qu'il les fasse à quiconque. Mais les ministres de l'Intérieur passent pour être renseignés.

L'agitation de la classe politique devient telle que le président de la République lance, à la veille de l'été, un « Partez tranquilles... » télévisé qui fait grand bruit, et pas le meilleur.

Tranquilles ? Alors que le sol de l'Europe tremble ? Mais le sol des plages est doux où s'ébattent de concert ceux qui se disent « Profitons-en tant que ça dure... » et ceux qui attendent que le soleil du *Programme commun* se lève sur le paradis socialiste.

En trois ans, les prix ont augmenté de 8 p. 100 en 1973, 15 p. 100 en 1974, 9,6 p. 100 en 1975. Mais parallèlement, les salaires ont augmenté de 15,9,

* Tocqueville, parlant à l'Assemblée nationale, quelques jours avant la Révolution de 1848.

20,3 et 14,8. C'est-à-dire que, globalement, le pouvoir d'achat a continué de croître.

L'habitude invétérée qu'ont les chefs politiques de colorer outre mesure l'expression de leurs sentiments et d'exagérer leurs pensées n'empêchent pas ceux qui les écoutent de mesurer le réel et le vrai.

Les Français ne souffrent pas encore de l'austérité, ni même de la rigueur que le Premier ministre n'a pas cru devoir mettre en œuvre. Ils la redoutent.

Il ne se passera rien en octobre. Le désordre n'est pas dans la rue. Il est dans les esprits.

9

DANS le courant de l'été, je demande audience officielle au président de la République pour faire le point sur l'action du secrétariat d'Etat à la Condition féminine.

Dans son bureau, au premier étage de l'Elysée, un coin a été aménagé près d'une fenêtre, qui enlève tout caractère de solennité aux entretiens privés.

Le secrétariat d'Etat a un an. Faut-il continuer ? Oui. Avec quels moyens ? Les mêmes.

Je veux bien que la politique soit, en partie, affaire de relations publiques, que l'effet sur les esprits soit, en la matière, partie de l'action. Mais l'homme — et la femme — ne vit pas que de paroles.

Un premier train de mesures adopté, si je ne peux pas pousser les feux, n'est-il pas préférable que je m'en aille ?

Non.

Le Président tient aux femmes. C'est une grande question, il n'en doute pas. Les « Journées internationales », organisées à Paris, ont été réussies. Plusieurs pays nous ont suivi, créant à leur tour des ministères spécifiques. Il est toujours bon que la France donne l'exemple. « Vous avez, me dit-il, une politique conceptuelle. C'est ce qu'il faut.

Evidemment elle déplaît à certains milieux... »

Je répète que je suis prête à me retirer sans bruit, comprenant que l'on ménage « certains milieux » en même temps que le Premier ministre, qui préférerait un secrétariat d'Etat à la Famille coiffé par Simone Veil, ministre de la Santé.

Celle-ci est, en fait, plus violente que moi, et farouchement attachée à l'intégration des femmes dans la vie professionnelle. Je n'ai jamais pu la voir sans penser à ce qu'un bon auteur écrit de Mme de Lamartine. Se reprochant de n'avoir pas davantage cultivé sa société, il ajoute qu'elle « incorporait à une vraie vertu une humeur dominante, beaucoup d'orgueil, un esprit droit mais raide et parfois rude, de telle sorte qu'on ne pouvait ni s'empêcher de l'honorer ni se plaire avec elle ».

Mais outre que dans sa physionomie publique, c'est la vertu qui domine et rassure, son état et sa formation de fonctionnaire la rendent plus apte que moi à la subordination aux intérêts dits supérieurs. Quoi qu'elle en ait, elle grommelle mais s'incline.

Alors, suis-je libre ?

C'est non. Soit. Une enquête en cours à travers tout le territoire a déjà donné des résultats révélateurs des besoins exprimés et non exprimés de toutes les catégories de femmes. Puis-je mettre une équipe au travail pour que nous élaborions un plan de cinq ans définissant véritablement une politique pour les femmes et le calendrier de son application ?

Le Président n'aime pas le mot « plan ». Disons un programme, qui sera cohérent avec le VIIe plan, en cours, lui aussi, d'élaboration.

Serait-il d'accord pour qu'un quota féminin soit imposé lors des élections municipales ? Oui, excellente idée.

« Vous croyez, demande-t-il, que les femmes vont vouloir vivre comme des hommes ? »

Diable ! Même avec lui, il y a encore un fameux travail à faire pour que la nature de l'évolution féminine soit comprise. Au moins, y met-il de la bonne volonté.

Néanmoins, cette conversation l'ennuie. Que les hommes s'ennuient donc vite quand la condition des femmes est en question... Et nous parlons d'autre chose. Ou plutôt, il parle, et je l'écoute raconter la conférence d'Helsinki. « J'ai vu que les hommes se comportent comme des animaux sur leur territoire. Des tribus. Américains, russes, germains... Nous, Français, nous ne sommes pas une tribu. Nous sommes très divers, mélangés, germains, latins... »

Suit une méditation brillante sur la France et les Français, le collectivisme, la liberté individuelle...

Que toutes les formes de collectivisme, donc d'intolérance au libre choix de l'individu entre des possibles, lui fassent horreur, aucun doute.

« Le dogme de la liberté individuelle ne pèsera pas un fétu le jour où nous organiserons vraiment l'Etat », écrivait sans détour un illustre collectiviste nommé Hitler.

Quant à ce que certains nomment la vraie liberté, qui consisterait à renoncer à notre individualité contingente, à s'affranchir de « l'illusion individuelle », pour communier à l'évolution nécessaire du monde, rien de plus étranger à sa philosophie.

Mais à l'écouter, on peut se demander, s'il ne voit pas, certains jours difficiles, comme une fatalité dans ce glissement vers la forme moderne de la barbarie, pour reprendre, les jours heureux, confiance dans les vertus françaises d'équilibre, de mesure et de raison.

Cette façon de distance qu'il a, à lui-même, observateur du monde et de la société autant qu'acteur, entre pour une bonne part dans sa séduction intellectuelle.

Mais en le quittant, je me prends à craindre, pour lui, pour nous, pour tous, que quelque chose de ce détachement ne soit mal perçu par les Français et qu'au lieu d'en être charmés, ils ne se sentent frustrés. « Si la foule a besoin d'un chef, écrit Freud, encore faut-il que celui-ci soit fasciné lui-même par une profonde croyance [1] ».

Je demande ensuite audience officielle à Jacques Chirac pour faire agréer le principe d'un programme de cinq ans.

Cette méthode n'est pas saine. Les contacts devraient être fréquents avec le Premier ministre et exceptionnels avec le président de la République. Au lieu de quoi, le Président a, en fait, plus de conversations personnelles, fût-ce par le téléphone dont il use volontiers, avec les membres du gouvernement que le Premier ministre. Court-circuits inévitables, froissements, interventions contradictoires, non, ce n'est pas sain.

S'il n'y a pas d'incident direct entre le Président et le Premier ministre qui est encore, en face du chef de l'Etat, déférent, il y en a de fréquents avec le secrétaire général de l'Elysée, auquel, véritable plaque tournante du gouvernement, tout le monde s'adresse, pour tout et pour rien, et dont les jugements à l'emporte-pièce font le tour des salons parisiens. Il a de l'esprit, et il s'en sert [2].

En principe, chaque ministre a un correspondant à l'Elysée et un à Matignon, dont la tentation naturelle est de s'ériger en contre-ministre, plus proche qu'il est du soleil.

Sans doute, avec la multiplication des affaires

de tous ordres qui remontent jusqu'au cabinet des ministres, les interférences entre ministères, les incidences politiques de toute décision, n'est-il pas simple de concevoir une organisation rationnelle du travail gouvernemental.

Au séminaire de Rambouillet, réuni en avril, de bonnes résolutions ont été prises et les ministres en sont sortis un peu rassérénés. Mais les mauvaises habitudes ont prévalu.

Tiraillements, coups fourrés, pièges exquis, compétition dans la faveur du Prince : à tout ce que connaissent, inévitablement, les collectivités humaines, et qui n'empêche pas les entreprises de se développer, s'ajoute, en politique, la compétition dans la faveur de l'opinion et le fait que la communauté des haines y fait presque toujours le fond des amitiés.

Que vais-je entendre de Jacques Chirac, cette fois ? Du miel.

Les accrochages qui nous ont opposés ? « Comme dans les scènes de ménage, il y a des torts des deux côtés. »

J'en conviens.

Le programme pour cinq ans ?

« Excellent, si vous y arrivez... Prenez tous les gens qu'il vous faut... »

La solitude où je suis, ne sachant qui consulter devant telle ou telle affaire explosive ?

« Vous n'avez qu'à prendre votre téléphone et m'appeler. »

Nous nous quittons en paix. Une paix qui ne sera plus troublée jusqu'à ce que, un an plus tard, il quitte le gouvernement. « Au moment où, enfin, il nous aimait ! » s'écriera un membre de mon cabinet.

Aimer... C'était trop dire. Mais il est vrai que

les brimades cessèrent et que, une fois établi ce fameux programme et, discutée une à une avec les quinze ministères intéressés, chacune de ses cent dispositions, Jacques Chirac le défendit loyalement et même, avec conviction, sur la plupart de ses aspects.

Lors d'une dernière mise au point faite avec lui, j'eus la surprise de l'entendre dire : « Vous connaissez ma franchise... Ce travail est remarquable... D'ailleurs, pour finir, les seules actions positives de ce gouvernement auront été, pour les femmes... »

Sans doute le rôle des femmes agricultrices n'a-t-il pas été étranger au chemin qu'il a accompli. Dès lors qu'il trouva, chez elles, la ferme expression de revendications qu'il tenait jusque-là pour des fantasmes d'intellectuelle parisienne, elle cessa de l'effaroucher, sinon de l'affliger.

Il reste qu'il n'y eut plus de « scènes de ménage ».

De mon côté, je fus sage.

Le hasard avait fait que je connaissais bien le Premier ministre d'Iran, rencontré au cours d'un voyage dans son pays en compagnie de quelques directeurs de journaux.

Invitée à y passer quelques jours, je tombai au moment où il hésitait entre une société britannique, je crois, ou allemande, et Renault, pour une commande de cinquante mille véhicules.

A la fin d'un entretien, il me dit : « Vous avez gagné. Ce sera Renault. Vous pouvez annoncer, en rentrant, que vous rapportez la commande... »

Je me gardai de m'octroyer cette satisfaction. Jacques Chirac fut le seul informé. Le métier commençait à entrer.

De son côté, il navigua de son mieux à propos de ce programme entre la susceptibilité d'un ministre ombrageux et ma hâte d'en terminer.

Ce ne fut pas une réaction épidermique qui me conduisit à écrire, en juin 76, au président de la République pour lui dire que j'avais décidé de quitter le gouvernement. Ce fut un désaccord sur le fond des choses.

10

1975 a été, dans le domaine intérieur, l'année des occasions perdues, et des illusions entretenues.

Les Français ne s'interrogent pas tous les matins sur le point de savoir si la société où ils vivent est en train de changer. Elle a beaucoup changé, en une génération, pour le meilleur et pour le pire, dans les modes de vie, d'habitat, de transport, de vacances, de consommation, dans les mœurs aussi.

Tout le monde vous le dira : nous nous américanisons. O puissance des idées reçues... L'Amérique est immense, et dans la plupart des Etats, on peut parcourir trois kilomètres, parfois davantage, sans voir une maison. Si les voitures y sont aussi nombreuses qu'en France, par nombre d'habitants, elles le sont deux ou trois fois moins au mètre carré. Les gratte-ciels n'abritent que des bureaux, et encore, dans quelques grandes villes. Même à New York, il est courant d'habiter une maison de trois étages. Les vacances de quatre semaines y sont inconnues, mais le travail cesse à cinq heures. Chaque Etat est un pays en soi, avec ses propres lois. Et on peut vivre à San Francisco ou à Dallas sans jamais — jamais — regarder une émission de télévision émise par l'une des grandes chaînes, ou lire le *New York Times.* La vie est régionale, voire locale. Quand on change d'Etat pour aller tenter fortune ailleurs, on peut vendre sa maison en vingt-quatre heures. Mais le rythme de la vie quotidienne est beaucoup moins rapide qu'en France. Les gens ne sont pas pressés, ne s'impatientent pas dans une file d'attente.

Quant aux relations entre les personnes, elles sont fondées sur le fait que chacun se juge l'égal de l'autre. Il ne l'est pas, mais il se tient pour égal, dans l'ordre humain, et le garçon qui, à l'hôtel, vous apporte votre petit déjeuner trouve naturel de dire : « Qu'est-ce que vous lisez ? » et de s'attarder un moment pour feuilleter votre livre.

Les ouvriers portent des gants pour travailler leurs mains sont protégées. J'ai demandé, en France, que les ouvrières attelées à des travaux salissants en soient munies ; on m'a objecté que les entreprises n'avaient pas les moyens de les payer.

Quand les Américains trouvent qu'il faut « changer » — et ils changent tout, à tout bout de champ — ils s'en occupent eux-mêmes, là où ils se trouvent. Nul ne tient le Président pour un intercesseur auprès de la Providence, le Gouvernement pour responsable des programmes de télévision et Marx pour le fils de Dieu et que ton règne arrive, Seigneur...

Le courrier d'un président de la République est essentiellement composé de demandes d'intervention dans les affaires personnelles. On espère qu'il sera « bon ». Le courrier d'un président des Etats-Unis est essentiellement composé d'expressions énergiques d'opinions sur tel ou tel aspect de sa politique. On compte qu'il fera bien son métier.

Ce n'est pas le Paradis, l'Amérique. Ni même une succursale. Le Paradis, c'est la France. Sinon, pourquoi les étrangers nantis choisiraient-ils, le plus souvent, d'y vivre, quand ils le peuvent, et les exilés d'y chercher refuge ?

Blue-jeans, plus Coca-Cola plus pop music plus tee-shirt, cela ne fait pas l'Amérique en France. A peine une caricature sur fond de mercantilisme. Quant à faire, nous aurions eu mieux à emprunter.

Néanmoins, le Paradis, c'est la France. Simplement, il y en a qui sont un peu plus au Paradis que les autres.

On leur a dit que cela allait changer. Ils attendent. Depuis un an, ils ne voient rien venir sinon le morne hiver. Rien de substantiel, rien surtout qui saisisse l'imagination, « ce grand talent de ceux qui entrent dans les Affaires... » (Retz)

1975 aura été, dans le domaine intérieur, l'année des occasions perdues et des illusions entretenues.

Les réformes réalisées depuis le début du septennat ne sont pas nulles, mais elles ne divisaient que les esprits. Pas les intérêts.

Elles vont toutes, de surcroît, dans le même sens : celui de l'accroissement de la liberté individuelle, dont Valéry Giscard d'Estaing pressent qu'elle deviendra d'autant plus précieuse qu'il faudra compenser les contraintes d'une socialisation de la vie.

Les réformes qui, entreprises pendant qu'il en est temps encore, « s'entraîneraient l'une l'autre, comme les rouages d'une machine[1] », ne sont pas écartées. Elles sont, en quelque sorte, entre parenthèses. Nul n'ignore leur caractère inéluctable. Mais devant les oppositions, les ruptures, les conflits qu'il faudrait affronter pour les mettre en œuvre, quelque chose fait défaut...

Le courage ? Le sentiment de l'urgence ? Quelque chose d'autre, peut-être, qui va profond : le manque d'appétit pour la société française de demain.

L'année s'achève sur l'annonce d'une politique familiale, dont nous avons discuté en Conseil restreint, puis en Conseil des ministres.

Qu'est-ce qu'une politique familiale ? C'est une expression qui consiste à faire croire que l'on peut donner de l'argent aux uns sans le prendre aux autres, le tout enrobé de confiture par quoi maris adultères et pères démissionnaires soulagent leur conscience en exaltant le rôle sacré des mères de famille.

La comédie se joue régulièrement au Parlement. Comédie car on n'a jamais vu que le financement par l'impôt — par quoi d'autre la financerait-on ? — de l'ensemble des mesures qui mériteraient le nom de politique familiale soit également proposé.

« L'argent, on le trouve toujours... » m'a dit un jour un ministre particulièrement « familial », à qui je faisais observer que ses propositions exigeraient un doublement pur et simple de l'impôt sur le revenu.

D'accord. On le trouve. Mais où ? Et pour l'utiliser comment ?

Au moment de la Restauration, Villèle proposa au Parlement de remettre en vigueur le droit d'aînesse. Sa proposition repoussée, il s'écria : « C'est la fin de la famille... »

Le plus fort est qu'il avait raison. Mais de quelle famille s'agissait-il ? Et à quelle famille voudrait-on qu'il ne fût pas mis fin ? Et cela se fera-t-il avec des subventions ? Elles sont déjà de l'ordre de 60 milliards.

S'il existe un sujet qui mérite réflexion et approfondissement, un sujet où se croisent tous les paramètres des sociétés modernes en même temps que les données inconnues qui font baisser au même rythme la natalité dans les deux Allemagne,

nique. Il pousse, avec une manière de douce cruauté, l'un des ministres à faire un numéro d'imitation dans lequel celui-ci excelle mais qu'il achève en murmurant : « C'est aussi difficile d'être le bouffon du président de la République que le bouffon du roi... »

Au malaise qui envahit quelques-uns des présents, à la menue impertinence des propos qui se chuchotent après dîner autour des tables de bridge et de scrabble — IL aurait dû. IL n'aurait pas dû. IL a eu tort de... — après dix-huit mois de lèche, il n'y a pas d'autre mot, on mesure ce qui s'est dégradé depuis l'année précédente où nous étions, dans les mêmes circonstances, réunis.

La Cour se débande.

Il y a du pathétique dans cette soirée.

Sous sa tenue de fête, Valéry Giscard d'Estaing est couvert de blessures. Il sait que le deuxième tour des cantonales confirmera les résultats du premier et que l'audience de la France en sera affectée.

Il a réussi à instituer le Conseil européen, à faire progresser une entente franco-allemande qui sera fondamentale, juge-t-il, lorsque viendra l'heure de la grande explication en Europe.

Lors de son voyage en France, Léonid Brejnev commentant les manifestations dans l'armée, lui a dit : « Si vous en êtes là... » Depuis, il a remis les choses en ordre, il a augmenté les capacités militaires de défense, politique « difficile à mener, dans un pays qui n'en a pas très envie, il faut bien le dire », mais politique symbolique de la volonté française d'indépendance à l'égard des superpuissances. Il a inventé et réuni la conférence sur l'énergie, dont il n'attendait pas qu'elle galvanisât l'opinion mais qui est tout de même plus importante, que diable, que l'élection d'un conseiller cantonal socialiste...

Il sait que le franc va sortir du « serpent ». Il a voulu l'y faire entrer, parce qu'il entend saisir toutes les occasions de participer aux mécanismes européens, prenant le pari que les prix français n'augmenteraient pas plus vite que les prix allemands.

Pari perdu. En dehors des raisons diverses, dont les économistes discutent à perte de vue, qui agissent sur ce qu'on appelle la formation des coûts, les syndicats allemands soutiennent leur gouvernement. Il y a plus d'un million de chômeurs en R.F.A., cinquante et un établissements bancaires ont fait faillite dans l'année, mais l'industrie allemande reste fortement exportatrice soit à des prix plus bas que les prix français, soit dans des secteurs où elle est en situation de monopole. Le chancelier Schmidt n'a pas d'imagination. Il a des machines-outils.

Quand les gros opérateurs désertent le franc pour acheter du mark, ce qu'ils font périodiquement depuis des années, ce n'est que le signe visible d'une situation de fond dont les racines sont anciennes. Mais chaque fois qu'il réapparaît, il indique que cette situation, loin de se corriger, s'aggrave.

La prochaine réunion avec le chancelier d'Allemagne ne sera pas des plus plaisantes, cher Helmut, cher Valéry, que se passe-t-il donc chez vous pour que les travailleurs travaillent davantage et gagnent moins, question de technique industrielle peut-être ?

Il sait que, en dehors même de la crise, il faudrait un effort colossal de tout l'appareil français, un effort qui ne lui a pas été demandé quand les années de vaches grasses y auraient aidé. A propos, il lui est arrivé d'être ministre des Finances en ce temps-là. Mais à supposer qu'il eût voulu s'y employer, il aurait été proprement remercié et il ne serait pas président de la République aujourd'hui.

Et maintenant qu'il a le Pouvoir, la France lui glisse entre les mains. Comme s'il n'était pas capable, lui aussi, d'être un bon social-démocrate, et n'est-ce pas de cela, pour finir, que la majorité des Français ont envie plutôt que de la démocratie populaire inscrite dans les pages du Programme commun ?

Mais ils ne le suivent pas. Ils ne le suivent plus. A qui la faute ?

Assis à une table de bridge, il semble que la soirée lui pèse, en dépit de l'inaltérable courtoisie.

Michel Poniatowski, massif sous son col châle rouge, paraît penaud. De mauvaises élections, pour un ministre de l'Intérieur qui est censé les préparer, c'est toujours un mauvais point.

Qui est-il ? Rigoureusement insaisissable. Timide, certainement, ce géant rose, adorant les complot, les manigances, et s'y prenant les pieds. « Un éléphant dans un magasin de porcelaine choisissant ce qu'il casse », a dit autrefois de lui François Mauriac.

Il y a longtemps. Depuis, il a cassé énormément.

Dix fois, Valéry Giscard d'Estaing a demandé que cessent les proclamations incendiaires contre les communistes, qui ont retenti jusque sur les relations diplomatiques entre la France et l'U.R.S.S., mais autant empêcher un chien de garde d'aboyer quand il entend des pas dans l'escalier.

Il n'en fait d'ailleurs jamais qu'à sa tête. Tous ceux qui ont été, de près ou de loin, mêlés à des opérations collectives, peuvent citer un cas où il a mangé la consigne.

Est-il bon, est-il méchant ? Insaisissable vraiment. Plutôt bon, dirais-je, mais tordu quelque part...

La seule certitude qu'il offre, c'est l'amour qu'il porte à « Valéry ». Assuré de savoir mieux que personne et que l'intéressé lui-même ce qui est bon et ce qui est mauvais pour « Valéry ».

Sa conduite — ou du moins ce qu'il en paraît — évoque celle de ces nounous terribles, qui feraient boire du lait de poule à un hépatique en se disant : « Ça lui fera du bien puisque c'est moi qui l'ai préparé... Les médecins sont des ânes. »

N'étaient, parfois, les conséquences, il en serait émouvant.

A une autre table, Jacques Chirac montre un visage clos.

Depuis deux mois que le gouvernement a été remanié par Valéry Giscard d'Estaing — un certain Raymond Barre y est entré, discret et dense — son attitude est singulière.

Aux nouveaux venus, le président de la République a tenu à peu près ce langage :

« Les deux traits psychologiques de la participation au gouvernement doivent être l'humilité et l'enthousiasme. L'humilité à cause de l'importance de la tâche, qui est historiquement exigeante. L'enthousiasme, car elle mérite l'enthousiasme. Le gouvernement est l'endroit privilégié où l'on peut donner un contenu concret à ses convictions et à ses espoirs. Il suffit de voir la mélancolie de ceux qui s'en vont.

« C'est l'endroit où doivent régner cohésion, réflexion, action.

« La cohésion : les Français adorent se disputer mais ne supportent pas d'être gouvernés par des gens qui se disputent. Ce n'est pas l'aspect sous lequel on a été le plus éclatant.

« Réflexion et action : gouverner, c'est réformer. Nous devons préparer, accepter et expliquer les réformes. Devant le Parlement, vous devez endosser l'esprit et l'initiative des réformes. Vis-à-vis de l'administration, vous devez savoir que tout ordre transmis n'est pas exécuté, que la capillarité administrative s'exerce toujours dans le sens de l'immobilisme.

« Trop de ministres ont tendance à être les haut-parleurs de leur administration au lieu de l'animer.

« L'insuffisance de cohésion qui doit être corrigée, vient en partie de ce que les esprits cheminent plus lentement que les faits. Certains se comportent comme si nous étions encore sous la IVe République. Or, le régime se présidentialise, le gouvernement n'est pas une coalition. Ce n'est pas un endroit où il faut imaginer que les individus se font valoir eux-mêmes, de telle sorte qu'ils obtiendraient la promotion qu'ils croiraient pouvoir exiger.

« Sont reconnus ceux qui accomplissent un travail de qualité et de substance.

« La cohésion est un art. Les seuls bons moments de ma carrière ont été les moments de cohésion. Sinon, l'atmosphère devient pestilentielle.

« Le Conseil est le lieu où se délibère la politique de la France. N'y faites pas votre courrier. »

Cohésion ?

Quelques jours après, au cours d'une réunion à quatre, j'ai vu Jacques Chirac las, les lunettes relevées sur le front et se frottant les yeux, d'un geste qui lui est habituel. Il a dit, sans brusquerie : « On perd son temps... Les ministres font n'importe quoi, disent n'importe quoi et ne suivent pas mes instructions... C'est le bordel.

— Mais comment cette incohérence est-elle possible ? Si elle est délibérée, c'est un acte politique dont il faut tirer les conséquences. Sinon...

— Ou elle est délibérée, ou elle est inconsciente, ou elle est le fruit de la bêtise. Alors, vous voyez bien qu'il n'y a rien à faire... »

Et un peu plus tard :

« Je n'ai pas le temps de faire mon métier. Je devrais m'occuper des parlementaires et je passe mon temps dans des conseils... On parle, on parle, ça ne sert à rien... Ce n'est pas une vie, je vous assure... »

Elle va changer.

Le dimanche où se joue le deuxième tour des élections cantonales, ceux auxquels les stations de radio et de télévision ont demandé de venir, le soir, commenter les résultats sont réunis à Matignon, en fin de journée, pour organiser une certaine consonance dans les propos qu'ils tiendront.

« Nous avons reçu un coup de pied dans le derrière, dit le Premier ministre. Avouons-le... On peut ajouter que nous ne l'avons pas volé. Mais ne rendez aucun hommage aux adversaires... Aucune concession ne doit être faite aux adversaires. Générosité de leurs intentions et tout le baratin habituel... Est-ce qu'ils en font, eux, des concessions ? Est-ce qu'ils diront que nous sommes cons et généreux ? Ceux qui imaginent ou qui ont imaginé qu'on peut se conduire ainsi se trompent. Dans le dérapage politique que nous avons connu, il y a ce petit jeu, cette danse du ventre, ce langage de faiblesse... Et en politique, la faiblesse ne paie jamais.

« Ce n'est pas à la crise qu'il faut imputer l'échec. Ne vous y trompez pas : l'atténuation de la crise économique jouera contre nous...

« Surtout ne vous laissez pas entraîner à des contestations sur les étiquettes... C'est une des raisons de la baisse de notre crédibilité et de notre impact... J'ai des raisons de penser que ça va cesser. »

Que signifie cette dernière phrase sibylline ? Les Français l'apprendront dans des conditions qui en laisseront plus d'un pantois.

Transformé tout soudain en ordonnateur de pompes funèbres, le président de la République leur fait connaître, par voie de télévision, que M. Jacques Chirac est désormais coordonnateur de la majorité.

Saisissante apparition. C'est la première fois que Valéry Giscard d'Estaing, qui maîtrise comme personne la télévision, rate son affaire dans la forme, et capitule publiquement sur le fond.

L'auteur de cette malheureuse métamorphose se nomme Pierre Juillet.

Par une note écrite — ce dont il n'est, dit-on, pas coutumier — au président de la République, il a suggéré...

Valéry Giscard d'Estaing qui n'est pas l'homme des réflexes mais de la réflexion, et qui doit agir vite, a retenu les indications de mise en scène.

Sur le fond, c'est plus grave.

Il y a presque deux ans, les Français ont dit, massivement, et sans se savoir alors à l'orée de la crise, qu'ils en avaient ras le bol de l'Etat-Udr... Qu'ils se soient divisés sur le choix de celui qui allait apporter le changement, qu'ils se soient faits sur ce changement des idées divergentes, on sait à quoi ils disaient non si on sait moins bien à quoi, de part et d'autre, ils disaient oui.

Ils viennent de tirer un nouveau coup de semonce.

Jacques Chirac est Premier ministre d'un gouvernement tancé par les électeurs. Il est impopulaire. Il est le chef de l'Udr. Valéry Giscard d'Estaing ne peut plus ignorer qu'il est foncièrement, viscéralement opposé à sa vision des choses.

Et que fait-il ? Il change de Premier ministre ? Non. Il lui remet les pouvoirs que celui-ci exige.

A posteriori, on trouve toujours des explications rationnelles à une décision. Valéry Giscard d'Estaing en a une, sans nul doute, la première étant, ici, la composition de la majorité parlementaire.

En juin 74, c'était : « Nous nous trouvons dans un des rares cas où la majorité présidentielle et la majorité parlementaire coïncident. »

Evoquant les difficultés objectives rencontrées dès le départ de son action, il dira lorsque l'inaction réformatrice lui sera reprochée : « La majorité parlementaire que j'ai trouvée était antérieure à mon élection et ne coïncidait pas avec elle... [1] »

Mais où était le risque lorsque, après les cantonales, il se soumet à Jacques Chirac ?

L'Udr peut mener, à l'Assemblée, la guérilla au gouvernement. Elle ne peut pas le chasser, dans l'état actuel des institutions, sans s'accorder avec l'opposition sur une motion de censure. Cela s'est produit une seule fois. Après la fin de la guerre d'Algérie, en avril 1962. Une telle situation entraînerait, comme ce fut alors le cas, des élections que, dans l'état des choses, l'Udr ne peut pas provoquer sans savoir qu'elle y perdra en tout cas bon nombre de sièges et quelque chose de plus si l'opposition l'emporte.

On voit rarement des députés procéder délibérément à un suicide collectif.

Alors quoi ? Le découragement devant l'incompréhension que l'on oppose à son entreprise ? Il n'y a pas de chef d'Etat ou de gouvernement qui n'ait eu à l'affronter, surtout lorsqu'il s'est mêlé de vouloir réformer.

Quoi qu'il en soit, il cède.

« Le couteau sur la gorge », me dira un ministre proche du chef de l'Etat.

J'ai peu d'éléments qui permettent de l'affirmer. Aussi poserai-je seulement comme hypothèse que Jacques Chirac et les siens comptaient qu'à tel ou tel moment, le craquement se produirait et qu'ils ramèneraient Valéry Giscard d'Estaing à ce qu'ils appellent la raison.

La théorie de Jacques Chirac tient en une phrase : « Il faut cesser de faire plaisir à nos adversaires et pas à ceux qui nous soutiennent. »

A quoi Valéry Giscard d'Estaing répondra, plus tard, en écho : « Si la majorité veut se sauver, elle se perdra... Le souci des Français, ce n'est pas de sauver la majorité. Ce qu'il faut, c'est gouverner la France. »

Gouverner la France, Jacques Chirac s'en occupera après les élections législatives, si Dieu et les électeurs veulent bien qu'il les gagne. Car, il en a la conviction, lui seul peut les gagner.

Pourquoi ? « Je gagnerai parce que je veux gagner. »

Comment ?

Une majorité compacte, unie derrière Chirac Saint-Georges pour abattre Mitterrand le Dragon. Cette majorité est composée de gens qui se combattent âprement depuis dix-huit ans, et sur le terrain des idées, non sur celui des personnes ? Que les rênes du pouvoir soient reprises à Matignon, et ces chefs de parti qui prétendent représenter, eux aussi, des Français rentreront dans le rang: Ils vont se faire coordonner. La lutte politique a-t-elle jamais eu un autre objet que d'exercer le pouvoir ? Ils y sont. Ils ont des portefeuilles, des postes, ils n'ont qu'à dire merci. Seuls les idéalistes, ces niais, peuvent donner une autre finalité à la conquête du pouvoir.

L'ennui est que les chefs de parti ne sont pas là par hasard.

Non seulement la France est diverse, et traîne derrière elle les séquelles de longues divisions — laïques et chrétiens, européens et nationalistes et combien d'autres... — mais il y a belle lurette qu'elle se compose d'une mosaïque de partis.

Les initiales changent, les clivages restent. Que l'un d'eux s'atténue, en surgit un autre.

De surcroît, si tout homme politique au pouvoir rêve du parti unique dont il serait le chef en face de l'opposition, tout homme politique hors du pouvoir rêve du nouveau parti dont il sera le chef, le crée parfois et M. le Président par-ci et M. le Président par-là.

Il faudrait compter un jour combien d'hommes on appelle M. le Président, y compris dans le monde des affaires, et recenser ce qu'ils président pour comprendre, avant d'en sourire, que ce phénomène n'est pas sans signification.

En ralliant Valéry Giscard d'Estaing lors des présidentielles, les partis du centre droit et du centre gauche ont déjà perdu une partie de leurs électeurs. Qu'ils s'inféodent à Jacques Chirac, incarnation de l'Etat-Udr, ce sera le désert.

De surcroît, il est l'homme le moins fait pour coordonner. Il sait intimider, terroriser, exalter quelquefois ceux qui ont avec les chefs politiques les rapports que certaines femmes ont avec les ténors et qui relèvent de phénomènes mal élucidés. Mais il ne sait pas convaincre.

Le Conseil qui a suivi le deuxième tour des élections s'est déroulé sur le mode agressif. Chez Valéry Giscard d'Estaing, la dépression se traduit toujours par des commentaires acerbes : « Les Français croient que l'on peut punir le pouvoir sans conséquence.. Les élections ont révélé ce qu'on aurait dû savoir... Qu'ils ne voient pas la nature du choix politique qu'ils ont à faire... Le mécontement principal a pour origine la crise économique. Mais s'y ajoutent des mécontentement sectoriels accrus par l'action gouvernementale.

« Je pose une question fondamentale. Il n'est

pas question de renoncer aux réformes. Si certains d'entre vous pensent le contraire, je vous demande de le dire et d'en tirer les conséquences... Il ne faut pas signer par l'inaction la condamnation de notre société... »

Silence général. Les regards se tournent vers le Premier ministre, qui a le nez plongé dans ses papiers. Le Président poursuit : « Les réformes traînent. La France n'aperçoit pas les choix à faire... L'enjeu... Une coordination est indispensable. Je demande à monsieur Chirac, Premier ministre, de l'assurer. »

12

CHATEAUBRIAND conseille de « mener les Français par les songes ».

Mais cela, c'est l'affaire du chef de l'opposition qui dispose pour ce faire d'un maître atout : l'idéologie de gauche, si vivace en France, « refoulée, réprimée depuis trente ans, par la guerre froide d'abord, par le gaullisme ensuite ». (Raymond Aron).

Si le parti communiste n'existait pas, il eût fallu l'inventer pour que, comparant son chef au leader socialiste, les Français, fraîchement attirés par l'opposition, se sentent chaque jour plus persuadés que celui-ci est un homme modéré.

Jacques Chirac ne cesse, d'ailleurs, de lui faire des cadeaux.

Son programme proclamé tient en deux points : inviter la majorité à « taire ses rivalités et ses dissensions », et « agresser l'opposition ».

Sur le second point, il passe immédiatement à l'acte en se déclarant « choqué » parce que le chef de l'opposition a déjeuné chez l'ambassadeur des Etats-Unis, puis en dénonçant « ses appétits de pouvoir ». Et il fait long feu. Le caractère choquant de l'entrevue entre François Mitterrand et Kenneth Rush n'apparaît, semble-t-il, qu'à lui et conduit le second à donner force dîners pour raconter à chacun le contenu de leur conversation. Tel qu'on peut alors l'entendre, il se résume à ceci : l'ambassadeur a fait connaître au chef de l'opposition que son pays n'avait rien contre les socialistes. Mais qu'il existait un courant isolationniste puissant aux Etats-Unis, et que l'entrée de communistes dans un gouvernement français entraînerait vraisemblablement le retrait des troupes américaines. De son côté, François Mitterrand a fermement assuré l'ambassadeur que l'appareil socialiste était assez fort pour ne pas céder aux communistes.

Quant aux « appétits de pouvoir » du leader socialiste, il serait inquiétant qu'il n'en eût point. S'agissant d'un chef politique, le crime n'est jamais de vouloir le pouvoir mais de le vouloir sans autre objet que de s'y trouver. Or, s'il est quelqu'un dont personne ne doute qu'il donne un autre objet à son éventuel pouvoir, c'est François Mitterrand.

Mais on savait déjà que Jacques Chirac n'a ni le don de la formule ni celui de la polémique.

Du côté de la majorité, où, Udr mis à part, le discours du président de la République a été accueilli avec des mouvements divers, et pris pour ce qu'il est — une reculade — il s'agit de rassurer. Des ordres sont donnés à la presse, partout où il peut en donner : atténuer l'ampleur de la victoire de Jacques Chirac, sauver la face du Président, il peut encore servir. Marie-France Garaud se charge de l'opération.

L'un des journalistes placés au *Figaro* en qualité de porte-parole donne le ton qui sera dans les semaines à venir celui de Matignon : « En désignant un patron unique pour mener les opérations sur le terrain, écrit-il, le chef de l'Etat ne se dessaisit en rien de son autorité suprême... Il n'y a qu'octroi d'une lettre de commandement dont on doit espérer qu'elle mettra fin aux caprices des uns et aux incartades des autres pour établir, dans le gouvernement et la majorité, une indispensable cohésion. »

L'ennui est que pour qu'il y ait cohésion, il faut qu'il y ait cohérence. Entre les objectifs, d'abord, entre les moyens mis en œuvre pour les atteindre, ensuite.

Or, dès qu'on entre dans la définition des objectifs, l'ambiguïté apparaît.

Le Pouvoir est, naturellement, le lieu des intérêts égoïstes.

« La puissance publique (...) est, pour ne pas dire une coterie, un consortium de personnes arrivées au pouvoir par un accident initial, occupées à prévenir l'accident final » constatait au siècle dernier l'historien Ernest Lavisse.

Mais le Pouvoir est aussi le lieu du pouvoir altruiste, besoin dont personne n'est indemne, si j'ose dire. Même les ministres rêvent d'être utiles. A quoi ?

Servir la France ou servir les Français, la nuance permettrait déjà l'une de ces infinies variations sur l'un des thèmes majeurs de la philosophie politique.

Pour s'en tenir à la notion de « Bien commun », dont le gouvernement se veut l'agent, personne ne dispose de l'instrument intellectuel suffisant pour apprécier l'ensemble de ce qui serait salutaire à la communauté tout entière.

Cela n'interdit pas d'avoir quelques idées sur la question. La cohésion suppose que les membres du gouvernement aient les mêmes ou que, n'en ayant point, ils partagent la conception du « Bien commun » admise par le président de la République et le Premier ministre.

Pour des raisons évidentes, seul le président de la République est en position de n'avoir jamais, du

« Bien commun », une vue biaisée par des considérations de carrière. C'est même ce en quoi la fonction transfigure et c'est essentiel. A l'Elysée, on ne joue plus que sa place dans l'Histoire.

Cela n'exclut pas les erreurs. « Il est remarquable que les plus grandes fautes politiques proviennent d'estimations vicieuses du bien commun... » (Bertrand de Jouvenel).

Mais cela exclut les calculs médiocres. Et le pays le sent bien.

Aussi longtemps que l'on demeure dans les abstractions — paix, indépendance, liberté, démocratie, justice, progrès social — rien de plus aisé que la cohésion. Mais qui est donc, en France, contre la paix, l'indépendance, la liberté, la démocratie, la justice et le progrès social ?

C'est lorsqu'il s'agit d'y travailler que les difficultés commencent.

En fait, il existe alors, au sein du gouvernement, trois grandes querelles, de celles qui valent d'être soutenues : l'affaire européenne, la régionalisation — ou si l'on préfère la décentralisation des pouvoirs, — et l'ensemble des réformes portant sur la redistribution des revenus par la fiscalité. A quoi l'on peut ajouter le principe du stationnement des forces nucléaires tactiques françaises en Allemagne.

Sur aucune de ces questions, il n'y a véritablement cohérence de vues, encore que j'en sois toujours à me demander sur quoi Jacques Chirac a véritablement des vues. Absence, en un sens, rassurante. Ce n'est pas le fait d'un fanatique. Mais il conduit un parti, où les vues ne manquent pas, d'ailleurs contradictoires, et il navigue donc en permanence au plus près. Le célèbre : « Je les suis parce que je suis leur chef » aurait pu être inventé pour lui.

Les deux terrains sur lesquels Valéry Giscard

d'Estaing se montre inébranlable, c'est l'imposition des plus-values et l'élection de l'Assemblée européenne au suffrage universel, et plus généralement l'attachement au fonctionnement des mécanismes européens. S'il a rencontré, à ce sujet, l'opposition de Jacques Chirac, comme celui-ci le déclarera plus tard à l'Assemblée nationale, il n'en est jamais rien apparu aux membres du Gouvernement.

Mais l'intéressant est que les dissonances publiques, le sentiment éprouvé par l'opinion et hypertrophié par la presse de divisions internes, ne portent jamais sur quelque débat de fond. Ce qui sépare les hommes qui parlent au nom du gouvernement, ou au nom d'une composante de la majorité, est à la fois plus superficiel et plus irréductible : c'est la question de savoir comment s'y prendre pour :

a) conserver le pouvoir à la majorité en 1978 ;

b) détenir le pouvoir dans la majorité en 1978.

Il n'y a rien là de scandaleux. Simplement, en l'absence de recette sûre quant à la façon de retenir des électeurs dont votes et sondages accusent alors la propension à fuir, elles sont toutes essayées, simultanément, contradictoirement, et parfois le même jour, par des hommes également persuadés de savoir « ce que veulent les Français ».

Ainsi entend-on en même temps l'un décrire ce que sera la société libérale avancée, tandis que l'autre se déclare partisan de la peine de mort, ainsi assiste-t-on en même temps à la réception par le président de la République de l'un des trois chefs de parti de l'opposition et à l'excommunication, par l'un de ses proches, de ceux qui pactisent avec le collectivisme. Ainsi dit-on, en même temps, tout et n'importe quoi.

Il existe, dans le monde de la presse, un vieux

mythe, régulièrement caressé par de nouveaux entrepreneurs persuadés d'avoir trouvé la règle du succès. Il existe, se disent-ils, X milliers de Français qui se passionnent pour la philatélie, plus X milliers fanatiques de photographie, plus X milliers amateurs de mots croisés, de bridge ou d'échecs, plus X milliers attentifs aux compétitions sportives. Si j'introduis dans mon journal les meilleures rubriques, dans ces différentes spécialités, plus quelques « grandes signatures » exprimant des opinions diverses qui épargnent au journal d'en soutenir une, cela me donne automatiquement 300 000 lecteurs.

Maintes fois tentée, l'expérience a toujours échoué. La première question à laquelle il faut répondre, quand on crée un journal, c'est : « Qui parle à qui ? »

Moins encore qu'un journal, un gouvernement n'additionne les clientèles en parlant plusieurs langages avec plusieurs voix. Le résultat est plutôt qu'on ne l'écoute plus. Et c'est à quoi l'on commence d'assister : au divorce entre le gouvernement et le pays.

Jacques Chirac ne met pas en doute sa capacité à redresser la situation compromise, selon lui, par les « risettes » de Valéry Giscard d'Estaing à l'électorat de gauche. Désormais, que chacun le sache, au gouvernement et dans l'Administration, le Pouvoir est à Matignon.

« Ce sera un bon organisateur politique... » dit Valéry Giscard d'Estaing à ses proches, accablés.

« Il n'a rien dans la tête... lui objecte-t-on.

— C'est vrai... Avec l'opposition, il ressemble à ce boxeur d'une pièce du XIXe qui joue à la fois l'adversaire et l'arbitre... Mais nous devrions gagner en 78.

— Rationnellement, oui. Mais la politique, ce n'est pas rationnel... »

Il réfléchit, puis :
« Le coup de cœur, on peut le provoquer. »

Aux réunions hebdomadaires dites de « coordination » assistent, autour de Jacques Chirac, les trois ministres représentant chacun l'un des partis de la majorité. Plus Jean-Pierre Fourcade, alors ministre des Finances, qui a fait remarquer que les clubs *Perspectives et Réalités*, dont il est le président, ne peuvent pas en être écartés.

Il a une manie : armée d'un gros cahier, il note méthodiquement le contenu de tous les conseils, entretiens, conversations auxquels il assiste, pendant que ceux-ci se déroulent. Ce cahier, qu'il apportera au cours des réunions de coordination, irrite Chirac, c'est le seul souvenir vivace que les participants aient gardé de rencontres où, selon deux d'entre eux, le niveau des échanges est resté constamment affligeant.

Qu'est-ce donc que la coordination ? Le Premier ministre va tenter de l'expliquer à chacun des groupes parlementaires de la majorité qui voudront bien le recevoir. Aucun, bien sûr, ne refuse. Réunis à Nice, les Républicains indépendants lui font fête, tous réjouis d'avoir « un chef ».

En revanche, le groupe réformateur de l'Assemblée nationale est réticent.

C'est un groupe hétérogène [1]. L'éventail de ses députés va de la social-démocratie à la droite modérée. Mais revenant de leur circonscription où ils ont, comme toujours, retrouvé le contact avec cette réalité si fuyante à Paris, aucun d'eux n'a, plus que ses électeurs, le cœur à l'Udr. L'ont-ils encore avec le président de la République ? L'un d'eux, brave homme au franc-parler, élu d'un département où l'on a plutôt la tripe réactionnaire a dit tout crûment à ses collègues : « La seule question qui se pose maintenant, c'est qui brisera l'autre, Marchais ou Mitterrand. Si l'on était sûr que ce soit Mitterrand, nous pourrions avoir l'esprit un peu plus tranquille... » Il a ajouté, mélancolique : « Malheureusement, je n'y crois pas... »

Le groupe a demandé que, dès l'ouverture de la session parlementaire, il y ait un débat de politique générale qu'imposent, à ses yeux, les résultats des élections cantonales. Lorsque Jacques Chirac se présente devant lui, le 5 avril, dans la fameuse salle Colbert, il est accueillit par une trentaine de députés mal disposés.

La salle Colbert est un petit amphithéâtre de 150 places environ, situé dans les locaux de l'Assemblée nationale, qui a été et demeure le théâtre de quelques grandes scènes de la vie parlementaire.

Depuis qu'il est Premier ministre, Jacques Chirac a, d'évidence, changé de tailleur. Le mimétisme à l'égard du style présidentiel a opéré. Mais ce jour-là, quand il monte à la tribune, à 17 h 30, il a, délibérément ou pas, dans un costume trop clair, repris l'allure d'autrefois. Hasard ou façon de montrer à ces hommes, que la sophistication présidentielle crispe parfois, qu'il ne choisirait certes pas, lui, pour ses vacances, d'aller chasser l'éléphant d'Afrique.

Qu'a-t-il à leur dire ? Ceci :

« La presse a développé cette semaine un climat et une argumentation qui ne correspondent en rien à la réalité.

« La majorité, inutile de le dissimuler, traverse une passe un peu difficile. Il est incontestable qu'elle a perdu les cantonales. Dans plusieurs cantons, les électeurs se sont bien comportés. Néanmoins l'opposition a recueilli 53 p. 100 des voix.

« C'est un coup de semonce. Mais c'est toujours plus ou moins le cas aux cantonales.

« Pourquoi cette situation ?

« Un : Un courant se manifeste sans aucun doute en faveur de l'opposition et notamment du P.S. Le dynamisme, l'intelligence, la capacité de François Mitterrand ont produit un effet de cristallisation. Et les électeurs ont voté contre nous plutôt que pour les autres.

« Deux : les Français sont très sensibles au fait majoritaire. Ils n'aiment pas à être dirigés par des gens qui se disputent. Nous avons donné l'impression d'être non cohérents, exprimant des divergences, pas unis derrière le président de la République. De cela, tout le monde est responsable.

« Il y a eu un doute de notre part qui n'a pas inspiré confiance.

« L'opposition, par sa discipline, par son sens politique, a donné le sentiment de son unité, et permettez-moi de le dire, du sérieux.

« Trois : La situation économique et sociale et ses conséquences naturelles. Il n'y a pas d'illusions à se faire sur les effets de la reprise.

« Conséquence ; si nous restons dans cette situation, nous risquons fort d'être battus en 78. Est-ce ennuyeux pour la France, ou pas, objectivement ? Ma conviction est que c'est ennuyeux. Cela ouvrirait une crise de régime majeure. Il y aurait des conséquences sur le président de la République. Il y aurait un traumatisme qui risquerait fort d'être définitif. Les partis se laisseront déborder par le besoin de leur base de prendre tout et tout de suite.

« Il faut que nous gagnions. Et pour cela, prendre conscience de ce qui doit être fait. Tout d'abord, ce n'est pas nous qui gagnerons. C'est le président de la République. Il n'y a pas de recours possible, dans nos institutions. Le seul possible, c'est le président de la République. Quand je vois la pauvreté de l'analyse de la presse... Si le Président est fort au moment des législatives, sa seule personnalité nous fera gagner. Tout ce qui peut de près ou de loin l'affaiblir est criminel.

« Notre première discipline, notre sauvegarde, consiste à être unis et sans faille derrière le Président. Tout le reste est légèreté.

« La majorité est composée de trois familles : les gaullistes, les R.I., les Réformateurs. Le Président m'a confié leur coordination. J'ai lu une collection d'âneries sur cette affaire. La politique est un orchestre. Celui qui choisit la partition, c'est le Président. Et puis, il faut quelqu'un qui harmonise l'ensemble. C'est ça, la coordination, et rien d'autre.

« J'ai cette mission par délégation du Président. Il ne s'agit pas de me substituer le moins du monde aux responsabilités des dirigeants politiques. Ce n'est pas ce qu'a voulu le Président.

« La coordination consiste pour moi à voir régulièrement les dirigeants pour que nous voyions ensemble ce qu'il convient de faire. Ce n'est que cela, la conduite de la majorité. Le Président ne peut pas le faire. Il est normal qu'il délègue à quelqu'un l'organisation générale de la concertation. Aussi longtemps que le Président me laissera ces fonctions, je ne me considère plus comme Udéère. Ensuite, je redeviendrai Udéère. Jusque-là, je me considère comme détaché. Mon intention n'est pas du tout de favoriser l'une ou l'autre des formations. Ce n'est pas dans ma nature. Je ne fais pas de coup politique.

« L'Udr, par ses options nationales et nationalistes, doit récupérer des voix populaires. Chaque fois qu'il s'agira de confirmer le mouvement centriste et ses composantes, et d'affirmer sa personnalité, je serai avec vous parce que c'est l'intérêt de la majorité. Si nous n'avons pas un mouvement centriste assez fort, et en expansion, alors nous risquons de perdre les élections. Vous n'avez donc aucune crainte à avoir en ce qui concerne vos initiatives, à condition qu'elles soient coordonnées avec les autres.

« Ce combat politique ne sera pas suffisant, cependant. Il faudra se battre sur un autre terrain : l'action gouvernementale. Reprendre en main et affirmer l'action gouvernementale. La situation est apparue comme insuffisamment ordonnée.

« Il convient :

« Un : de rassurer et de récupérer une partie de notre électorat qui s'est mise à douter de nous, l'électorat traditionnel des classes moyennes, et nous a lâchés pour des raisons absurdes.

« Deux : de ne pas se laisser intoxiquer par une presse absurde.

« Je suis naturellement partisan de la Réforme, ne répandons pas des bruits sans fondement. Une société ne peut pas ne pas évoluer. Les réformes il faut les faire rapidement, à partir d'objectifs concrets et bien définis, et cesser de papillonner. Un certain nombre doit être voté. Les plus-values en particulier. Les gens qui vivent de revenus qui ne sont ni du capital ni de leur travail doivent payer des impôts. Il s'agit de l'abolition d'un privilège scandaleux.

« Nous devons voter la réforme de l'entreprise. Ce n'est pas l'institution de l'autogestion. Il s'agit de la création de conditions permettant à cette cellule fondamentale d'évoluer en ce qui concerne la prévention des accidents du travail et des entreprises en difficulté. Il n'est pas question de remise en cause de l'autorité du chef d'entreprise.

« Il y a tout ce qui doit être fait en matière familiale, réaffirmer la place que doit avoir la famille dans la nation, même si on l'a bousculée un peu. Ça aussi c'était la Réforme. Un ensemble de travaux ont été accomplis pour une meilleure insertion de la femme. Ils représenteront une étape supplémentaire dans une action qui est nécessaire, même si elle n'est pas révolutionnaire.

« Enfin, il faut rassurer notre électorat. Il s'agit de poursuivre l'action de réforme systématiquement, telle qu'elle a été définie par le président de la République, mais il n'y aura pas cinquante-cinq réformes par an !

« Quant à l'autorité, tout le monde est pour. Mais quand il s'agit de l'appliquer, on trouve très peu de gens. L'Administration n'en fait qu'à sa tête. Elle n'obéit pas aux ministres, parce qu'on ne sanctionne pas.

« Je vais m'efforcer de reprendre autorité sur l'Administration. Elle est en fait, disciplinée. Mais quand on ne la prend pas en main...

« L'autorité ne pose que le problème de l'autorité interne.

« Moyennant tout cela, je suis persuadé que nous créerons les conditions qui nous perdront... (il a fait un lapsus, et se reprend), qui nous permettront de nous présenter convenablement aux municipales. Sinon, nous irons à l'échec. Et si nous sommes battus aux municipales, alors, c'est fini. Nous ne remonterons pas le courant en un an pour les législatives.

« Si nous sortons de façon honorable des municipales, si nous menons une action coordonnée, efficace et fortement réformatrice, nous gagnerons.

« Je puis vous garantir que je ne ferai rien qui puisse crisper aucun élément de la majorité. Je veux gagner. On a besoin de tous. Chacun doit se sentir aidé, considéré et aimé par le président de la République, et vous devez savoir que vous l'êtes par moi-même.

« Mon seul objectif, c'est de gagner. Et la seule solution est d'être unis derrière le Président. »

J'ai reproduit ce propos tout au long, dans la forme familière où il a été tenu, parce qu'il est caractéristique du niveau où se situe le débat, mais aussi parce qu'il introduit une idée majeure : tout ce qui affaiblit le président de la République est criminel.

Nous sommes en avril 76. Il ne faudra pas six mois à Jacques Chirac, cependant, pour s'y atteler.

Désigné par son groupe pour répondre, J.-J. Servan-Schreiber pose comme condition préalable à la coordination un débat de politique générale, dès l'ouverture de la session parlementaire. Il faut, dit-il en substance, remettre en question toute la politique du gouvernement. « J'ai bien enregistré la demande, dit Jacques Chirac. La décision en revient au Conseil des ministres. »

En fait, l'autorisation du Conseil des ministres serait de pure forme. Jacques Chirac ne veut pas de ce débat. « Je ne le sens pas », dira-t-il quand le Président insistera. Il n'y aura donc pas débat.

Il a achevé sa prestation devant le groupe réformateurs par ces mots : « On ne peut pas s'adresser aux Français dans les termes que j'ai employés aujourd'hui... »

Comment on ne peut pas s'adresser aux Français il semble que chacun le sache. Comment on peut s'adresser à eux, la question reste entière. C'est peut-être que, comme dit J.-J. Rousseau dans *L'Emile* : « Ils ont beau couvrir leur galimatias de coordination... »

Qu'il s'agisse de la forme ou du fond, des moyens ou de l'usage qu'il convient d'en faire, le régime n'a ni doctrine ni doctrinaires, grâce en soit rendue à Valéry Giscard d'Estaing. Tout ce qui, de près ou de loin, relève de la propagande, de l'intoxication, de la manipulation des esprits le rebute. Je dirai même — et je sais de quoi je parle — qu'il n'y a jamais eu en France, depuis la Libération, un chef d'Etat ou de Gouvernement plus spontanément libéral en matière d'information.

Sa doctrine a été, jusque-là, de n'en pas avoir. S'il s'est interrogé, dans le passé, sur le rôle de la presse, ç'a été pour conclure qu'elle constituait, en définitive, l'anti-pouvoir et qu'elle remplissait là une fonction inhérente à la démocratie.

Conclusion théorique à laquelle il a parfois quelque difficulté à adhérer dans la pratique, comme tous ceux que leur activité place dans le collimateur de la presse, mais sans céder jamais à l'esprit anti-presse, qui est de règle dans les cercles politiques.

Même à l'égard de ce que l'on pourrait appeler la basse presse, et de ses élucubrations, les plus insultantes, Valéry Giscard d'Estaing n'a jamais le réflexe répressif. Elle aussi a sa fonction, thérapeutique en quelque sorte, qu'elle console les ménagères saisies par l'âge de la tristesse de leur vie en leur révélant les difficultés conjugales d'Elisabeth d'Angleterre ou qu'elle réconforte le petit homme aigri par la médiocrité de sa condition en lui décrivant l'univers pavé de stupre et de lucre, vice et compagnie, dans lequel se vautreraient les puissants.

Mais si la basse presse peut nuire, elle ne domine pas l'opinion. Comme la pègre, elle reste toujours circonscrite à un public d'un genre particulier.

Ce qui compte, c'est l'autre presse, celle qui diffuse, jour après jour, semaine après semaine, un état d'esprit, un climat, une problématique.

Or, c'est la première fois, depuis le début de la Ve République, que le chef de l'État ne dispose pas de l'appui de deux des grands quotidiens parisiens, aux clientèles complémentaires, *France-Soir* et *Le Figaro.*

Les quotidiens régionaux ont, quant à eux, des positions diverses, mais, outre qu'au niveau des affaires nationales, ils observent généralement une prudente réserve, la classe politique a une fâcheuse tendance à oublier leur existence.

Ce qui l'agite, l'indigne, la fait parler, et se répercute par ondes concentriques parmi les conducteurs d'opinion, c'est le ton des quotidiens parisiens et des hebdomadaires nationaux.

Tout autre que Valéry Giscard d'Estaing aurait profité des circonstances particulières qui ont mis, en 1975, *France-Soir* et *Le Figaro* sur le marché pour que ces deux journaux tombent entre des mains amies.

Les uns y verront de la négligence, les autres une méconnaissance vertigineuse des mécanismes de la presse, d'autres encore l'une des opérations ratées de Michel Poniatowski. C'est tout cela aussi, mais c'est, d'abord, la répugnance constante de Valéry Giscard d'Estaing à intervenir directement dans le champ dit de l'information.

Le premier contact d'un enfant avec l'incompréhensible se produit le jour où il s'aperçoit que quelqu'un ne l'aime pas. Il semble parfois que pour Valéry Giscard d'Estaing l'épreuve n'en finisse pas de se renouveler, comportant chaque fois sa dose de mystère. Pourquoi ne l'aimerait-on pas ? Pourquoi des gens de bonne foi ne célébreraient-ils pas des vertus et des capacités supérieures, alors qu'il prend un si grand soin, lui, de n'imposer sa férule à personne ?

Qui conteste ses mérites l'afflige plus qu'il ne le courrouce. C'est qu'on ne l'a pas compris. Donc, il faut s'attacher à se faire comprendre. Et justice lui sera rendue.

Du côté de Jacques Chirac, les relations avec la presse écrite et parlée ont commencé par faire problème.

Il y compte quelques solides antipathies personnelles, pour avoir rusé et abusé de ce que, dans le jargon professionnel, on nomme l'intox — et un informateur ne pardonne guère à qui l'a délibérément induit en erreur — et parce qu'il a utilisé avec quelques journalistes, et non des moindres, la manière forte. Laquelle a été diversement appréciée.

Le directeur d'un hebdomadaire, homme tranquille s'assignant une attitude strictement professionnelle, c'est-à-dire aimablement sceptique, convoqué un jour par Jacques Chirac avant que celui-ci n'entre en fonction, est sorti de cette entrevue en disant : « J'ai vu un fasciste... » Excès de langage qui, dans sa bouche, surprendra.

Lui ne pense pas, comme Valéry Giscard d'Estaing : « Ce que je fais est bien, donc ils s'en apercevront... » Il a, vis-à-vis des journalistes comme de tous, l'attitude la plus simple :

« Dès lors que votre intérêt est d'être en bons termes avec moi, écoutez donc votre intérêt. C'est aussi le mien. Nous nous en trouverons bien tous les deux. »

Ce qui l'étonne, lui, c'est qu'un homme ou une femme n'ait pas d'abord en vue ses intérêts.

Les journalistes ne forment pas une corporation plus homogène qu'une autre. Toute la gamme des attitudes humaines y sont représentées, y compris, comme il est normal, des attitudes contradictoires à l'intérieur de chacun. Mais l'intérêt, au sens banal du terme, n'est pas ce par quoi on fait courir les gens de presse. Si le journaliste purement et simplement stipendié existe, il est rare. En revanche, l'accès aux sources d'information, le contact privilégié, la conversation privée qui ne sera pas reproduite mais qui donnera un éclairage inédit à tel événement de l'actualité, participent évidemment de l'intérêt qu'aucun ne peut négliger.

De surcroît le journaliste est un artiste — il y a de bons et de mauvais artistes — en ce sens que, au moment d'écrire, il est seul, et que, signant ce qu'il écrit, il s'expose. Rien de tel pour développer un narcissisme auquel les plus vieux crocodiles n'échappent pas aisément.

Enfin, dimension relativement nouvelle et redoutable de « l'intérêt » du journaliste : la télévision. Que devient un journaliste dont le métier est de présenter et de commenter l'information à la télévision, si d'aventure il est « barré » ? Au mieux, exilé comme correspondant à l'étranger. En revanche, un appui venant de haut et s'exerçant là où il faut ne nuit pas précisément à la promotion interne.

Après de mauvais débuts, Jacques Chirac a rodé l'organisation de ses rapports avec la presse. Parmi ceux qui traitent de la politique intérieure, il a soit un « homme à lui », soit un journaliste avec lequel il a pris la peine d'établir des relations cordiales telles que l'agressivité à son égard ne sera jamais imprégnée d'hostilité personnelle.

Là où l'on pouvait intervenir directement pour faire taire ou pour faire écrire, il a opéré. Les professionnels le savent, le président de la République l'apprendra avec stupeur, mais Jacques Chirac s'en moque comme de son premier secrétariat d'Etat. Un certain genre d'attaque lui sera définitivement épargné et il pourra, à volonté, en susciter contre qui le dérange.

Beau sujet de mémoire pour un étudiant de Sciences Po que l'étude attentive de la basse presse à partir de 1975, de ses cibles comme des noms qui n'y apparaissent jamais.

Ailleurs, il a, tout simplement, des partisans et

pourquoi pas... On a le droit d'être journaliste et chiraquien.

Et là où ni l'intervention, ni l'amitié, ni la conviction n'ont accès, il a enfin compris que le rapport de forces joue toujours au détriment de l'homme politique, quand il entend le faire valoir. Profitant, en particulier de ses déplacements à l'étranger au cours desquels le Premier ministre est toujours suivi par la presse, il a montré sa face blanche, le Chirac bon garçon, sympathique, non sectaire, abondant en anecdotes et parlant avec toutes les apparences de la liberté.

De tout cela, il ne cessera de recueillir les fruits en 1976, tandis que la presse devient de plus en plus acerbe à l'égard de Valéry Giscard d'Estaing et que, d'une façon générale, le ton est au noir.

Les journaux modèlent-ils l'opinion ou en sont-ils les médiateurs, vieille question.

Plus encore que la pluralité des positions politiques, ce que la variété de la presse écrite et parlée assure c'est la non-uniformité dans l'état d'esprit : irrévérence ou esprit de sérieux, approche aussi complète que possible de la vérité ou pratique de la vérité de combat, celle qui ne retient que les faits propres à servir une thèse, adhésion à l'ordre social ou dissidence latente, déférence ou fronde.

Pour des raisons historiques, la presse française privilégie la vérité de combat, plutôt que la recherche et la vérification de l'information, toujours secondaire par rapport à la diffusion de l'idéologie, au sens large.

Dans les années qui ont suivi la Libération, une nouvelle génération de journalistes est arrivée, mieux formée à la recherche de l'information et à son contrôle. Elle n'a pas eu de sucesseurs. Mai 68 a refait de chaque jeune journaliste un justicier.

L'idéologie, ce n'est pas ce qui s'exprime dans

un article dit d'opinion. C'est ce qui infecte progressivement, et finalement à l'insu de celui qui écrit, la relation du moindre fait.

Entre le crime commis par « un homme de type nord-africain », et l'incendie du dancing provoqué par « l'esprit de profit » du propriétaire, en passant par la mauvaise année littéraire, fruit de « la décadence de l'Europe », et la baisse de la démographie, dont un journal réputé sérieux écrira sérieusement qu'on la doit au « désespoir des Français » devant l'existence abominable qui est la leur, il n'y a aucune différence, sinon entre les systèmes de pensée.

On n'a jamais vu que les Français soient satisfaits de leur époque, du régime où ils sont, de la société où ils vivent et, de surcroît de leur Gouvernement.

Ce qui est nouveau, c'est le sentiment diffus d'insécurité générale, d'une sorte d'impuissance des dirigeants à prévoir et à maîtriser l'avenir. L'ont-ils jamais prévu et maîtrisé ? Toute l'histoire est là pour prouver d'une part que la prévision n'est pas de ce monde, d'autre part que les quelques esprits lucides qui, à chaque époque, ont été des « voyeurs d'avenir », n'ont jamais été entendus de leurs contemporains.

Mais la cadence de l'histoire plus lente, et surtout la vie plus courte, entretenaient à vue d'homme l'illusion de pouvoir projeter le présent sur l'avenir.

Quand cela a-t-il commencé à se détraquer ?

Il y a à peine trente ans que Paul Valéry constatait, dans une formule fameuse : « Même l'avenir n'est plus ce qu'il était... »

Depuis, ce qu'on appelle le progrès — c'est-à-dire ce qui rend possible ce qui paraissait impossible — s'est précipité, et de cela, oui, au moins, on a été sûr. Quand, pendant une génération tout entière, le pouvoir d'achat augmente chaque année, phénomène sans précédent dans l'histoire de l'humanité, comment concevrait-on que ce ne soit pas là un fait de nature, comme la croissance des arbres ou la pousse des cheveux ?

Mais voilà que ces arbres-là ne poussent plus. Panne de pétrole. Et qu'aux vues prospectives triomphantes qui annonçaient, pour 1980 — ou bien était-ce en 1985 ? — les voyages dans la Lune et les trottoirs chauffés, l'ordinateur dans la cuisine et la semaine de travail de trois jours, s'est substitué un nouvel horoscope : les ressources minérales de la terre vont s'épuiser, les supersoniques vont détruire l'ozone, la mer ne sera bientôt plus que pollution, et les fleuves poissons crevés, le globe une boule grouillante d'une humanité proliférante et affamée.

Comment faut-il appeler ce qui suinte, en cette année 76, de chaque plume, de chaque voix, de chacun de ceux qui, parlant au public, sont aussi ses haut-parleurs... Désenchantement ? Manque d'ardeur à vivre ? Angoisse existentielle ? A-quoi-bonisme ?

La France n'en est pas plus, collectivement, atteinte, qu'elle n'était tout entière romantique et tuberculeuse en 1830. Mais elle est en proie à une éruption d'urticaire que l'esprit du moment conduit à gratter quotidiennement avec une morne volupté. Le bonheur individuel est obscène, il suffit, pour s'en assurer, de décortiquer les textes des chansons en vogue, fidèle reflet de l'humeur collective.

En contrepoint, s'enfle le psaume socialiste, chanté par les croyants, soit en mineur soit en majeur. Qu'est-ce que le socialisme ? C'est le contraire du capitalisme. Et comment cela se traduit-il dans la vie quotidienne ? En tout cas ce sera mieux. Mais encore ?

Un jour de mars 76, *Le Monde* reproduit, entre deux lamento, un extrait de la déposition de Georges Vedel, juriste fameux, devant la Commission spéciale des libertés :

« Le socialisme, dit ce juriste peu suspect de conservatisme, ne s'est jamais accompagné de la démocratie, certes pour des raisons historiques valables, mais les années passant, on a constaté que les régimes socialistes n'ont été producteurs d'aucune liberté.

« De toutes les expériences socialistes, aucune n'a réussi sur le terrain des libertés. L'éclosion se produira-t-elle plus tard ? La suppression de la propriété privée, des moyens de production, constitue-t-elle un moyen de libération ou le contraire ? »

Il ne conclut pas mais indique encore :

« Dans les sociétés libérales, certes les dirigeants sont naturellement hostiles aux droits sociaux mais ils sont obligés en raison de l'existence de forces de contestation puissantes, de progresser dans la réalisation de ces droits. A condition d'être assez souvent stimulés, à condition que passent alternativement au pouvoir des partis conservateurs et progressistes, ces sociétés permettent l'extension sur le terrain social des droits et des libertés. »

Est-ce parce qu'il y a, dans ce propos, tout pour déplaire, scepticisme à l'égard du socialisme et nécessité de voir le pouvoir entre des mains progressistes ? Il ne sera pratiquement pas fait écho à cette déclaration, sauf dans *Le Monde* qui, favorable à l'opposition, s'efforce néanmoins de couvrir toute l'information.

Sauf erreur, il ne s'est pas trouvé une station de radio pour engager Georges Vedel à développer sa pensée au bénéfice de ces auditeurs du matin, qui, entre le café au lait et le rasoir électrique, absorbent leur leçon de choses quotidienne.

Lui en aurait-on donné l'occasion, d'ailleurs, que cela n'eût rien changé. C'est la répétition qui compte, la goutte d'eau, le « enfoncez-vous bien ça dans la tête... » par quoi peut s'exercer éventuellement, la puissance sur l'esprit.

Les communistes y excellent. Et ils ont parfaitement maîtrisé l'usage de la « presse bourgeoise » et de la télévision, en régime libéral. Pour y trouver l'écho de leurs thèses, la technique est simple : il suffit de créer l'événement. Conférence de presse, déclaration sur toute question d'actualité, rencontres internationales, manifestations de tous ordres, omniprésence du secrétaire général du Parti, choix soigneux de ceux qui, le cas échéant, s'expriment à part lui, au nom du P.C. Il n'y a jamais ni improvisation, ni hasard.

L'immeuble du Colonel-Fabien abrite des archives considérables, une documentation abondante, et tenue à jour, des téléscripteurs qui diffusent en permanence les services des agences de presse. C'est un instrument puissant.

Du côté du P.S., il n'existe pas de machine comparable. On bricole. Et les différentes personnalités du Parti n'en réfèrent pas automatiquement à un organisme centralisateur.

Quant à la documentation, aux archives, aux chiffres, il n'y a guère d'organisme de la fonction publique où ne se trouve un militant ou un sympathisant prêt à fournir les éléments d'information dont il dispose.

Les ministères et les services sont devenus des passoires.

Mais pour l'occupation du terrain, celui de l'actualité, François Mitterrand s'y connaît assez bien, lui aussi, et il la pratique avec discernement, ménageant l'alternance des temps forts et des temps morts.

L'opposition, en tout cas, sait à la fois ce qu'il faut, selon elle, dire aux Français, chacun jouant de l'unité et de la différence selon les circonstances, et comment le dire.

A tous les échelons du pouvoir, c'est, en revanche, de 1974 à fin 1976, la confusion.

Nul n'est chargé, par exemple, de suivre le calendrier des manifestations qui donneront l'antenne et la « une » aux chefs de l'opposition, pour organiser un contre-feu. C'est peu croyable, mais c'est ainsi.

Deux membres du Gouvernement tiennent une conférence de presse à la même heure, le même jour, parce que l'ordre du jour du Conseil des ministres les a mis, ce mercredi-là, en situation d'avoir tous les deux à parler.

Aucune coordination n'existe, entre l'Elysée et Matignon d'une part, entre Matignon et les membres du Gouvernement d'autre part, pour définir régulièrement les axes de la politique gouvernementale qu'il convient de mettre en lumière, et pour qu'une consultation rapide précède éventuellement la réaction qu'exige l'actualité.

Mais nul ne paraissant jamais soupçonner jamais qu'il puisse se desservir en se montrant, alors qu'en vertu des lois mystérieuses de la télégénie l'animal peut être méchant, les « journaux » télévisés abondent de ces apparitions où, entre un tremblement de terre et une prise d'otage, un ministre répond en termes inoffensifs à trois questions inoffensives. Il semble dès lors, que l'on ne voit à l'écran que les membres du Gouvernement.

Les interventions de l'Elysée — rares — ou de Matignon, plus fréquentes, auprès des responsables des chaînes, se produisent presque toujours *a posteriori*, pour déplorer le caractère « irresponsable » de telle ou telle émission, ou les programmations jugées intempestives.

Néanmoins, il est de fait qu'en dépit de l'effet que l'on peut en attendre, l'Elysée ne mettra aucun veto à la diffusion de l'interview de Françoise Claustre.

Rien de semblable à la main de fer qui a « tenu » la télévision jusqu'en 1974 n'a été mis en place. Et la comptabilité — au demeurant dérisoire, car l'impact de la télévision ne se mesure pas en minutes d'antenne — dont l'opposition annonce qu'une commission va se charger, sera si peu significative que ladite commission finira par y renoncer.

Il reste que les présidents des chaînes de télévision n'ont pas été choisis évidemment parmi les membres actifs de l'opposition, laquelle, si elle venait au pouvoir, n'agirait pas autrement.

Simplement, le contrôle du Pouvoir s'appellera alors « la volonté des travailleurs » et celle-ci pèserait, on peut le craindre ou l'espérer, c'est selon, avec toute la vigueur nécessaire pour que les faiseurs de télévision sachent où se trouve la voie du salut *.

Après la douche des cantonales de 76, Valéry Giscard d'Estaing s'interrogera : a-t-il eu tort de jouer le jeu du libéralisme avec la télévision au lieu de s'en tenir à la méthode Pompidou ? Ne fallait-il pas, dès lors, le jouer jusqu'au bout et laisser se créer des chaînes privées, comme en Allemagne, en Grande-Bretagne, aux Etats-Unis,

---

* Encore qu'elle ne soit pas d'une clarté aveuglante. En septembre 77, au moment où la polémique entre François Mitterrand et Georges Marchais s'enfle et envahit le petit écran et où ils ne cessent d'y apparaître, les intellectuels de l'opposition reprocheront au gouvernement d'avoir « attiré la gauche sur le terrain piégé de la télé ! ». (Régis Debray dans *Le Monde*.) Ce qui, on en conviendra, ne manque pas de sel.

avec tous les inconvénients et les avantages de la véritable concurrence ?

La réforme de l'O.R.T.F. a été l'un de ces produits typiques de la France technocratique contemporaine où un demi-dirigisme joint à une demi-liberté sont censés concilier les bienfaits des deux formules et finissent par cumuler leurs défauts.

Mais le temps n'est plus de se poser, à ce sujet, des questions. Telles qu'elles sont, les trois chaînes demeureront, aucun des trois présidents de chaîne ne subira le sort de cet ancien directeur de l'O.R.T.F., qui s'était pris pour le directeur de l'O.R.T.F. et qu'une éviction instantanée avait précipité dans une trappe.

Le jeu puissant des intrigues internes, la perspective d'une future épuration si l'opposition venait au pouvoir, les gros sabots sur lesquels Jacques Chirac a introduit, au cœur de l'une des chaînes, un homme d'affaires tout dévoué à sa cause, l'influence considérable, parce qu'occulte donc jamais stigmatisée, de hauts fonctionnaires chargés des questions dites techniques qui sont, en fait, et resteront les plus puissants agents de pression, l'obstination enfin, mise par un certain nombre à exercer correctement leur métier continueront de se conjuguer.

Quant à la technique de la communication, la conviction de Valéry Giscard d'Estaing est faite : moins il y aura d'intermédiaire entre le public et lui, meilleure elle sera. Plus souvent il parlera, mieux ce sera. Il a eu tort de rester silencieux pendant quatre mois, avant les cantonales.

Donc, d'abord la télévision où il apparaît longuement à l'occasion d'une réunion de presse, retrouvant son habituelle aisance assortie d'une nouvelle fermeté de ton. Ensuite un corps de doctrine, présenté sous la forme d'un livre. Il comptait d'abord publier, dans une revue, un long article. Puis un éditeur lui a soumis un montage de textes et de déclarations s'étalant sur dix ans. Il en a accepté la publication et a entrepris d'en rédiger la préface. Il écrit le soir, après dîner et le dimanche. Et soudain, remettant cette publication, il a vu l'usage qu'il pourrait faire d'un livre.

Non seulement il a le goût d'écrire, mais une fois encore il se retrouve sur son terrain de prédilection : celui de l'exploit personnel, de ce que l'on conçoit, entreprend, réalise seul, et jusqu'au bout.

Il annonce le 23 avril 1976 : « Je rendrai publique dans la première quinzaine de juin la description détaillée des objectifs que je poursuis concernant la transformation économique et sociale de la société française » et, un mois à peine après avoir été mis à genoux par son Premier ministre, se redresse de toute sa hauteur.

Fragile, Giscard, selon le mot qui court ? Fragile comme l'élastique, on va s'en apercevoir.

Le projet de loi sur la taxation des plus-values, mis en discussion à la Commission des Finances de l'Assemblée qui doit en débattre en juin, soulève une tempête dans les rangs de l'Udr. Le président de la République fait connaître que « ceux qui refuseraient le principe des réformes ne pourraient naturellement pas, par la suite, invoquer leur participation à l'action réformatrice du président de la République ».

Comme toute affaire qui menace des intérêts, c'est en semant la panique chez les petits que les gros ont organisé leur défense. En quelques semaines, le moindre propriétaire d'une bicoque à la campagne ravalée par ses soins ou de trois napoléons se voit près d'être rangé parmi les spéculateurs.

Plus encore, peut-être, autant en tout cas que la crainte d'être taxé sur le bénéfice d'une vente, c'est l'horreur sacrée des Français pour la transparence de la propriété sous toutes ses formes, immobilière ou mobilière, qui révulse le plus modeste possédant. La mobiliser est jeu d'enfant, et ce ne sont pas des enfants qui conduisent, à travers le pays, la guerre des plus-values.

Serions-nous en Allemagne, en Grande-Bretagne, en Suède, qu'une campagne systématique d'information serait menée par le Gouvernement, appuyée sur les organismes qui ont pour fonction de faire savoir. Ce ne sont pas des bureaux de propagande, mais des fournisseurs, et des véhicules de faits objectifs. Rien de tel n'existe en France, sinon sur une échelle dérisoire, toute information dont la source est officielle étant, par principe, suspecte.

C'est que l'on a tant menti et tant caché, et depuis tant d'années, au nom de l'Etat, qu'il faudrait un siècle d'active bonne foi pour restaurer le crédit des services publics d'information.

En quelques semaines, chacun, dans la classe politique, tient pour évident que la France tout entière risque de s'embráser au feu des plus-values.

Un sondage indique ce que le bon sens suggérait : la majorité des Français ne se sent nullement menacée, pour la simple raison, sans doute, qu'elle ne possède rien. Mais de l'inquiétude à la fureur, toutes les nuances de la révolte s'expriment parmi les agriculteurs et dans cette catégorie de citoyens appelés cadres, que le régime n'a guère gâté depuis deux ans et où l'on a souvent investi toute l'épargne du ménage dans l'achat d'une maison ou d'un appartement. L'or, la terre et la pierre... De quoi faire vibrer, assurément.

Le projet de loi est à la fois complexe et insuffisant, comme il arrive souvent. Il esquive le problème que posent trois chiffres clairs : 20 p. 100

des Français perçoivent 50 p. 100 des revenus imposables et ne paient que 40 p. 100 de l'impôt. Il n'a pas davantage l'impact des idées simples. Tout le monde sait ce qu'est un capital, comprend ce que serait un impôt sur le capital et quelle signification aurait une telle disposition si on l'introduisait dans la fiscalité française.

Elle impliquerait, au prix d'un impôt si faible soit-il, la transparence des fortunes, ce qui n'irait d'ailleurs pas sans surprise dans les deux sens, tant les idées fausses ont cours, en France, à ce sujet.

Plus-values : c'est un terme de technicien, dont le plus grand nombre sait mal, en définitive, ce qu'il recouvrira et comment on l'appréciera.

L'élaboration du texte a duré six mois, pendant lesquels quinze sécances de travail ont réuni le président de la République, le Premier ministre et le ministre des Finances, les deux derniers ne cessant de s'affronter.

Texte bâtard, donc. Mais, pour la première fois depuis le début du septennat, réforme s'attaquant à des intérêts, et visant un peu plus d'équité.

Le président de la République en a fait le symbole d'une volonté politique. Ce sera désormais davantage encore : le test de la capacité réformatrice de la majorité parlementaire.

Renard de long savoir, c'est le président de l'Assemblée nationale, Edgar Faure, qui va mener la contre-offensive à l'Assemblée, où six cents amendements ont été déposés, tandis que le groupe Udr siège pendant quatre heures sans désemparer pour définir sa position.

A-t-il été, comme on le dit dans son entourage, froissé par la désinvolture de Valéry Giscard d'Estaing, qui a débuté à son cabinet où il lui disait, se plaît-il à raconter : « Valéry, donnez-moi mon châpeau », et qui aurait laissé une de ses lettres sans réponse ? A l'Elysée, on assure que ce n'est pas le cas.

Est-il mortifié de n'être pas davantage consulté par cet ancien disciple, alors qu'il possède expérience, sagesse, imagination, astuce ?

Au cours d'un dîner offert par un Premier ministre étranger de passage à Paris, il me dit assez fort pour que nul n'en perde un mot :

« Il est temps que ce jeune homme apprenne à vivre... »

C'est du président de la République qu'il s'agit. Je n'éluciderai pas le point de savoir s'il met en cause ses bonnes manières politiques ou ses bonnes manières tout court.

A sa désapprobation relative aux plus-values s'ajoute son hostilité à une autre idée fixe de Valéry Giscard d'Estaing : la limite d'âge imposée par la loi aux dirigeants d'entreprise.

Celle qui frappe désormais les membres du Conseil d'Etat a déjà provoqué, au sein de cet honorable institution, une fronde larvée. Un de ses éminents représentants dira : « Maintenant, au Conseil, ou on est jeune et socialisant, ou on est vieux et mécontent. De toute façon, on est contre. »

Le Premier ministre essaie en vain de persuader le président de la République qu'il faut retirer le projet de loi.

Valéry Giscard d'Estaing répond sèchement. « Les entreprises françaises dans leur ensemble ont été abîmées par la gérontocratie... Il y a des situations familiales particulières... Mais voyez les grandes entreprises... Shell, Péchiney... Elles ont mis la barre à soixante ans.

« Dans la ligne de la politique réformiste du rapport Sudreau [2] la commission avait retenu la même limite : soixante ans. Je sens bien qu'il n'y a pas à l'Assemblée nationale un courant réformiste ardent. Et je vois bien que le président de l'Assemblée nationale ne sent pas la politique réformiste...

« Donc, retenons un critère, celui des sociétés cotées en Bourse. La loi ne devrait pas s'appliquer à ceux qui possèdent plus de la moitié du capital. S'ils veulent se ruiner, qu'ils se ruinent... »

Battu sur ce point, le Premier ministre essaie alors de gagner du temps sur les plus-values. Le débat sera long... Il pose un problème de calendrier... D'autres textes doivent impérativement venir en discussion... Il sera nécessaire d'envisager une session extraordinaire...

Il se heurte à un mur.

Et le débat commence. Le ministre des Finances s'y engage muni d'instructions formelles du président de la République : pas de concession.

Présider, à l'Assemblée nationale, est une science qui a ses maîtres. On ne saurait dire combien de textes, et non des moindres, ont été votés ou repoussés, combien d'amendements parfois décisifs ont été acquis ou refusés par la seule volonté du président de séance, lequel peut être, outre le président en titre de l'Assemblée nationale, l'un de ses six vice-présidents.

L'autorité, l'humour, la connaissance du règlement, l'art de couper la parole ou, au contraire, de laisser le chahut s'installer, la façon de grouper les amendements, une certaine liberté prise avec l'arithmétique lors des votes à main levée où, du haut de son perchoir, le président compte les bras qui se tendent, les subtilités d'un président rompu à cette technique sont innombrables.

Il va de soi que, en la circonstance, Edgar Faure préside en personne.

L'affaire commence par un intermède inhabituel : l'audition d'un non-parlementaire, Pierre

Uri, socialiste, membre du Conseil économique et social, qui a défendu devant cet organisme un rapport sur le principe de la taxation des plus-values et les conditions qu'il préconise pour son application.

Intermède essentiellement destiné à gagner du temps.

Il y a un aspect savoureux pour l'observateur. Pierre Uri, qui dispose d'une mécanique intellectuelle assez exceptionnelle, est capable de parler indéfiniment sans la moindre note.

Devant cet aréopage d'orateurs professionnels dont un grand nombre lit mot à mot ses interventions, de sorte qu'ils s'ennuient fort à s'écouter entre eux, cet étranger dans la maison manifeste donc, involontairement, le comble de l'insolence.

Sous quelque prétexte, il sera interrompu : le groupe Udr demande une suspension de séance. Encore un peu de temps gagné. A la reprise, Pierre Uri poursuit, imperturbable, son exercice.

Enfin, le débat commence. Il a son épisode comique : le groupe communiste a déposé ce que l'on nomme une « question préalable ». Lorsqu'elle est votée, elle a pour effet d'annuler le débat inscrit à l'ordre du jour.

L'orateur est un vieux parlementaire chevronné, et spirituel[3] qui n'est pas dupe de son propos. Mais il entre désormais dans la politique du P.C. de chercher à s'attirer les bonnes grâces des cadres. Il se charge donc sous les rires de dénoncer un « projet de spoliation », de décrire la situation intolérable dans laquelle se trouverait un couple propriétaire d'un appartement, le revendant pour s'agrandir et ayant à payer un impôt sur le bénéfice réalisé entre l'achat et la vente. Bref, la question préalable a été déposée « afin de défendre la petite propriété familiale fruit du travail et de l'épargne * ».

La règle veut qu'un seul orateur réponde, dans cette procédure, au nom de la majorité. C'est J.-J. Servan-Schreiber qui doit s'en charger.

Au moment où il va se lever, le Premier ministre demande la parole. Une autre règle veut que le Gouvernement puisse toujours et à tout instant d'un débat avoir la parole s'il le désire.

L'instant est décisif. Quelle carte va-t-il jouer ? L'Assemblée retient son souffle. C'est la dame de pique, Pallas, déesse de la guerre.

Premier ministre d'un Gouvernement qui demande à l'Assemblée d'approuver un projet de loi présenté par le président de la République comme un acte politique majeur, il ne dit pas un mot pour le soutenir. Entre Jacques Chirac et Valéry Giscard d'Estaing, les hostilités sont, cette fois, publiquement ouvertes.

Le Premier ministre rejoint son banc.

Lorsque J.-J. Servan-Schreiber monte à la tribune pour défendre le projet du Gouvernement, au nom de l'équité fiscale, qui, selon lui, peut seule donner quelque crédibilité, dans l'esprit public, à la volonté réformatrice du Pouvoir, quarante députés Udéères quittent ostensiblement l'hémicycle.

Jamais, dans le passé, une majorité dite modérée n'a voulu et voté un accroissement substantiel et notoire de l'impôt sur l'enrichissement. L'histoire de l'impôt, c'est l'histoire même de la frontière d'intérêt entre la Gauche et la Droite, déclare l'orateur.

Une nouvelle fournée Udéère se lève pour sortir,

---

* Plus tard, dans le débat, c'est également un député communiste qui accusera le Gouvernement d'avoir « tenté d'endormir la vigilance des agriculteurs ».

l'un d'eux jetant au Premier ministre, en passant : « Il devient ennuyeux... »

Quelle épithète mérite l'épisode qui va suivre ?

L'Article I du projet de loi, le premier sur lequel l'Assemblée est appelée à se prononcer, se compose de quelques lignes :

Les plus-values effectivement réalisées par des personnes physiques ou des sociétés de personnes, lors de la cession à titre onéreux de biens ou de droits de toute nature, dans les délais qui permettent de les assimiler à des revenus, sont passibles de l'impôt suivant des règles différentes selon que ces plus-values proviennent de cessions effectuées :

a) *moins de deux ans après l'acquisition ;*

b) *plus de deux ans et moins de dix ans après l'acquisition ;*

c) *plus de dix ans après l'acquisition.*

S'il est voté, l'affaire est dans le sac, tous les autres articles concernant les modalités d'application de la loi.

Or, un député de l'Udr a déposé un amendement qui aboutit au rejet de l'ensemble du projet de loi.

Selon la règle, le président de séance — c'est Edgar Faure — demande l'avis du Gouvernement sur l'amendement. Le ministre des Finances s'y oppose, évidemment, puisque c'est l'existence même du texte qui est en cause.

Puis Edgar Faure interroge, toujours selon la règle, le président de la commission des Finances. Et, stupeur, celui-ci propose ce qu'on appelle « la réserve ». Cette formule signifie que l'on écarte un article, un amendement, dont la discussion est rejetée en fin de débat, après que l'Assemblée se sera prononcée sur l'ensemble des autres articles examinés, amendés et votés.

Un député fait remarquer que le président de la

commission des Finances n'est pas, à lui seul, la commission, et que celle-ci n'ayant pas délibéré sur le point en discussion, il ne peut pas parler en son nom.

« La réserve est demandée. Je la décide », déclare Edgar Faure...

Ainsi, l'amendement en question restera suspendu, épée de l'Udr-Damoclès, sur la tête du ministre des Finances, jusqu'à l'extrême fin du débat, dont le projet de loi sur les plus-values sortira à la fois émasculé et inapplicable.

Il ne sera, d'ailleurs, jamais appliqué.

Comment expliquer l'attitude du président de la commission des Finances, qui appartient au groupe des Républicains indépendants ? Instruction personnelle du président de la République qui n'a pas voulu risquer l'épreuve de force avec le groupe Udr, fût-ce sur un projet de loi où il engage son autorité.

Quand il apprendra, à Londres, où il se trouve en voyage officiel, qu'à la fin des fins, l'Assemblée a voté le texte — mais dans quel état — le Président s'en félicitera, comme d'une victoire. Il n'est pas évident qu'il y avait de quoi. L'électorat conservateur en restera fortement indisposé. L'électorat progressiste ne retiendra que l'incapacité de la majorité à voter un texte portant atteinte à des intérêts d'argent.

Des Français interrogés par sondage mettront les plus-values au premier rang des échecs du président de la République.

Une controverse sur la conception stratégique exposée par le chef d'état-major des Armées nommé par le président de la République, si elle est moins sensible à l'opinion que la polémique sur les plus-values, a ajouté à l'agitation antigiscardienne de l'Udr.

Le général Mery a déclaré que les forces françaises stationnées en Allemagne fédérale pourraient participer dorénavant à d'éventuels premiers affrontements sur les frontières orientales de ce pays, thèse que le président de la République a lui-même soutenue à l'Institut des hautes études de la défense nationale, quelques jours plus tôt.

Trahison de la pensée gaullienne, selon l'Udr.

Prié, dans un déjeuner privé, de faire comprendre à un auditoire profane les raisons de son émotion, Pierre Messmer, qui fut ministre des armées du général de Gaulle, fournira cette explication.

Le général de Gaulle tenait, selon lui, pour capital en matière de force de frappe nucléaire, de disposer d'un délai, fût-il bref, avant d'en ordonner l'utilisation.

Dans l'hypothèse d'une attaque de l'Allemagne fédérale par les troupes soviétiques, et à supposer que celles-ci menacent le territoire français, ce délai existera. Si la décision française est alors de déclencher, pour sa défense, une attaque atomique, celle-ci visera les armées soviétiques entrées en Allemagne. L'Union soviétique éprouvera la détermination française, mais n'étant pas atteinte sur son propre territoire, ne fera pas jouer les représailles, c'est-à-dire l'attaque atomique de la France en retour.

Le scénario s'effondre, si les forces françaises sont engagées dans le début du conflit.

Je n'ai jamais vu que cette thèse ait été développée publiquement. Sans doute fait-elle partie elle aussi de ce que « on ne peut pas dire aux Français ». Et plus encore aux Allemands.

Pendant que le ministre des Finances affronte bravement l'Assemblée, seul au banc du Gouvernement, et que Jacques Chirac remet *sine die* l'émission télévisée dont il doit être la vedette la semaine suivante, le Président dîne un soir avec son épouse et ses quatre enfants.

Au cours du repas familial, il demande : « Que diriez-vous si nous invitions les Chirac à Brégançon pour le week-end de la Pentecôte ? »

Referendum. Le « Oui » l'emporte. Eût-ce été le « Non », aurait-il passé outre ? Ce n'est pas certain. Il fait grand cas du jugement des siens. Sont invités également le professeur de ski de Courchevel et son épouse.

Le lendemain, *Le Monde* titre sur quatre colonnes à la une : « Réunis à Brégançon, MM. Giscard d'Estaing et Chirac vont chercher les moyens d'éviter une crise politique ».

L'interprétation de l'invitation adressée au Premier ministre et l'ampleur accordée par la presse à l'événement n'ont pas leur source à l'Elysée, où l'on s'étonne avant de s'irriter devant l'abondance des commentaires.

Six Giscard d'Estaing, humour froid, dent dure, crawl rapide, décontraction, relations affectueuses avec le soleil, compacts comme le sont toujours les tribus familiales, avec leur code, leurs mots de passe, leur folklore personnel, contre deux Chirac, elle fine et d'une vraie qualité, mais avec cet air des femmes laminées par un cyclone permanent, lui crispé, un estomac de gros mangeur qu'il n'a pas envie d'exhiber. D'ailleurs, ils n'ont pas emporté de maillot de bain... On a le droit de penser que ce n'est pas le plus joyeux week-end de Jacques Chirac.

Arrivé le dimanche, il repart de bonne heure, le lundi. Les journalistes agglutinés à Brégançon, pour chercher à percer les secrets d'une conversation généralement jugée « capitale », n'en tireront que des propos vagues. Néanmoins, un « Quoi qu'il arrive, l'Udr restera unie » dont Jacques Chirac aurait confié qu'il l'a dit au président de la République erre sur les ondes du soir.

Très généralement, les entretiens solitaires entre hommes politiques responsables au plus haut niveau ne ressemblent pas quoi qu'on en imagine à des dialogues de Shakespeare. Les paroles décisives y sont moins nombreuses que les non-paroles qui, comme tout ce que l'on ne dit pas, signifient davantage que ce que l'on dit.

Ce qui, de part et d'autre, n'a pas été dit au cours du week-end de Brégançon est capital en effet.

13

L'ÉPREUVE est engagée entre le président de la République et son Premier ministre, sans fard cette fois.

Ce que le Président appelle « l'agitation » va s'enflant... Avanie sur avanie infligées par les députés Udéères au ministre des Finances, à propos de chaque disposition du projet de loi en discussion, abstention du Premier ministre qui laisse le débat se dérouler tout comme s'il n'était pas le chef du Gouvernement en difficulté, obstruction organisée par le président de l'Assemblée nationale qui se retire sous sa tente lorsque le reproche lui en est adressé, avertissement enfin de l'Udr annonçant que le président de la République sera mis en « haute surveillance » pendant le mois de juillet, pour prévenir un remaniement ministériel non conforme à ce qu'en attend le principal groupe de la majorité...

Qu'en attend-il donc ?

Selon une technique qui, de Bismarck à Henry Kissinger, a fait ses preuves, et qui consiste à faire révéler ses intentions par des journalistes, afin de pouvoir les confirmer ou les démentir ensuite selon les exigences du moment, les articles inspirés par Matignon sont transparents : l'échec de la coordination est attribué aux deux ministres d'Etat[1] ; la situation dite « ambiguë, minorée et contestée dans laquelle se trouve le chef du Gouvernement » doit être confirmée ou dissipée ; en prévision de la bataille des législatives, dont on laisse entendre qu'elles devront être anticipées, le rôle politique de Jacques Chirac doit se trouver consacré par des changements significatifs dans la composition du Gouvernement.

En bref, Jacques Chirac pose ses conditions. Depuis plusieurs semaines, déjà, ses conseillers intimes le poussent à brusquer les choses.

Leur analyse, dont ils ne font pas mystère, est simple : le président de la République a perdu la confiance de son électorat sans en gagner un autre. Celui-ci a eu un père, Charles de Gaulle, un oncle, Georges Pompidou. Il a cru, votant pour Valéry Giscard d'Estaing, rester dans la famille et se retrouve mené on ne sait au juste où, par un cousin excentrique dont le charme n'agit plus. La situation économique est insaisissable et ne peut que se dégrader. Dans la foulée d'une reprise artificielle et avant qu'elle ne s'essouffle, des élections rapides sur lesquelles Jacques Chirac aurait la haute main pourraient encore être favorables à la majorité. Si elles étaient gagnées, elles assureraient du même coup la prédominance de l'Udr qui tiendrait enfin, dès lors, Valéry Giscard d'Estaing en lisière, confiné dans le rôle de la reine d'Angleterre.

Il faut donc obtenir du président de la République qu'il prononce la dissolution de l'Assemblée.

Si Valéry Giscard d'Estaing continue à s'y refuser, avec cette persistance dans l'obstination qui le caractérise, l'intérêt évident de Jacques Chirac est de ne pas assumer, devant l'opinion, la responsabilité de l'inévitable tour de vis qu'exigeront à la rentrée l'inflation à deux chiffres, la hausse du prix du pétrole et le déficit de la balance commerciale, avec son cortège probable de conflits sociaux.

La conclusion de cette analyse coule de source : c'est la démission.

Jacques Chirac ne serait pas une véritable « bête politique » s'il avait la démission facile. Il l'a dit lui-même : un homme politique ne démissionne pas. Combien ont regretté et regrettent encore d'avoir obéi un jour à cette impulsion, ou à ce calcul-là.

Mais, c'est exactement ce à quoi le chef de l'Etat a décidé de le conduire. Et à ce jeu-là, celui du secret et de la ruse patiente, il est fort.

Pourquoi ne pas se séparer de son Premier ministre d'une coupure franche, nette, claire qui restaurerait son autorité ? Ce n'est pas sa manière.

Rares sont ceux qui savent, le tenant de lui-même, qu'il est décidé à changer de Premier ministre. Plus rares encore ceux qui, le sachant ou le devinant, lui font le crédit de croire qu'il poussera jusqu'au bout sa résolution.

Curieusement, parce qu'il est lent à former ses décisions et qu'avant d'y parvenir il oscille entre des projets d'attitude contradictoires, sa physionomie s'est progressivement teintée d'irrésolution, de versatilité, voire de faiblesse. Et l'appréciation que l'on fait de son caractère, à cette époque, jusque dans son entourage, en est largement affectée.

Le 16 juin 1976, Jacques Chancel, qui s'entretient avec lui à la télévision, lui pose sans complaisance les questions que chacun a sur les lèvres :

« Vous me paraissez de plus en plus seul... Etes-vous sûr de pouvoir compter en ce moment sur vos amis ? J'ai reçu beaucoup de lettres où une phrase revenait : « Qu'Il se méfie. » Vous devez savoir de qui il s'agit...

« Etes-vous vraiment un homme politique ?

« Votre politique est à l'opposé de vos engagements. Votre électorat ne s'y reconnaît plus... J'ai reçu aussi des lettres comme celles-ci : « Le président de la République a une conduite suicidaire, il entraîne dans sa lente et inexorable chute tout ce qu'il touche. »

« Vous avez dit : « Il n'y aura pas de remaniement ministériel en juillet. » Y en aura-t-il un à la rentrée ?

« Si Jacques Chirac et son Gouvernement vous présentaient leur démission, l'accepteriez-vous ?

« Un journaliste a posé cette question : « Tiendra-t-il en cas de coup dur ? » Il s'agissait de vous... »

Avec l'aisance souveraine qu'il manifeste dans le dialogue, Valéry Giscard d'Estaing répond en conduisant, comme à l'accoutumée, l'entretien où il lui convient d'aller.

Seul ? C'est la solitude de la fonction.

Est-il vraiment un homme politique ?

« Je suis un homme politique, je dirai, un peu particulier... Par exemple, certaines agitations à l'heure actuelle, cela ne m'intéresse pas, je les constate. »

A propos : les élections prévues pour 1978 auront lieu en 1978. Pourquoi seraient-elles anticipées ? Il faut s'habituer à avoir une situation stable dans notre vie publique.

Ses amis politiques ? « Le Premier ministre est un homme actif et loyal... »

S'il présentait sa démission ? Le président de la République ne peut pas, pratiquement, refuser une démission. Il peut peut-être faire pression en indiquant que les circonstances ne lui paraissent pas favorables pour une telle décision, mais il n'a pas le pouvoir de refuser une démission.

Une conduite suicidaire ? Son électorat ne s'y reconnaît plus ?

« Toute personne dont les intérêts sont atteints a tendance à se défendre, c'est naturel. Cependant, il n'y a pas d'effort de justice et donc de transformation de la société française s'il n'y a pas certaines modifications des intérêts... Or, cette modification d'un certain nombre d'avantages ou de privilèges en France est nécessaire.

« Elle n'a rien de suicidaire, elle est anti-suicidaire... Ceux qui imaginent, après avoir constaté les résultats de l'élection présidentielle, 50,9 p. 100 des suffrages contre 49,1 p. 100 qu'on pouvait camper sur des positions d'immobilisme et de conservatisme social tenaient un raisonnement suicidaire... »

Tiendra-t-il en cas de coup dur ?

« Monsieur Chancel, je n'ai jamais, dans mon existence, à aucun moment, manqué de détermination. »

Et comme son interlocuteur insiste, il répète : « Il n'y aura pas de remaniement ministériel en juillet. »

Tout est dit pour qui veut entendre. L'opération « remplacement de Jacques Chirac après sa démission » est en route.

Successeur prévu : beaucoup d'illusions naîtront, nourries par les pronostics de la presse, parmi des hommes auxquels Valéry Giscard d'Estaing n'a jamais songé sérieusement à confier la direction du Gouvernement. A partir d'une donnée de base — ne pas placer l'Udr qui va perdre Matignon après avoir perdu l'Elysée devant un choix provocant — il n'a jamais eu à l'esprit que deux noms, dont le second sera à peine cité, et dans la perspective d'une autre fonction.

C'est celui de Raymond Barre, ministre du Commerce extérieur, qu'il retiendra. Forte réputation d'économiste, n'appartenant à aucun parti, mais notoirement gaulliste de la bonne cuvée. On sait qu'il fut à l'origine du revirement de Charles de Gaulle un certain samedi matin où devait être annoncée la dévaluation du franc.

Un technicien bien orienté, en somme.

Il reste à marquer que si Jacques Chirac s'en va, l'Udr demeure au Gouvernement, à spéculer sur la division toujours sensible entre chiraquiens et non-chiraquiens en renforçant la seconde tendance, à convaincre Olivier Guichard, gaulliste historique, qui dit drôlement, en parlant de lui-même : « J'ai la vocation d'un ancien futur Premier ministre », qu'il servira à la fois son parti et la France comme ministre d'Etat garde des Sceaux, à trouver peut-être, dans le parti, un bon titulaire pour un autre « grand » portefeuille...

C'est avec toutes ces casseroles au feu que Valéry Giscard d'Estaing entame, serein, le mois de juillet. Le secret, étroitement partagé il est vrai, de ses intentions, sera remarquablement gardé.

La session extraordinaire, tenue par le Parlement pour en finir avec les plus-values, ne s'achève que le 10 juillet. L'Assemblée nationale a fini par adopter un texte boiteux par 251 voix contre 192... 139 Udr sur 174 l'ont approuvé.

A la tribune, le Premier ministre se félicite et déclare : « L'entreprise de réforme ne saurait se relâcher... une nouvelle étape devra être franchie à l'automne et il convient d'y travailler sans tarder... » tout comme s'il y croyait.

Un accrochage entre l'Udr et Michel Poniatowski sur un sujet apparemment mineur relance « l'agitation » : il s'agit de relever le seuil du nombre de voix qu'il est nécessaire d'obtenir au premier tour d'une élection, pour avoir le droit de se maintenir au second tour.

Le Gouvernement, par la voix du ministre de

l'Intérieur, voudrait l'élever de 10 à 15 p. 100.

L'opposition mène un baroud d'honneur en faveur du scrutin proportionnel. Celui-là même dont elle dira, l'année suivante, qu'elle n'en fera pas cadeau à la majorité, lorsque le président de la République manifestera — trop tard — qu'il y serait favorable pour les législatives.

Quelles qu'en soient les variantes, le scrutin proportionnel, abandonné depuis 1958 au bénéfice du scrutin d'arrondissement, a en effet la particularité de permettre à tout parti d'avoir un nombre de sièges proportionnel au nombre de voix qu'il a recueillies.

L'Udr y est radicalement opposée. Elle a de bonnes raisons pour cela. Si, en 1973, le scrutin proportionnel avait été en vigueur, les élections lui auraient été sensiblement moins favorables, et le nombre des élus réformateurs en particulier aurait plus que doublé.

Mais d'autres raisons plus nobles peuvent être invoquées. Le scrutin proportionnel, plus juste dans son principe en assurant une représentation plus exacte de la nation, rend évidemment les majorités parlementaires plus fluctuantes, les partis plus indépendants, les états-majors plus puissants.

Contrepoids à l'élection du président de la République au suffrage universel, et à la puissance excessive qui en découle, correctif à un système divisant artificiellement le pays en deux camps par une Assemblée où cette coupure serait gommée, selon ses partisans, le scrutin proportionnel est, pour Michel Debré, « l'instrument légal de l'abaissement de l'Etat ».

Celui-ci professait autrefois — je ne sais s'il le pense encore aujourd'hui — qu'en 1958, le général de Gaulle aurait dû instituer le scrutin uninominal à un tour. C'est le système anglais qui ignore les alliances et les désistements, d'où l'écrasement des communistes.

L'éventualité du rétablissement d'un scrutin proportionnel a été plusieurs fois évoquée depuis 1974. Et fermement repoussée par le ministre de l'Intérieur, d'accord, pour une fois, avec le Premier ministre pour combattre la reconstitution d'un « Centre » au Parlement.

« La France sera gouvernée au centre », a déclarée un jour à la télévision, le président de la République. Belle parole. Mais quand il n'y a pas d'élus centristes ?

En juillet 1976, l'affaire s'achève sur une transaction entre l'Udr et le Gouvernement : ni 15 p. 100, ni 10 p. 100, on s'accorde sur 12,5 p. 100 de voix nécessaires aux candidats du premier tour, pour pouvoir se maintenir au second.

Lorsque la France glisse dans la torpeur des vacances accusée par un été exceptionnellement chaud, il n'est plus question, parmi les commentateurs, de « crise de la majorité ». Le dernier éditorial significatif fait état du « dérapage du président de la République » et souligne « le découragement et la lassitude de bon nombre d'élus de la majorité et même des membres du Gouvernement », d'une sorte de « défaitisme plus ou moins résigné » contrastant avec « la confiance quiète » affichée, à tort ou à raison par le camp d'en face [2].

On spécule sur un futur remaniement, mais c'est dans le secret le plus strict que Jacques Chirac remet le 26 juillet, sa démission à Valéry Giscard d'Estaing. Le même jour d'ailleurs, en Corrèze, il affirme que « la reprise doit normalement se poursuivre », et lance « un appel au bon sens traditionnel et à la discipline contractuelle des titulaires de revenus salariaux et non salariaux pour lutter contre la hausse des prix ». Le dollar s'échange à plus de 5 F en août. C'est la baisse du franc et la sécheresse persistante qui font ce qu'on nomme l'actualité.

Ce qui se joue alors, à partir de cette date et pendant un long mois, serait proprement incompréhensible, si l'on n'y retrouvait des attitudes constantes chez Valéry Giscard d'Estaing. Foi accordée à la logique, assurance, éternelle certitude d'avoir le temps, erreur chronique de jugement sur le tempérament de Jacques Chirac, et la nature de ses capacités.

Eloigné du Gouvernement, Jacques Chirac tombera dans la trappe où s'engloutissent les Premiers ministres de la Vᵉ République une fois loin du soleil, c'est la logique.

Serait-il amer, il restera respectueux à l'égard du président de la République comme le furent ses prédécesseurs démis de leurs fonctions, c'est l'assurance.

A l'un de ses proches qui le presse de mettre en place le nouveau Premier ministre et son Gouvernement, pour que, travaillant au mois d'août, il soit à pied d'œuvre dès la rentrée de septembre au lieu que se détériore un peu plus encore la situation sur tous les fronts, Valéry Giscard d'Estaing répond que la priorité, c'est l'achèvement de son livre qui est encore sur le chantier.

Les notes et les embryons de rédaction fournis par ses collaborateurs ne le satisfont pas. Il reprend le tout de sa plume. Travail plus ardu qu'il ne l'avait prévu.

Ceux qui ont écrit un livre, fût-il modeste dans son ambition et moins lourd de conséquences prévisibles, savent combien l'écriture isole de la réalité. Seul devient réel l'objet du livre qui agit comme un nourrisson exigeant, absorbant l'énergie de celui qui le porte.

Réflexe d'écrivain ? Le président de la République a décidé, pour trouver le calme nécessaire à la tâche entreprise, d'aller s'enfermer en Afrique Noire, son continent de prédilection.

Après un bref séjour officiel au Gabon, il fait annoncer qu'il passera au Zaïre des vacances qui s'achèveront le 19 août.

En fait, Mme Giscard d'Estaing rentre discrètement : il s'agit de vacances laborieuses. C'est à son manuscrit que le Président se consacre.

Rien n'a pu le faire démordre du calendrier qu'il s'est fixé, qui laissera pendant un mois la France sans Gouvernement.

Il n'y a pas un ministère, en effet, où l'on ne suppute de prochains changements, situation qui provoque invariablement un mélange de léthargie et de dispositions hâtives, pour le cas où l'on se trouverait éjecté.

Les dossiers se bloquent. A quoi bon faire avancer une affaire que le prochain ministre voudra, par principe, traiter autrement ? L'administration se referme comme une huître. Les membres des cabinets courent aux nouvelles, glanant ici et là l'une de ces curieuses rumeurs qui traduisent la vérité avant même qu'elle ne soit vérité, au milieu d'inventions pures, ballons d'essai lancé par l'un, fausse nouvelle lancée par l'autre avec l'espoir qu'une fois imprimée, elle prendra consistance.

A Matignon, en revanche, le Premier ministre toujours en fonction ne perd pas son temps. Toutes les dispositions, affectations, arrêtés, décrets qui peuvent être pris sans être soumis au Conseil des ministres sont préparés et seront publiés à temps au *Journal officiel*.

Il arrivera même, dans certains cas, qu'il en fasse entériner, à son retour d'Afrique, par le président de la République dont on ne saurait dire s'il est dupe, s'il y met quelque magnanimité à l'égard de celui qui va partir, ou si, tout simplement, il ne veut pas de conflit, même mineur.

A ce qui est de règle dans toute entreprise privée — l'élimination la plus rapide du directeur dont on se sépare dans l'aigreur — il est passé outre, avec hauteur, laissant le climat se détériorer chaque jour davantage.

C'est pendant son absence que tombera, le 13 août, la bonne nouvelle : à l'issue d'un Conseil interministériel tenu à Matignon, Jacques Chirac tient à « réaffirmer très clairement la volonté du Gouvernement de compenser intégralement les pertes subies par les agriculteurs du fait de la sécheresse », annonce que, sans attendre la date prévue du 29 septembre, des à-valoir seront versés dès les prochaines semaines, et précise que les indemnisations définitives constitueront un effort de solidarité nationale.

Placé en face du même problème, les effets de la sécheresse, le Gouvernement d'Allemagne fédérale n'indemnise ses agriculteurs que lorsque ceux-ci apportent la preuve que leur revenu a été amputé de plus de 30 p. 100 par rapport à 1975.

A la Condition féminine, le calme règne. Les choses sont en ordre depuis que, fin mai, le Conseil a accepté, après une heure de débat, 80 des 100 mesures élaborées à l'intention des femmes, pour application dans les cinq ans. Extraordinaire séance où, sous la bienveillance et la compréhension exprimées ont affleuré tour à tour la surprise, l'inquiétude, la réserve, la résistance, la résignation enfin de ces hommes qui, au fond d'eux-mêmes, n'ont jamais cru à la concrétisation d'une action si peu conforme à leurs désirs inexprimés.

Sur instruction du Premier ministre, chacun des membres du Gouvernement n'a eu jusque-là connaissance, pour accord après discussion sur chaque ligne du texte, que des mesures concernant exclusivement son département.

Réunies, ces mesures constituent — c'était l'objectif — une politique dont personne, ou presque, n'est plus sûr qu'il l'approuve.

Le correspondant de la Condition féminine à l'Elysée qui n'a, pour le sujet, qu'un intérêt relatif a lu distraitement l'épais dossier dont il lui appartenait de faire rapport au président de la République avant le Conseil. Lorsque j'évoque la disposition selon laquelle un congé sans solde de deux ans devrait être accordé, à l'issue du congé légal de maternité, à la mère *ou au père* du nouveau-né, le Président fait obstacle avec force et exige qu'elle disparaisse du dossier.

Ironie de l'histoire politique, un an plus tard, cette disposition sera adoptée par le Parlement, à la faveur d'un amendement déposé... par un député Udéère.

Mais peu importe... Pour l'essentiel, le programme pour les femmes a été adopté.

Je sais qu'il sera long à s'inscrire dans les faits, et que son impact en sera diminué d'autant. Mais il finira par se réaliser, inéluctablement. Et « telles les roues d'un engrenage, ces réformes-là en entraîneront d'autres. »

Les femmes me sont chères, y compris les plus dangereuses : celles pour qui toute femme ayant, dans plusieurs aspects de sa vie, échappé à l'antique servitude est une insulte vivante à leur propre mutilation, d'autant plus douloureuse qu'elle est plus secrète.

Celles-là me serrent le cœur. Peut-on en vouloir aux chiens qui mordent parce qu'on les a trop battus ?

Tant d'autres furent, au contraire, si confiantes, et généreuses...

Je ne regrette pas les deux années où je me suis littéralement cloîtrée en compagnie des femmes, absorbée par les problèmes spécifiques de leur condition jusqu'à l'obsession, jusqu'à l'asphyxie.

Maintenant, dans une conjoncture où le nombre de femmes parmi les demandeurs d'emploi grossit désagréablement les statistiques et où le budget ne supportera aucune action d'envergure, je n'ai plus rien à faire au gouvernement, sinon de la figuration, ce pour quoi je ne me sens pas d'aptitude.

J'ai donc écrit au président de la République pour lui indiquer que, mission accomplie dans la mesure des moyens qui m'ont été donnés, je souhaitais reprendre ma liberté.

J'avais fait, au Gouvernement, une cure d'humilité. Habituée à diriger depuis près de trente ans, j'avais dû quémander, ruser, sourire, patienter, subir des admonestations, accepter d'être « oubliée » par Matignon lors de tel Conseil restreint où se débattait une question intéressant les femmes parce que tel ministre rugueux aurait pris ombrage de ma présence.

Curieusement, c'est là que j'aurai éprouvé pour la première fois au cours d'une longue vie professionnelle, la situation de la « protégée du patron » — en l'occurrence, du secrétaire d'Etat dont le président de la République soutenait l'action —, comme si Valéry Giscard d'Estaing m'avait offert un bijou pour satisfaire quelque caprice.

J'avais entendu un député me dire, à l'issue d'un débat : « Alors, on a été gentils avec vous, hein ? » comme si l'Assemblée m'avait consenti une prime de fin d'année.

Tout cela a été instructif et profitable mais je ne vois pas la nécessité de prolonger ce voyage au pays du Pouvoir d'Etat. J'aperçois, en revanche, d'excellentes raisons pour me dégager d'un gouvernement dont je ne me sens pas solidaire.

Mon propos n'est pas de faire un éclat. Encore moins de laisser croire ou dire que mes relations difficiles avec Jacques Chirac sont à l'origine de cette décision. Je m'entendrais avec le Diable, si la réussite d'une entreprise à laquelle je crois en dépendait.

La dernière parole personnelle que j'ai entendue du président de la République étant : « Il faudra que vous veniez me voir pour que nous parlions un peu de politique... », je me propose de le lui dire pour lui expliquer les raisons que j'ai de partir.

Après trois brouillons, j'y renonce et le prie seulement de me tenir pour partante, et de choisir lui-même l'heure et la façon dont je sortirai du Gouvernement.

C'est donc en spectatrice désintéressée, commençant à organiser mes activités de l'automne, que je vois, non sans tristesse, le Pouvoir se déliter.

Dans une interview à Radio Monte-Carlo, Simone Veil a laissé échapper qu'elle avait envie de « rendre son tablier ». Elle a aussitôt écrit au président de la République pour lui dire que ses paroles avaient été déformées, mal interprétées, rapportées par la presse en les isolant de leur contexte, et qu'elle est toujours à sa disposition. Mais une telle expression ne vous vient pas aux lèvres quand la foi vous habite.

Le général Bigeard est venu chercher à l'Elysée des assurances. Appartiendra-t-il au prochain Gouvernement ? On lui a indiqué que les portefeuilles ministériels ne sont jamais assortis d'assurances. Préférant choisir sa sortie, il a démissionné, confessant aux téléspectateurs : « C'est dur... C'est agréable d'être ministre... C'est dur de s'en aller... J'ai failli chialer... »

Le ministre de la Qualité de la Vie croit pouvoir déclarer publiquement qu'il n'y aura pas de remaniement. Seulement « un réajustement ». Se doute-t-il qu'il va se faire, lui-même, réajuster ?

Pendant ce long point d'orgue du mois d'août, la vie politique paraît comme suspendue au bon plaisir d'un homme qui ne déteste pas éprouver ainsi le pouvoir que sa charge lui donne sur d'autres hommes.

Qui y résisterait ? Mais qu'il est donc vain, ce pouvoir-là. Et l'autre, le vrai, la domination des choses, la capacité d'en modifier le cours, qu'il est donc rare de l'exercer...

Longtemps, j'ai cherché à comprendre sans y parvenir ce qui rend les ministres si heureux de l'être quoi qu'ils prétendent.

Maintenant, expérience faite, je crois le savoir. C'est la dilatation du Moi que la fonction provoque.

JE se gonfle, s'enfle, s'étale, se dandine, caressé, courtisé, sollicité, photographié, insulté, caricaturé, entretenu par tout l'appareil qui l'entoure dans le sentiment de son importance et de sa singularité. Car JE ne fait plus rien comme tout le monde.

JE arrête, décrète, tranche, favorise, nuit, nomme, déplace.

JE traverse les villes en trombe, précédé de motards casqués qui font gicler de part et d'autre de leur sillon les automobilistes comme du gravier.

JE ne circule qu'accompagné d'un garde du corps, c'est donc que son corps n'est pas n'importe quel corps.

Quelques mois après la formation du Gouvernement, un ministre, neuf dans cet emploi, en était à exiger que les couloirs se vident lorsqu'il les traversait pour quitter le ministère, comme on enlève les voitures sur le passage des cortèges.

Cette dilatation du Moi atteint aisément, à des degrés divers, ceux qui, dans leur vie professionnelle, sont en situation de domination. Mais le champ où ils évoluent, parce qu'il reste privé, est incommensurable à celui où transporte la comédie du pouvoir.

Par mesure d'hygiène mentale, j'ai pour ma part commencé par refuser le salon d'aéroport d'où une voiture vous conduit directement à l'avion, l'officier de police qui vous suit comme votre ombre, l'alerte donnée au préfet pour le moindre séjour privé dans quelque département. Jusqu'au jour où je me suis fait rappeler à l'ordre par le ministre de l'Intérieur informé que je ne sais quels terroristes projetaient d'enlever un membre du Gouvernement. N'étais-je pas en train, d'ailleurs, d'y mettre une pointe d'affectation ?

La dilatation du Moi est au moins aussi voluptueuse chez le fonctionnaire obscur et médiocrement rémunéré qui jouit de poursuivre pour fraude fiscale le chirurgien illustre, ou le chanteur en vogue. C'est celle qui accompagne, je le crains, tout pouvoir d'Etat, celui que n'altère jamais, aux yeux de qui l'exerce, le sentiment de la vanité de ce qu'il fait... Ne s'agit-il pas, en toutes circonstances, d'œuvrer en vue du Bien Commun ? Davantage, n'ayons pas peur des mots, pour la France ?

En voyage officiel au Canada, j'ai vu, arrivant à Québec, le drapeau tricolore flotter sur l'Hôtel de Ville. Comme je m'en étonnais, on m'a dit : « Mais c'est pour vous, Madame le Ministre... »

Dans les yeux de la jeune femme qui m'accompagnait, enfant de mai 68 et lectrice assidue de *Charlie Hebdo,* des larmes ont perlé.

Quand on parvient à garder quelque distance à soi-même, cela donne Malraux, disant à un visiteur : « Vous voyez cette lampe sur mon bureau... C'était celle de Vergennes... Quand je la regarde... »

Rêvant un instant. Puis ajoutant après un silence :

« Quand je la regarde, je me dis qu'entre-temps, elle a éclairé C... » (ici le nom d'un brave homme de politicien). Et éclatant de rire.

Etrange phénomène, en vérité, que cette dilatation du Moi qui contamine parfois jusqu'à la famille et aux serviteurs de l'intéressé et que l'on voit d'autant plus accusé dans ses manifestations qu'il affecte un Moi fragile, vulnérable, incertain, contesté dans quelque autre part de sa vie, et menacé d'aller fortement rétrécir à l'ombre s'il sort de cette lumière-là.

Les femmes semblent cependant moins comblées que les hommes par la jouissance dilatante. Ce n'est pas sagesse supérieure. C'est plutôt que, d'une façon générale, le Pouvoir ajoute à la séduction des hommes, alors qu'il retranche à celle des femmes.

Aussi l'abordent-elles avec la circonspection des gourmandes qui ont peur de grossir, en face d'une crème au chocolat.

Il y a donc une quarantaine de personnes qui se savent menacées de rétrécissement subit autour de la table du Conseil des ministres, le mercredi 25 août 1976. La convocation tardive du Gouvernement au complet annonce un événement. Depuis que le Président a rejoint Paris, il n'est d'ailleurs question, dans la presse, que de remaniement. *L'Express* a fait connaître, le lundi, que la démission de Jacques Chirac était effective depuis le 26 juillet.

C'est une scène désormais historique qui va se dérouler. Le récit en a déjà été rapporté par quelques-uns de ceux qui l'ont vécue.

A l'heure où le président de la République devrait entrer dans la salle du Conseil, suivi du Premier ministre, Jacques Chirac apparaît, seul. Il est blême, crispé. Il a sur les lèvres ce rictus qu'on lui voit toujours, lorsqu'il cherche à dissimuler un tumulte intérieur.

« Le président de la République nous rejoindra dans quelques instants, dit-il, pour présider le dernier Conseil. »

Il poursuit en ces termes : « Vous êtes peut-être étonnés que j'abandonne de moi-même le poste éminent de Premier ministre. Je vous dois des explications.

« Il y a vingt-quatre mois, contre l'avis de la plupart de mes amis, j'ai soutenu Valéry Giscard d'Estaing, parce qu'il était seul capable de nous éviter la victoire du parti communiste. Pendant vingt-quatre mois, je l'ai servi fidèlement et loyalement. Ces derniers temps, j'ai demandé à plusieurs reprises les moyens nécessaires pour affronter une situation que je jugeais difficile. Je persiste à penser que dans notre Constitution, le Premier ministre doit disposer de l'autorité sur les ministres du Gouvernement et d'une certaine autonomie.

« Devant la majorité parlementaire, et le dynamisme de l'opposition, nous devions engager résolument le combat.

« Je n'ai pas obtenu les moyens et la liberté que je demandais.

« Le Premier ministre n'a pas à porter de jugement sur l'action et les décisions du chef de l'Etat. Certains d'entre vous ont compliqué ma tâche. En affaiblissant, par leurs déclarations, la cohésion gouvernementale, ils ont affaibli la majorité. A tous ceux qui m'ont aidé et soutenu, j'exprime ma gratitude, oubliant pour une fois le général de Gaulle qui disait : « Tous ceux qui ont eu

« l'honneur de servir la France n'ont que faire de « médailles, et de reconnaissance. »

La stupeur tombe sur le Conseil, figeant les visages, dont quelques-uns seront progressivement envahis par la réprobation, d'autres par la consternation.

La porte s'ouvre devant le président de la République bronzé et apparemment décontracté. Nous nous levons. Il s'assied. Nous nous asseyons dans l'attente, intense, des paroles graves qu'il ne va pas manquer de prononcer. Et nous entendons :

« Monsieur le secrétaire d'Etat aux Transports, nous vous écoutons. »

Surpris, celui-ci se débat avec sa serviette. Il a un décret à proposer. Pas d'observations ? Au tour du ministre de la Défense qui énumère une série de nominations. Puis du ministre des Affaires étrangères. Avons-nous rêvé, ou bien s'est-il passé, au début de cette séance, un événement majeur pour le pays ?

La demie de dix heures sonne. Puis la pendule égrène onze coups. La stupeur s'est transformée en une nervosité qui s'exprime en un abondant petit courrier interministériel.

Quand on en arrive à la Soufrière en éruption à la Guadeloupe, la distraction est à son comble. Raymond Barre, la tête tournée vers la fenêtre, dans une attitude qui lui est familière, est visiblement absent. *A penny for your thoughts*, a-t-on envie de lui souffler, un sou pour me dire vos pensées.

Mais, non seulement muet, il est muré.

Enfin l'ordre du jour est épuisé. Le Président fait, du regard, le tour de la table. Toutes les oreilles se dressent pour entendre : « Et maintenant, je vais vous parler de mon voyage au Gabon... »

Un peu sadique, le Président ? Si les rumeurs

internes étaient audibles, il entendrait des rugissements.

Imperturbable, il poursuit son propos, tandis que l'heure tourne.

Enfin : « Monsieur le Premier ministre, je crois que vous avez quelque chose à dire ?

— Oui, répond Jacques Chirac. J'ai l'honneur de vous présenter la démission du Gouvernement. »

C'est la dernière parole qu'il prononcera dans cette salle.

Lecture par le Président, d'une voix égale, de la lettre de démission de Jacques Chirac, de sa réponse lui demandant d'en différer l'annonce, car « je ne pense pas qu'en l'absence de tout événement dramatique il faille aller vite... » (les deux lettres seront rendues publiques dans la journée). Explications. D'abord, quand quelqu'un souhaite s'en aller il faut accepter. Ensuite, le poids excessif qu'a fait peser le mouvement des partis sur l'action du Gouvernement dans les derniers mois : dès lors que l'apparence et la substance le faisaient apparaître, il était impossible de paraître y céder en procédant sur-le-champ à un remaniement ministériel qui aurait pu paraître en être le fruit. Un tel changement doit être minutieusement préparé, et c'est le cas, pour être rapidement effectué.

Bref bilan des réformes réalisées. Remerciements à tous pour le travail accompli.

« Le Gouvernement est désormais démissionnaire. »

Le Président se lève, le dernier Conseil du Gouvernement Chirac est achevé, selon le scénario convenu.

L'épilogue, cependant, n'était pas prévu. Dans le bureau de Pierre Juillet, où l'attendaient, convoqués par ses soins depuis le matin, les opérateurs de T.F. 1, Jacques Chirac fait une déclaration dont la violence et l'âcreté ne sont pas d'un homme meurtri ou abattu mais d'un adversaire désormais irréductible.

Tandis que les commentateurs s'émerveillent de l'art avec lequel le président de la République présente, le soir même, l'ensemble de l'affaire et la désignation de M. Raymond Barre comme Premier ministre, chargé d'élargir vers le centre gauche la majorité présidentielle, c'est un huissier de ministère qui tire à sa façon la leçon de la rupture : « Si Chirac veut s'en donner la peine, explique-t-il à ses collègues, le Valéry n'a plus qu'à faire sa valise, lui aussi. »

Chirac va s'en donner la peine.

14

PÉRIPÉTIES, écume à la surface des choses tandis que se forment ailleurs les courants profonds, importance excessive apportée à ce qui n'est peut-être que superstructure — le Gouvernement, son chef, le Président — tandis que les véritables mouvements d'une société naissent et se développent ailleurs ?

Ou tournant décisif pour l'avenir des Français et alors, responsabilité majeure des deux principaux acteurs du drame ?

Tous sentiments mis à part, il faudrait, pour juger, dans le système où nous sommes, des conduites du chef de l'Etat, avoir occupé cette fonction essentiellement singulière.

Les deux présidents qui ont succédé à Charles de Gaulle ont intensément ressenti, une fois investis, la différence fondamentale de nature entre de hautes fonctions et cette fonction-là, le fossé qui sépare celui « à qui incombe le destin, c'est-à-dire le lointain et le continu » et « la charge seconde de Premier ministre qui mène l'action du moment et dirige les exécutants [1] ».

Ils avaient été, l'un et l'autre, longuement et étroitement associés à la charge suprême.

Ils s'y étaient préparés. Et pourtant ils ne

savaient pas... Alors qu'en savons-nous sinon que le manteau d'hermine est aussi un manteau de plomb ?

Mais nul ne devient président de la République sans l'avoir furieusement désiré, et sans estimer que ses capacités seront à la hauteur de sa tâche. Dès lors, chacun est en droit d'en juger, non sur les intentions mais sur les résultats.

Au moins doit-on concéder que les intentions sont toujours pures : il n'y a pas de chef d'Etat de la Ve République qui n'ait été guidé, une fois élu, par l'idée qu'il se faisait de l'intérêt général.

Il y a, dans chacun d'eux, du Richelieu répondant sur son lit de mort à son confesseur qui le pressait de pardonner à ses ennemis : « Je n'en eus pas d'autres que les ennemis de l'Etat. »

Quant à la prétendue collusion du Prince avec les pouvoirs qui s'exercent hors de l'Etat, ou sur l'Etat, tels les pouvoirs d'argent, comment ne pas voir qu'aucun esprit dominateur n'a de bontés spontanées pour ce qui limite l'étendue de sa domination ? De tout temps, les chefs d'Etat ont eu la tentation de réduire les puissants en s'appuyant sur le peuple. Mais les puissants, d'où qu'ils tirent leur puissance, de leurs capitaux, ou de leurs églises respectives, ont de la résistance. Il faut, avec eux, composer.

Un président de la République compose, avec plus ou moins de discernement et de bonheur, mais n'a d'intérêts communs qu'avec la Nation. Un candidat à la présidence de la République est, en revanche, fondé à régler sa démarche en fonction de son objectif. Rien de plus aisé, que de confondre alors intérêt particulier et intérêt général, et d'apparaître à ses propres yeux comme chargé de sauver la France éternellement imaginée comme une héroïne de mélodrame captive de brigands auxquels il faudrait l'arracher.

L'originalité du conflit Giscard-Chirac, c'est qu'aux yeux du second, le brigand est à l'Elysée, accusé ouvertement de complicité objective avec une bande rivale.

En d'autres siècles, Jacques Chirac eût fait assassiner Valéry Giscard d'Estaing. Les mœurs ayant, sur ce point, évolué, la question reste posée : comment s'en débarrasser ?

Jacques Chirac allie la capacité de proférer les plus énormes mensonges et une brutale franchise.

Dans les mois qui suivront son départ du gouvernement, tous ceux qu'il rencontrera, y compris les hommes dont il devrait penser qu'ils sont les moins disposés à entrer dans ses vues, s'entendront dire en termes clairs : « Il faut se débarrasser de Giscard. On marche ensemble ? »

L'un d'eux, et non des moindres, en restera comme suffoqué.

Au début de septembre 1976, malgré le caractère fracassant de sa sortie, Valéry Giscard d'Estaing croit l'avoir neutralisé.

François Mitterrand, plus heureux en général dans ses pronostics, déclare à Europe N° 1 :

« On peut s'attendre de la part de la quasi-totalité des députés Udéères qu'ils ne résistent pas aux pressions de M. Giscard d'Estaing et qu'ils laissent tomber M. Chirac... »

Mais le temps perdu en août va être chèrement payé.

Maîtrise, habileté, subtilité tactique du président de la République, perçues par la classe politique comme les amateurs de ballets perçoivent les figures difficiles, ont laissé l'opinion publique méfiante et lasse.

Un Président qui reçoit la démission de son Premier ministre au visage, et qui part en vacances, une rentrée non préparée, le franc en chute libre, 950 000 demandeurs d'emploi recensés — soit deux fois plus qu'en juin 1974 — en dépit d'une reprise de l'activité économique, le capital de confiance dont jouissait Valéry Giscard d'Estaing en est effrité jusqu'au point où l'on peut se demander s'il pourra jamais le reconstituer.

Pour la première fois, sa cote descend, en septembre, au-dessous de la barre des 50 p. 100. Avec 47 p. 100 de Français se déclarant satisfaits, il a perdu six points depuis juillet. A l'origine de cette chute, aucune de ces causes objectives qui, dans le passé, ont parfois brusquement affecté la popularité de ses prédécesseurs [2].

C'est que, au lieu de rassurer, le refus de dramatiser, cette façon qu'a le Président de détendre les situations comme on détend les cordes d'un violon le condamne à jouer dans le vide.

Les études fines des sondeurs montrent qu'il ne suscite pas d'animosité, qu'il y a peu de Français pour exprimer à son égard des sentiments violents.

C'est le contact qui n'y est plus. De ses interventions télévisées, on ne retient que la virtuosité, qui n'étonne plus.

L'impôt supplémentaire, dont les cadres vont supporter l'essentiel, destiné à financer l'aide aux agriculteurs atteints par la sécheresse, contribue à alimenter la grogne. Il mécontente ceux qui paieront, sans satisfaire ceux qui recevront, conscients de l'impopularité que leur vaut ce transfert.

Occasion d'expliquer l'inflation, dit le Président ; lutter contre l'inflation, c'est ne pas mettre d'argent en circulation.

Sans doute. Chacun est prêt à en convenir. A condition que l'argent soustrait à la circulation ne soit pas le sien ou celui qu'il escompte.

En matière d'explications, il faudra en donner énormément pour modifier ce point de vue, à supposer qu'il puisse l'être.

La culture économique est, de toutes, la moins répandue en France, pour des raisons qui sont, on le sait, au cœur de l'histoire des pays catholiques.

Qui propose-t-on, dès l'enfance, à l'admiration des écoliers ? Le souverain qui disait, il y a trois cents ans : « Si les Anglais se contentent d'être les marchands de la terre et de me laisser conquérir, on s'arrangera aisément. Du commerce du monde, trois quarts aux Anglais et un quart à la France », tandis que le malheureux Colbert peinait à organiser son système industriel et commercial.

Il y a dix ans, l'enseignement primaire, secondaire, supérieur, ignorait encore superbement, en France, l'économie.

Puis il l'a sacrée science, ce qu'elle n'est pas davantage que les sciences dites humaines, et l'a assortie d'un vocabulaire ésotérique. Ainsi l'économie, qui n'est encore qu'une analyse de résultats dont des spécialistes péremptoires tirent des lois périodiquement démenties par les événements, a désormais ses grands prêtres. Elle n'a pas encore ses modestes praticiens.

84 p. 100 des Français sont impuissants à donner une définition même approximative du mot « investissement », dont bon nombre d'hommes politiques, capables d'autre part de réciter des vers latins, ignorent encore la signification exacte.

Le professeur Barre, nouveau chef du Gouvernement, en même temps que ministre de l'Economie et des Finances, va avoir fort à faire.

Dans l'apparence comme dans les méthodes, dans les attitudes comme dans les convictions, dans ce qu'il sait le mieux comme dans ce qu'il sait encore le moins, Raymond Barre est en tous points l'image inversée de Jacques Chirac.

Sa charge est plus lourde encore que celle de son prédécesseur puisqu'elle est double, mais il a toujours le temps. Il n'exige pas qu'on lui donne autorité sur les ministres : il l'exerce. Son affabilité universelle masque rigoureusement ses sympathies et ses antipathies. Ses amitiés personnelles ne sont pas dans le « milieu ». Sa culture politique est internationale, sa culture littéraire, musicale, picturale, vaste, et, à l'inverse de ceux qui ont été dévorés par la vie ministérielle, il a eu le temps de l'entretenir. Il a été gaulliste mais non pompidolien, il s'en faut. Quelque conflit qui l'oppose au président de la République, et il y en aura, rien n'en apparaîtra hors du cercle étroit dont il est sûr.

Il a la courtoisie minutieuse de ceux qui ne pratiquent ni n'inspirent la familiarité, et ne s'en départit jamais, même lorsqu'affleure, sous le calme olympien, une certaine arrogance intellectuelle.

Muni de certitudes inflexibles, il pourrait avoir pour devise le mot fameux : « J'aurai raison, parce que j'ai raison. »

Mais pour réduire la crise que traverse la France, et avec elle l'Europe, aux dimensions de l'économie, si souffrante soit-elle, il faudrait être aveugle.

Deux crises se superposent, dont l'une sévit déjà depuis quelques années.

Si l'esprit de dérision est plus répandu que l'esprit d'entreprise, la nostalgie d'un âge d'or pré-industriel imaginaire plus vive que la foi dans le progrès, la poterie plus appréciée que l'innovation, la conscience des antagonismes plus aiguë que celle de ce que l'on possède en commun, c'est qu'un mal nouveau se répand : le dégoût de son temps et de son pays, ce dégoût inséparable de l'idée vague d'un changement dont on ne sait encore quelle forme il prendra.

Mais peut-on parler d'un mal nouveau alors qu'on pourrait lui appliquer presque mot pour mot ce qui fut écrit du climat des années qui précédèrent la Révolution de 89 ?

« Partout on ne s'entretient que des infirmités des institutions, de leur incohérence, de leurs ridicules, des vices des contemporains, de la corruption de la société, de sa pourriture. »

« Un philosophe allemand écrit, dans un roman insipide mais qui fit grande impression : « L'Etat « actuel de la société ne me présente que l'aspect « d'une mer morte et stagnante et voilà pourquoi « je désirerais une inondation quelconque, fût-elle « des Barbares, pour balayer ces marais infects et « découvrir la terre vierge. »

« Ceci est écrit dans une jolie maison de campagne, par un homme riche tenant salon littéraire ouvert, où l'on passe son temps à philosopher sans fin, à s'attendrir, à s'animer, à s'échauffer...

« On veut entendre les voyageurs parler des pays inconnus et des mœurs des hommes nouveaux au milieu desquels ils venaient de vivre. On se demande si leur simplicité sauvage ne vaut pas mieux que toutes nos richesses et tous nos arts ; leurs instincts que nos vertus...

« Partout, les anciennes institutions et les vieux pouvoirs ne s'ajustent plus exactement à la condition nouvelle et aux nouveaux besoins des hommes.

« De là cet étrange malaise qui fait paraître aux grands et aux hommes du monde eux-mêmes leur condition insupportable. De là cette idée universelle de changement qui se présente à tous les esprits sans qu'on la cherche et quoique personne n'imagine encore comment on pourrait changer. Un mouvement interne et sans moteur semble ébranler à la fois toute la vie publique des sociétés et fait remuer dans leur assiette les idées et les habitudes de chaque homme. On sent qu'on ne peut plus se retenir. Mais on ignore de quel côté on va tomber. Et l'Europe entière présente le spectacle d'une masse immense qui oscille avant de se précipiter.

« Ce n'était point les princes, les ministres et les administrateurs, ceux, en un mot, qui à différents titres, conduisent le détail des affaires humaines qui s'apercevaient qu'on marchait vers quelque grand changement de société ; l'idée qu'on pût gouverner autrement qu'on ne gouvernait, détruire ce qui avait duré si longtemps et le remplacer par ce qui n'existait encore que dans l'esprit de quelques-uns ; la pensée qu'on pouvait bouleverser l'ordre qu'ils avaient sous les yeux pour établir au milieu du désordre et des ruines un ordre nouveau, tout cela leur paraissait des chimères ridicules. Le possible pour eux ne s'étendait pas au-delà du perfectionnement graduel de l'état existant.

« C'est l'erreur ordinaire des gens qu'on appelle sages et pratiques de continuer à juger d'après les règles des hommes dont le but est précisément de détruire et de changer les règles. Mais dans les temps où les passions commencent à s'emparer de la conduite des affaires humaines, c'est moins à ce que pensent les gens d'expérience et de savoir qu'il faut faire attention qu'à ce qui occupe l'imagination des rêveurs...

« Depuis longtemps déjà, le gouvernement souffre d'un mal qui est comme la maladie ordinaire et naturelle des pouvoirs qui ont entrepris de tout commander, de tout prévoir et de tout faire. Il est devenu responsable de tout.

« Quelque divisés que l'on soit sur les sujets des plaintes, on se réunit donc volontiers pour le blâmer, mais ce qui n'était jusque-là qu'une inclination générale des esprits devient une passion universelle et impétueuse. Toutes les colères contenues qui se nourrissent au milieu de classes divisées, de conditions contestées, d'inégalités ridicules ou oppressives, se tournent alors contre le pouvoir.

« La haine de l'arbitraire parut donc un moment la passion unique des Français, et le Gouvernement l'ennemi commun[3]... »

L'Histoire ne se répète jamais.

Pragmatique, se moulant aux situations comme l'eau s'adapte à la bouteille, sortant de chaque tempête comme d'une cure qui renouvellerait ses cellules, le capitalisme n'est pas l'Ancien Régime, même s'il doit, lui aussi, succomber un jour.

A la limite, on pourrait se demander si la crise économique actuelle n'est pas un frein à la crise tout court, si le développement de la consommation n'eût pas accéléré cette crise de société riche où tout un groupe social, que l'on appellera par commodité celui des cadres, s'est fortifié au cours des années de prospérité.

Qu'on y songe : les Français ne se savaient pas à l'aube de la récession lorsqu'un électeur sur deux a cru pouvoir, par son vote, « changer la vie ». Et un sur deux, changer de gouvernants. En tout cas, la combinaison du dégoût, du rêve, de l'inflation et du chômage n'est pas de tout repos.

De ce que certains stigmatisent sous le nom d'idéologie dominante, il ne reste ni idéologie ni domination. Le corset a craqué. En attendant que le prochain se constitue, chacun peut se tenir au fil d'or de la conduite individuelle, la morale collective, elle, a éclaté.

Situation particulièrement peu propice à l'acceptation d'un effort continu, d'une discipline interne, d'un renoncement aux vivaces mythologies en circulation.

C'est cependant ce que le nouveau Premier ministre va tenter d'obtenir parce qu'il a, dès sa prise de fonction, quatre chiffres sur son tableau de bord : les revenus croissent à une cadence de 15 p. 100, les prix à 10 p. 100, la Sécurité sociale est en déficit de 15 milliards, le commerce extérieur de 6 à 7 milliards, en voie d'atteindre 10 milliards.

Et derrière ce tableau, il y a les vices, les failles, les déséquilibres, les désordres profonds d'une économie dont Valéry Giscard d'Estaing soutient qu'elle était saine et comparable à celle de l'Allemagne fédérale, jusqu'en 1973, et dont Raymond Barre affirme qu'elle ne l'était pas, exemples à l'appui.

À la différence d'auteurs qui ont fait, avant lui, le discours sur la société bloquée, il mêle dans ses imprécations (contre les habitudes injustifiées, les prébendes, les privilèges, les rentes de situation) les grands féodaux privés et certaines entreprises nationales, le conservatisme commercial et le contrôle bureaucratique des administrations publiques, les énormes profits immobiliers et la sous-fiscalisation rurale, la rigidité de l'emploi et les craintes excessives d'un chômage qui n'est souvent, pour lui, que passivité devant le mauvais emploi ; le laxisme monétaire profitable aux Américains et le laisser-aller de certaines professions qui fondent leur aisance sur des protections anormales [4]...

La France ne sait pas, dit-il, en 1976, qu'elle vit sur un volcan, que ses infrastructures s'effondrent. Il ne s'agit plus, pour un chef de Gouvernement, de réagir aux événements, de colmater une brèche ici, une fissure là, de se livrer à des exercices de prestidigitation verbale pour tenter de maintenir tel parti au pouvoir plutôt que tel autre. Il faut mettre le fer dans la plaie.

Alors, on l'entend dire, à propos de telle mesure devant laquelle le Conseil des ministres renâcle :

« Si nous ne réagissons pas, il n'y a qu'à laisser

les forces conservatrices diriger et ne plus chercher à amuser le tapis... »

Et à propos de telle autre :

« Ce domaine est celui où la mécanique inflationniste la plus parfaite a été mise au point accompagnée de profits scandaleux, avec des complicités électorales dans tous les partis. Nous allons voir le plus beau déploiement de tous les moyens pour empêcher la Réforme... »

Esprit cohérent s'il en fut, son hostilité à l'opposition n'est ni systématique ni passionnelle. De quoi celle-ci est-elle grosse, sinon de tout ce qu'il dénonce durement depuis quelques années ?

Quand le Gouvernement Barre se réunit pour la première fois, le samedi matin 3 septembre, après avoir été formé en quarante-huit heures sur les bases qu'avait jetées le président de la République, au ton allègre du chef de l'Etat répond immédiatement la gravité du Premier ministre.

Le climat des réunions ministérielles ne ressemblera plus jamais à celui que nous avons connu. Les conditions de travail non plus.

Le bruit et la fureur ont déserté Matignon, laissant place au sang-froid et à la sobriété.

Bien qu'il n'y ait pas plus que par le passé de définition exacte du partage des compétences et des circuits de décision, les relations entre le président de la République et le Premier ministre s'établissent immédiatement sur un autre registre.

« Je me permets d'attirer votre attention sur... » dit le premier parlant au second.

« Ce qui devait être fait en 1973 n'a pas été fait », dit le second face à celui qui, à cette date, était ministre des Finances.

Et encore : « L'inflation a été tolérée par la complaisance et l'insouciance de l'Etat... »

Il est implacable, mais respectueux, sensible à ce que l'on connaît le moins chez le président de la

République et que Jacques Chirac semble n'avoir jamais saisi : la conscience haute, ferme et quasi gaullienne, la mystique en moins, de son rôle.

Serait-ce que le système peut marcher dès lors que le Premier ministre, choisi parmi les non-parlementaires, devient en quelque sorte le plus haut des hauts fonctionnaires et n'est pas en position, le souhaiterait-il, d'organiser la Fronde ? Décidément, non.

Il n'a fonctionné que du temps où la majorité parlementaire avait été élue sur le nom du président de la République et que *de facto* c'est lui qui en était le chef.

Dès lors que le parti du Président est faible, « évanescent » dira Raymond Barre à propos des Républicains indépendants, le système français, ni présidentiel ni parlementaire, combine l'aveugle et le paralytique.

C'est en cet équipage que le Premier ministre doit gouverner.

Sans complaisance, mais sans insolence, sûr de lui, mais armé de toutes les patiences ; supportant sans nervosité manifeste d'être appelé dix fois par jour au téléphone de l'Elysée, Raymond Barre n'a qu'un défaut : il arrive trop tard. Moins de sept mois avant les élections municipales, alors que son plan (« un plan modéré maquillé en plan dur » dira un expert) exigerait une action de longue durée, et après deux ans d'une politique économique conçue par Jacques Chirac, non dans une optique d'assainissement, mais dans celle d'élections législatives anticipées.

La relance globale qu'il a obtenue en 1975, sachant fort bien — Valéry Giscard d'Estaing n'a cessé de le répéter — qu'aucun rétablissement de l'économie mondiale ne viendrait la relayer, n'avait de sens que dans cette perspective : donner l'illusion d'une reprise pour gagner les élections.

A supposer que le plan Barre obtienne la réduction du taux d'inflation que le nouveau Premier ministre en attend, il ne peut être qu'impopulaire puisqu'il vise à stabiliser le pouvoir d'achat qui n'a, jusqu'à présent, cessé de croître d'année en année.

Au moins faudrait-il, pour que ce sacrifice inéluctable soit accepté par l'ensemble de ceux qui auront à le consentir — aujourd'hui, demain ou après-demain, il est inéluctable — que quelques dispositions frappantes persuadent les Français d'une répartition équitable de l'effort, entre tous les citoyens.

Mais, arrivant trop tard, Raymond Barre souffre, de surcroît, d'un handicap. Il est seul.

Seul en face du président de la République, sur lequel il n'a d'autre poids que celui de sa compétence dans le domaine économique, et qui commencera par écrêter son plan de toutes les dispositions jugées dangereuses politiquement, c'est-à-dire de nature à indisposer l'électorat conservateur.

De sorte qu'il en restera « un moteur sans carburant ».

Seul — ou presque — au Gouvernement.

« Tous des foutriquets », disait Charles de Gaulle lorsqu'un ministre quittait son bureau.

Le mot n'appartient pas au vocabulaire de Raymond Barre, mais à quelques rares exceptions près, il n'en pense pas moins, si la courtoisie demeure exquise.

Seul en face des organisations syndicales qui ne se cachent pas de vouloir son échec. Le chef syndicaliste qu'il accueille par un « Vous représentez des intérêts sectoriels, je représente l'intérêt national, qu'avez-vous à me dire ? » en reste un instant interloqué. Mais le Premier ministre aurait-il nourri l'espoir de trouver des interlocuteurs prêts au « consensus implicite » qu'il sollicite, il déchantera rapidement. Seul au Parlement où, pour un peu, on bizuterait le « nouveau » pour lui apprendre à vivre, et où les attaques d'une partie de la Majorité convergeront désormais avec celles de l'Opposition pour tenter de détruire son crédit.

Seul devant le pays, qui ne le connaît pas, où il ne dispose ni d'un parti, ni d'une organisation, ni de militants et où, bientôt, on ne saura plus qui, de François Mitterrand ou de Jacques Chirac, est son plus virulent adversaire, qui du parti socialiste ou de l'Udr est le plus pressé de le voir succomber.

Il en est encore à écouter ceux qu'il a décidé d'entendre avant de rendre son plan public, et à charger Olivier Guichard de « fixer les modalités de l'action commune qui doivent mener les formations politiques qui soutiennent l'action du président de la République », lorsque, du fond de la Corrèze, le clairon sonne.

Le château de Bitty, magnifique demeure, protégée par quelque deux cents hectares de forêt constituant le domaine privé d'amis sûrs, n'aura pas abrité longtemps le repos de Jacques Chirac.

Démissionnaire le 25 août, c'est le 13 septembre — quelques heures avant une interview télévisée du Premier ministre — qu'il annonce de « prochaines initiatives » en même temps que sa décision de se « consacrer à la bataille politique », c'est le 14 septembre — au moment où le Premier ministre reçoit le secrétaire général de l'Udr — qu'il rend public le document, expédié à plusieurs milliers d'exemplaires aux cadres du parti, document en forme de pastiche de Charles de Gaulle (« Une fois de plus, mes compagnons, nous allons engager un combat décisif... A mon tour, je vous le dis, c'est l'heure du rassemblement et du renouveau... ») où transparaissent les fantasmes de Pierre Juillet.

La guerre sainte est en marche.

Jacques Chirac ne rêve jamais et s'en vante. « C'est parce que vous n'avez pas d'imagination », lui dit son épouse.

Il en est dépourvu, en effet. Mais faute d'inventer on peut toujours copier.

Ensuite, ce sera « l'appel d'Egletons » dont on voudrait qu'il fût celui du 18 Juin, puis le sacre de Strasbourg, ville symbole où, le public et l'enthousiasme faisant défaut, il apparaît que du portrait à la caricature la marge est toujours faible.

Mais dans la mythologie en cours d'élaboration la mise en scène s'affirme, les rôles sont distribués.

De l'homme de l'Elysée, on tracera, par touches progressives, le portrait d'un souverain aux mains débiles. On en fera Charles VII. En vérité, ce serait plutôt Louis XI, mais il le montre si peu, il est vrai...

On ira, en 1977, jusqu'à dépêcher au conseiller d'un chef d'Etat étranger une délégation chargée du message suivant. Le président de la République française, inconsistant, doit être éliminé, car il serait à la merci de François Mitterrand si l'opposition gagnait les élections de 78. Il est donc de l'intérêt du pays en question d'affaiblir sa position.

La démarche provoquera un certain étonnement bien qu'elle se situe dans une tradition dont les exemples jalonnent l'histoire de France.

De l'homme de la Corrèze on exaltera en revanche l'accord avec la France des profondeurs fière de son passé, jalouse de son indépendance, menacée par l'ennemi intérieur. Mais, Alléluia, voici venir le Sauveur qui boutera hors du territoire, celui de l'Assemblée nationale, cet ennemi pervers en galvanisant les forces encore saines de la Nation.

La moitié du pays est déjà acquise à « l'ennemi », et Jacques Chirac inspire à plus de la moitié de l'autre moitié une hostilité qui confine à la répulsion ? N'importe. Il a des hommes, il a de l'argent, beaucoup d'argent. (Non, ce n'est pas du patronat que lui viendraient — si l'on en croit les intéressés — des moyens matériels sans commune mesure avec ceux de ses rivaux.)

Il a de l'aplomb, il a des réflexes. Les scrupules ne le rongent pas. Il veut le pouvoir, tout le pouvoir. On connaît peu d'exemples où cette combinaison demeure stérile.

« Attendons qu'il fasse des bêtises... Il en fait toujours... » pronostique le président de la République, plus préoccupé par le déficit de la balance commerciale, plaie béante au flanc de la France, que par un « Rassemblement » qui, effectivement, ne rassemble personne en dehors des anciens Udr devenus R.P.R. en changeant pour la neuvième fois de sigle, depuis le lointain R.P.F.

Hélas ! la bêtise ne sera pas commise là où on l'attend.

15

Traditionnellement agité, l'automne en 76, est morne.

En septembre sort un livre mince qui trouve, en quelques jours, cent mille acheteurs et dont le directeur du *Monde* écrit : « En 61 pages (...) tout y est : les causes de l'inflation, l'énoncé du diagnostic, les raisons des échecs passés, les solutions à la fois politiques et économiques, au moins dans le système actuel. Aucun mot n'est à retrancher ; un seul manque en conclusion : impossible (...) [1]. »

Impossible pourquoi ? Parce que la majorité parlementaire est incapable d'admettre une véritable politique de réforme et d'abord l'impôt sur le capital ou la fortune, indique l'auteur de l'article. Et il appelle à des élections.

Quiconque connaît un peu Valéry Giscard d'Estaing sait que, à moins d'y être contraint, il n'en avancera pas la date. Rien ne serait plus étranger à sa philosophie, et à son tempérament qui n'est pas d'un joueur.

Il ne prendra jamais, délibérément, le risque de livrer le pouvoir à l'opposition à l'occasion d'élections anticipées. Si, à la date prévue, le pays bascule, il respectera sa décision, si fâcheuse qu'elle soit, à ses yeux. Les institutions sont faites pour être respectées. Il les respectera à la lettre.

Mais pourquoi la France basculerait-elle ? Parce qu'en face d'un projet, le Programme commun, la majorité, ne sait pas lui en offrir un autre. Il va s'en charger. Ce sera *Démocratie française.*

Lorsque le livre sort, début octobre, le premier tirage — deux cent mille exemplaires — part dans la matinée. Par la suite, un million cent vingt mille exemplaires du « livre du Président » seront effectivement achetés par les Français.

Il a fixé lui-même la date de sortie, le rythme et le calendrier de ses interventions à la télévision, le choix du journal qui en publiera des « bonnes feuilles ». Le lancement est sans faille, tous les membres du Gouvernement sont requis pour le soutenir, sous l'impulsion d'un ministre intelligent et actif.

Pendant qu'à l'Assemblée nationale, Raymond Barre prend quelques rudes leçons de pratique politique, *Démocratie française* et son auteur vont occuper la scène pendant trois semaines.

C'est un succès. Est-ce un succès ?

Publiée sous la plume d'un observateur étranger de quelque renom, cette analyse sereine de la société française et de l'avenir pacifique qui l'attend si elle pratique un libéralisme corrigé, aurait impressionné.

Sous la plume du président de la République, écriture lisse, pensée limpide, c'est une compresse sur une fracture. Sont absentes de l'ouvrage, délibérément, tension, vibration, passion, tout ce qu'il s'applique à évacuer de l'esprit et des mœurs pour combattre ce qu'il nomme « le durcissement des attitudes ». Tout ce qu'il croit, au fond de lui, étranger aux vœux profonds des Français.

Les sondages auxquels il a fait opérer le confirment d'ailleurs dans cette vision. Unité, sécurité, aménité, que demande le peuple sinon d'écouler des jours paisibles dans une maisonnette à jardinet ?

Folie des sondages. Autant ceux-ci sont précieux et sérieusement indicatifs quand il s'agit de connaître les intentions de vote du moment, ou le nombre d'auditeurs qui écoutent tel poste de radio entre 6 h 10 et 7 h 25 du matin, autant ils sont impuissants à déceler le feu de quelques-uns sous la cendre de tous et le moment où, sur un coup de vent, le feu se propagera, allumant l'un des petits ou des grands incendies de l'Histoire.

En régime modéré, la France s'ennuie, disait Lamartine.

Vieille nation guerrière, arrogante et conquérante, elle compte toujours une fraction non mesurable de sa population qui a la turbulence dans le sang et la certitude collective permanente, fondée sur son passé, d'être chargée de mission parmi les nations.

L'est-elle encore ? Ou le foyer de son rayonnement à travers le monde n'est-il plus qu'incandescence d'un astre en voie d'extinction ?

Au cours de l'une de ses méditations sur l'état du monde, Valéry Giscard d'Estaing dira un jour : « L'évolution actuelle ne se fait pas à l'avantage de la France. Quand on prend une perspective historique, on voit bien les pays qui progressent. En Europe, c'est principalement l'Allemagne qui compte. C'était déjà le cas sous Pompidou et dans les derniers temps du général de Gaulle. La puissance économique allemande est sans commune mesure avec la nôtre... La force s'éloigne de nous. Prenez l'affaire du F.M.I. (Fonds monétaire international). Si la France veut en sortir, elle le peut. Mais elle n'a aucun moyen de changer les choses.

« En Europe aussi, nous pouvons participer ou nous retirer. On peut être « suisse ». J'y pense souvent. Quel est l'inconvénient ? C'est la disparition de la scène internationale. Etre anti-européen, c'est être « suisse » sans le savoir. »

Ensuisser la France, le niveau de vie en moins, quel chef d'Etat en ferait sa gloire ? Nul ne le veut moins que lui. Toutes les occasions de jouer un rôle sur la scène internationale, il les saisit et, le cas échéant, les provoque.

Mais pour secouer cette inquiétude molle et oisive qui abat les esprits, pour se donner du cœur, il faudrait une liqueur forte et neuve. Un révulsif.

Le bouquet délicat de *Démocratie française* ne choque pas plus qu'il n'enivre. En un mois, il s'évaporera.

Dans la bataille des municipales, Valéry Giscard d'Estaing va s'avancer les mains nues.

16

« AVEC le maire qu'il élira dès 1977, Paris aura tous les moyens de renforcer son influence à l'intérieur du périphérique et de nier les solidarités pourtant profondes qui l'unissent à sa banlieue sur le plan de la démographie, des activités économiques, des transports. »

Publié la semaine de la mort de Mao Tsé-tung, l'article de la *Revue des deux Mondes* qui s'élève contre le nouveau statut prévu pour Paris tombe dans l'indifférence. Il n'a de saveur que parce que l'auteur est aujourd'hui directeur de cabinet du maire de Paris [1].

Le nouveau statut de la capitale, privée de maire depuis la Commune, fait l'objet depuis deux ans de marchandages conduits par le ministre de l'Intérieur, Michel Poniatowski.

L'Udr, qui est hostile au principe même du statut, a fini par y souscrire de mauvaise grâce. Paris, c'est un budget de 7 milliards, une armée de 33 000 fonctionnaires et la haute main sur 15 000 permis de construire par an. Le nombre d'élus au futur Conseil municipal a été longuement débattu avant d'être fixé à 109 au lieu de 90, qui se partageront de façon inégale 18 secteurs. Au vu des chiffres, il est hors de question que la ville soit conquise par l'opposition. Dès les premières conversations, il a été convenu que le futur maire de Paris serait issu des Républicains indépendants. Concession incontestable de la part de l'Udr, fortement implantée à Paris depuis de longues années, avec 18 députés sur 31, et 34 conseillers sur 90. Mais l'Udr tient alors Matignon.

C'est d'abord le secrétaire général des R.I., Jacques Dominati, député de Paris, qui est mis sur orbite. Puis un sénateur de la Seine, Pierre-Christian Taittinger, que l'on a fait entrer au Gouvernement comme secrétaire d'Etat auprès du ministre de l'Intérieur.

Le premier a été inscrit autrefois à l'Udr avant de passer vers 1960 au groupe R.I., pour protester contre la politique algérienne de Charles de Gaulle. Aussi fait-il grincer quelques dents. Pierre-Christian Taittinger entretient, en revanche, les meilleures relations avec l'Udr comme avec les R.I.

En septembre 76, les rapports entre les deux formations ont été quelque peu perturbés par le départ de Jacques Chirac. L'Elysée charge un fonctionnaire de haut rang d'une mission d'information : comment les choses se présentent-elles maintenant du côté de l'Udr ?

Celui-ci rend compte, au président de la République et au ministre de l'Intérieur.

L'Udr accepte toujours que le futur maire de Paris soit désigné par le Président, à trois conditions :

— Que ce ne soit pas Jacques Dominati ;

— Que Christian de la Malène, député et conseiller dans le XIVe arrondissement, reste en charge des finances de la ville ;

— Que l'on discute sur la répartition des sièges entre Udr et R.I.

Les jours passent, et, en octobre, le ministre de

l'Intérieur livre ses comptes en même temps que son analyse. Selon toutes probabilités, sur les 221 villes de plus de 30 000 habitants, une cinquantaine vont passer de la majorité à l'opposition.

Les élections municipales seront mauvaises. Le climat, dans le pays, est à la révolte contre le pouvoir. Le plan Barre est, par essence, impopulaire.

La cote personnelle du président de la République est en chute libre (elle descendra en décembre jusqu'à 39 p. 100). Si l'action chiraquienne ne semble pas avoir amélioré les positions de l'Udr, elle a contribué à entamer la confiance dans le président de la République.

Il faut au Président une victoire éclatante à Paris, et une victoire qui lui soit personnelle.

Donc : pas de compromis avec l'Udr. Le candidat à la mairie de Paris doit être notoirement l'homme de Valéry Giscard d'Estaing.

Et Michel Poniatowski conclut en proposant sa candidature.

Seconde suggestion : Michel d'Ornano.

Le président souscrit à l'analyse et écarte l'hypothèse Poniatowski. Ce sera Michel d'Ornano, entièrement dévoué à Valéry Giscard d'Estaing. Celui-ci marchera au canon si le Président le lui demande.

Ministre de l'Industrie, député du Calvados, maire de Deauville, il n'a que faire de Paris. Mais il ne songe pas à se dérober.

Au fait, le rapport de forces entre Giscardiens et Udr à Paris joue-t-il certainement en faveur des premiers ? A ceux qui posent la question, Michel Poniatowski répond en déployant des chiffres : ceux de l'élection présidentielle de 1974 où, dans tous les secteurs, Valéry Giscard d'Estaing a obtenu plus de voix que Jacques Chaban-Delmas.

Un spécialiste des campagnes électorales objecte

que la situation n'est pas comparable. Il serait léger de s'engager sans un sondage préliminaire. Le Président approuve, et demande au ministre de l'Intérieur d'y faire procéder.

L'incroyable est-il croyable ? Ce sondage évaluant les chances respectives des Giscardiens et des Udéères dans une éventuelle compétition électorale à Paris ne sera pas effectué.

A l'énoncé du nom de Michel d'Ornano, l'Udr regimbe. Le Premier ministre, qui est théoriquement le chef de la majorité, est théoriquement appelé à arbitrer.

Pratiquement, c'est au moment où Raymond Barre doit s'embarquer pour l'Egypte où il se rend en voyage officiel, qu'Olivier Guichard, ministre d'Etat, Udéère, président du groupe de travail chargé de l'action commune des formations de la majorité, lui donne à signer une letttre qu'il a lui-même rédigée. Elle dit ceci :

« J'ai décidé de demander à M. d'Ornano de se présenter dans l'un des secteurs de la capitale. Il aura la double charge de procéder aux consultations nécessaires pour constituer les listes uniques de la majorité et d'animer la campagne électorale au nom de la majorité. Je ne doute pas, etc., etc. »

Raymond Barre signe et s'envole en direction du Caire.

Si la fiction de l'arbitrage pouvait avoir quelque crédibilité, celle-ci s'effondre le jour même. Ce n'est pas Matignon, en effet, qui rend publique la candidature de Michel d'Ornano, mais le candidat lui-même. Et il le fait sur le perron de l'Elysée, où il vient de s'entretenir avec le président de la République.

A été choisi avec quelque insouciance, pour ce coup de force présidentiel, le vendredi qui précède le premier tour des élections législatives partielles, auxquelles se présentent, en particulier, deux

Udéères : Jacques Chirac en Corrèze et Jean Tiberi dans le Ve arrondissement de Paris.

L'un et l'autre sont élus, le jour même, alors que les candidats giscardiens sont en ballotage ou battus par l'opposition, et ils font, le mercredi suivant, à l'Assemblée, une rentrée longuement applaudie par leur groupe.

L'Udr de Paris n'est pas passionnément chiraquienne. Elle l'est même fort peu. Gaulliste plus que pompidolienne, elle a milité pour Jacques Chaban-Delmas lors des présidentielles, et a diversement apprécié le soutien de Jacques Chirac à « l'usurpateur ». Mais, en politique, ceux qui gagnent ont toujours raison.

C'est avec le sentiment d'avoir le vent en poupe que l'Udr se voit imposer, à Paris, un candidat R.I. dont elle ne veut pas et dont le mode de désignation a pris l'allure d'un ukase présidentiel, alors que la fronde contre Valéry Giscard d'Estaing agite ses rangs.

Un de ses députés déclare aux journalistes, parlant du président de la République : « Nous sommes des légitimistes, mais nous avons l'impression que ce roi n'est pas de bonne souche... »

A l'Assemblée, un autre Udéère lance au Premier ministre :

« J'espère que vous ne nous obligerez pas à vous poser la question que nous ne vous posons pas encore : qu'avez-vous fait de la République... »

Et le tumulte est tel qu'on entend Edgar Faure, président de séance, s'écrier : « J'en ai marre ! »

Dans ce climat, le défi parisien à l'Udr a, sans aucun doute, un sens. S'il est gagné. Mais il faut le gagner. Ou, s'il n'est pas gagnable, composer.

Composer ? Le président de la République n'y songe pas.

Avant ce grand meeting parisien qui verra, le 5 décembre, la naissance officielle du Rassemblement pour la République (R.P.R. ex U.D.R.), porté sur les fonts baptismaux par Edgar Faure, le Rassemblement publie en préambule aux statuts du nouveau parti, un manifeste étonnant, dont toute référence à la fonction de président de la République a disparu.

En revanche, on y apprend que le R.P.R. fixe pour objectif au pouvoir « la gestion rigoureuse des fonds publics », le « maintien de la valeur du franc », et « une refonte complète du système fiscal ».

Il promet « la protection de l'épargne » et « la réforme de l'entreprise ».

Beau programme. Que n'a-t-il été appliqué pendant les seize années où Jacques Chirac et ses amis ont été au pouvoir, et pendant les deux années où il a été Premier ministre.

L'épargne ? Pendant la dernière année du règne de Georges Pompidou et les deux années où Jacques Chirac a dirigé le Gouvernement, la petite épargne a été spoliée, du fait de l'inflation, dans des proportions que le commissariat au Plan évalue à 40 milliards par an.

La gestion rigoureuse des fonds publics ? Le déficit budgétaire n'a jamais été aussi grand qu'en 1975 : 38 milliards de F. Et l'aide de l'Etat aux entreprises nationales est de 23 milliards.

La valeur du franc ?

Alors qu'il fallait un franc pour acheter un mark, en 1958, il faut en 1977, deux francs. Pendant le temps où Jacques Chirac a été Premier ministre, le franc a perdu 17 p. 100 de sa valeur par rapport au mark et 10 p. 100 par rapport au dollar.

La réforme de l'entreprise ? le moins qu'on puisse dire est que, à la tête du gouvernement, il ne s'est pas montré pressé de la sortir des dossiers.

Aussi, à entendre le chef du R.P.R., pense-t-on à

la phrase terrible de George Orwell : « Le langage politique a pour but de faire paraître vrai le mensonge et respectable le meurtre. »

Le meurtre ici, pour être symbolique, n'en est pas moins décidé : c'est du président de la République qu'il s'agit. Et il ne peut plus l'ignorer.

C'est avec la rumeur du Rassemblement dans les oreilles que le président de la République, déjeunant avec Michel d'Ornano et quelques-uns de ses collaborateurs, dresse la liste des membres du gouvernement qu'il convient, selon lui, d'engager dans la bataille électorale parisienne. S'y trouvent trois secrétaires d'Etat et moi-même.

J'ignore tout, alors, de ces conciliabules lorsque Michel d'Ornano passe, un dimanche de décembre, chez moi, pour me dire : « Est-ce que vous accepteriez de figurer sur une liste à Paris ? »

Je n'en vois ni l'intérêt ni la nécessité. J'ai accepté le portefeuille de la Culture dans le Gouvernement de Raymond Barre, parce que, si faibles que soient ses chances, elles valent d'être soutenues. La Culture est le plus beau, le plus exaltant des ministères. J'y travaille dans la joie, avec une équipe amicale, efficace, enthousiaste, au Cabinet comme dans l'administration. Je n'ai aucun désir de viser, en 1978, la députation.

Conseillère municipale ? Peut-être. Développer une cité sans la défigurer, en connaître chaque habitant, s'attaquer à des problèmes concrets et leur donner la meilleure solution possible, c'est là que l'on construit.

Conseillère municipale, peut-être. Mais pas à Paris. A X qui a encore des dimensions humaines, dont le maire est un ami personnel autant que politique.

Qu'irais-je faire à Paris, capitale de l'électorat réactionnaire ? La raison et l'instinct me conseillent de refuser.

Michel d'Ornano insiste : « Le Président trouve que c'est une très bonne idée. »

Pendant toute la bataille de Paris, Michel d'Ornano s'efforcera, courageusement, de faire croire que les initiatives, la tactique, la stratégie sont siennes, et de protéger ainsi le président de la République. Attitude respectable, mais qui sera fertile en équivoques.

Je lui propose de réfléchir. Nous en reparlerons. Dans les jours qui suivent, un coup de téléphone m'apprend qu'il faut « aider Michel... ».

Aider Michel pourquoi ? Je le connais peu, je le sais honnête homme, ce n'est pas suffisant.

« C'est le Président qui... »

Le Président.

Je lui suis reconnaissante. Non de m'avoir, en 1974, enministrée, ce qui lui convenait alors plus que cela ne me convenait, mais de m'avoir donné, dans le gouvernement Barre, la Culture.

De tous les sentiments, la reconnaissance est le moins compatible avec une carrière politique. C'est l'instinct de conservation qui exige l'ingratitude, encore que certains la pratiquent parfois sans discernement. L'une des forces de François Mitterrand, comme de Jacques Chirac d'ailleurs, le seul trait qu'ils aient en commun, c'est qu'ils font toujours front pour les leurs.

Mais je ne fais pas une carrière politique.

Donc, en décembre 76, j'écris à Michel d'Ornano que je ne suis candidate à aucun siège, qu'aucun malentendu ne doit exister à ce sujet, mais que si je peux effectivement l'aider...

Puisque c'est un vœu du Président...

Beaucoup de mes amis, connus ou inconnus, se sont étonnés de me voir si maladroitement engagée et ont fait grief à Valéry Giscard d'Estaing de m'avoir ainsi « brûlée ». Aussi dois-je, avant de poursuivre, ouvrir une parenthèse pour mettre brièvement les choses au point.

On m'a enseigné dès l'enfance à ne jamais attribuer mes fautes aux autres. De cette éducation puritaine, je n'ai jamais oublié l'exemple suivant. A sept ans, un jeune cousin a voulu m'entraîner hors de la propriété familiale, pour aller voir des romanichels qu'il nous était interdit d'approcher. Je renâclais. Il m'a dit : « Avoue que tu as peur. » J'avais peur. Donc, j'y suis allée.

Ils m'ont arraché la chaîne que je portais au cou, volé mes chaussures, et comme je me débattais, m'ont un peu bousculée, tandis que mon courageux cousin prenait la fuite. Je suis rentrée clopinante, saignante et sanglotante, vitupérant le cousin.

« Il a été lâche, mais tu as été sotte, a dit ma mère. Va te faire soigner, et ne te plains pas. Cela t'apprendra à fréquenter des voyous. »

En février et mars 1977, j'ai fréquenté des voyous. Conclusion, soigne-toi, mais ne te plains pas. Fin de la parenthèse.

Le traditionnel déjeuner de Noël réunit, à l'Elysée, le 22 décembre, tous les membres du Gouvernement. Le Président y brille de tous ses feux, et, dans l'une de ses humeurs un peu sadiques, s'amuse fort de la tête que font ses ministres lorsqu'il les régale des deux anecdotes suivantes.

La première concerne l'élimination, en 1960, d'Antoine Pinay, alors ministre des Finances du général de Gaulle. Le général voulait s'en débarrasser. Il en charge son Premier ministre, Michel Debré. Les jours passent. Pinay est toujours en place. De Gaulle s'impatiente et exige l'exécution immédiate. Michel Debré obéit. Et Valéry Giscard d'Estaing, qui est alors secrétaire d'Etat aux

Finances, voit Antoine Pinay rentrer au ministère, et marcher de long en large, chapeau sur la tête, rageur et indigné.

Quelqu'un apporte le communiqué officiel annonçant son départ et indiquant : « Le général de Gaulle a exprimé à M. Antoine Pinay sa pleine appréciation des résultats obtenus dans la politique appliquée avec succès par le gouvernement, M. Pinay étant ministre des Finances... »

« Il manque une phrase, dit Antoine Pinay.

— Laquelle ?

— ... et M. Gaston Toulas étant huissier, lance Pinay. »

D'un bout à l'autre de la table, on s'esclaffe.

Le Président passe à un autre ministre des Finances du Général, Wilfrid Baumgartner.

« Il se répandait, raconte le Président, dans les dîners en ville, en propos contre le président de la République qui était critiqué comme on en a la coutume en France. »

Ces propos reviennent aux oreilles du Général. Il convoque Wilfrid Baumgartner et lui dit :

« Monsieur le Ministre des Finances, je comprends votre lassitude. Vous n'êtes plus ministre. »

Et le président de la République poursuit, de plus en plus joyeux :

« Baumgartner est rentré au ministère. Je lui ai demandé : « Quel effet cela fait-il d'être remercié ? » Et cet homme candide a répondu : « Je suis désespéré... ». M. Baumgartner conteste vigoureusement qu'il ait été « remercié ».

C'est la façon giscardienne de présenter ses vœux de Noël à son Gouvernement.

Il n'y a pas de pouvoir intrinsèquement bon.

A Noël, éclate une nouvelle dont les historiens de demain diront peut-être qu'elle n'a pas été négligeable dans le jeu politique du moment : Jean de Broglie est assassiné.

Qui est ce prince de Broglie au patronyme illustre ? Ancien ministre du général de Gaulle, ancien président de la commission des Affaires étrangères à l'Assemblée nationale, député Républicain indépendant, c'est lui qui, en 1962, a battu Pierre Mendès-France dans l'Eure.

Etrangement, ses besoins d'argent paraissent illimités bien qu'il dispose officiellement de revenus importants, et qu'il vive sans faste.

Que savent au juste de lui ses amis R.I. et singulièrement le ministre de l'Intérieur, ministre de la Police ?

Je l'ignore. Mais le caractère inquiétant des activités de Jean de Broglie ne date pas d'hier puisque, en 1973, Valéry Giscard d'Estaing, alors ministre R.I. des Finances, s'est opposé, en accord avec Georges Pompidou, à ce qu'il soit président de la Commission des Finances, au prétexte d'une vie privée tumultueuse.

Se serait-il appelé Broglet ou Braunstein, l'avertissement eût sans aucun doute été plus énergique, et les ménagements moins délicats. Mais un Broglie...

Or, le parti R.I., qui compte bon nombre d'hommes fortunés, a sur l'Udr la supériorité de n'avoir jamais eu dans son sein, pour autant qu'on le sache, des brebis galeuses mêlées à quelque déplaisant trafic.

Avec l'affaire Jean de Broglie et ce qu'elle laisse apparaître, toutes les armes secrètes dont dispose en particulier un ancien ministre des Finances pour tenir, le cas échéant, en respect les impudents, toutes ces armes sont d'un coup inutilisables.

Jean de Broglie, qui se disposait à rallier le Rassemblement de Jacques Chirac, l'a mieux servi en se faisant assassiner qu'il ne l'eût fait en le rejoignant. De part et d'autre, les cadavres qui traînent dans les placards resteront dans leurs pudiques linceuls.

L'empressement mis par le ministre de l'Intérieur à fournir de l'assassinat des motifs qui se révèleront pour le moins incomplets accuse une gêne où sombre ce qui restait d'intact dans la réputation d'une certaine « bonne société ».

La majorité enterre Jean de Broglie en même temps que l'opposition enterre la dictature du prolétariat et que le Président enterre la sinistre année 76.

Au journaliste qui lui demande, au cours d'une interview radiodiffusée : « Après trente mois de pouvoir passés à la tête de l'Etat, croyez-vous que l'intelligence, le cœur et la sincérité suffisent ? » le président de la République répond :

« Je ne changerai pas. J'ai choisi une certaine façon d'être, une certaine façon de croire, une certaine façon d'agir. Je ne changerai pas.

— Est-ce que vous croyez que le moment est venu, sans dramatiser, de dire la vérité, de tenir sans fard le langage de la vérité aux Français en 1977 ? » demande encore le journaliste, qui sait son métier.

« Il ne faut pas, répond le Président, enfoncer la France dans le pessimisme. »

Voici d'ailleurs que le ciel, tout soudain, s'éclaircit.

« Un des signes du meilleur climat qui semble actuellement gagner l'économie française... »

Ainsi débute un article du *Monde,* dans les premiers jours de janvier. Et un autre :

« Le décor change. Du bloc de morosité qui pesait sur les esprits depuis l'annonce du plan de

M. Barre, commence à se détacher des parcelles de lumière... »

Ce brusque changement d'humeur n'a qu'une explication, mais elle est valable : l'indice des prix.

Alors qu'en septembre le plan de relance commençait à relancer, surtout, l'inflation, au rythme de 13 à 14 p. 100 l'an, l'augmentation n'a été, en novembre, que de 0,8 p. 100. Tendance que l'indice de décembre confirmera : 0,3 p. 100.

Le franc a retrouvé sa stabilité. Les valeurs françaises se redressent. La fermeté de Raymond Barre, qui est resté de marbre en face des conflits sociaux de décembre, son langage vis-à-vis des chefs d'entreprise engagés à retrouver du « tonus » et un « moral de chef », la sincérité dont on crédite toujours plus aisément un homme non politique au sens traditionnel du terme, se traduisent par un gain de 10 points dans sa cote. Se pourrait-il qu'il réussisse ? On se prend, dans le pays, à l'espérer.

Un sondage en dit long sur cette « intelligence », dont le président de la République a souhaité l'usage aux Français : 70 p. 100 des personnes interrogées se déclarent prêtes à accepter le strict maintien de leur pouvoir d'achat. Ce n'est certes pas l'intelligence collective qui leur manque, pour peu qu'on leur dise le vrai.

La baisse du taux de la T.V.A., dont chaque acheteur, chaque acheteuse est averti en entrant dans un magasin, mesure qui prive l'Etat de 8 milliards de recettes, a un effet psychologique autant que matériel incontestable.

Raymond Barre ne se fait pas, lui, trop d'illusions. Il est gravement préoccupé, en particulier par la situation de la sidérurgie, où l'argent public a été englouti inconsidérément selon lui. Mais, légitimement satisfait de prendre de la stature, il accroît son autorité sur tous les points où elle peut s'exercer.

Absorbée, et au-delà, par les problèmes qui se posent à la Culture — la désignation d'un président pour Beaubourg, l'inauguration du Centre où Valéry Giscard d'Estaing a refusé de se rendre, et il faut le convaincre de revenir sur ce refus, le choix d'un nouveau directeur de l'Architecture pour remplacer celui qui s'en va, les incessants tumultes de l'Opéra, la misère du Louvre, la crise où s'enfonce le cinéma, l'Odéon, Chaillot, l'école des Beaux-Arts, et j'en passe, je suis à cent lieux des élections municipales lorsque, le 4 janvier, Michel d'Ornano me demande de passer le voir.

Il ne me dit pas que depuis quelques jours il harcèle le Président pour que celui-ci l'autorise à publier ses listes de candidats à Paris.

Réponse du Président : non. Le R.P.R. est obligé de venir à composition. Il ne peut pas se permettre de nous prendre de front. Donc, ne l'agressez pas. Sortez quelques noms... Mais pas de tête de liste. Des « responsables de secteur... »

Je n'apprendrai tout cela que beaucoup plus tard.

Ce jour-là, Michel d'Ornano m'annonce qu'un sondage le situe en excellente position par rapport au candidat R.P.R. à la mairie de Paris, Christian de la Malène, et qu'il compte rendre publique, la semaine suivante, une première liste de « responsables de secteurs ». Lui-même se présentera dans le XVIIe arrondissement. Il paraît assuré que Bernard Lafay, président sortant du Conseil de Paris et député R.P.R. du XVIIe, lui laissera la place ou, en tout cas, acceptera d'être sur sa liste.

« J'aimerais que vous preniez le XVe, me dit-il. Vous y habitez. C'est un gros secteur. Il a plus d'électeurs que Bordeaux. Il aura onze sièges avec le nouveau statut. A moins que vous ne préfériez le IVᵉ... C'est le quartier du ministère de la Culture... Mais il n'y a que quatre sièges... »

Je n'ai pas d'opinion. Je ne connais rien à la carte électorale de Paris. Comme beaucoup de Parisiens, je ne sais même pas qui est député de ma circonscription. J'apprends, à cette occasion, que c'est Nicole de Hautecloque.

M'intéressent davantage les noms des autres « responsables de secteur » qui seront annoncés en même temps que le mien.

Michel d'Ornano en cite quelques-uns, parmi lesquels trois membres du gouvernement qui portent l'étiquette « Majorité présidentielle ». Soit.

Le 6 janvier, le Premier ministre me reçoit longuement au sujet de la communication que je dois faire au prochain Conseil sur la politique de la Culture. Il n'est pas question de Paris. En revanche, j'ai le sentiment de l'avoir persuadé d'accepter un accroissement massif du budget de la Culture pour 1978. « Allez-y, me dit-il. Vous avez raison. Vous êtes un bon ministre, je vous soutiendrai... »

Obtenir ce qu'il évoque, le quasi-doublement du budget, cela justifierait, et au-delà, ces années de présence au gouvernement.

« Il faut que vous trouviez un truc à vous », m'avait fait dire André Malraux. Ce sera mon truc à moi.

Je rentre au ministère le cœur en fête, pour apprendre que Michel d'Ornano me prie d'assister à la conférence de presse qu'il donnera dans l'après-midi.

Sont présents les cinq premiers « responsables de secteur » dont il rend les noms publics. Tous sont des conseillers sortants, Centristes ou R.I. Mais où sont donc les autres membres du gouvernement ? Je n'en vois aucun.

Un malaise me saisit.

« Ce sera pour la semaine prochaine », me dit Michel d'Ornano.

Curieuse tactique.

A un ami qui est en contact permanent avec l'Elysée, je dis le lendemain : « J'aime bien d'Ornano, mais comme joueur de poker, il n'est pas au point. Ou alors il a des assurances que je ne connais pas... »

Je lui demande de faire savoir, en haut lieu, que toute cette affaire me paraît mal partie, du moins pour ce que j'en sais, et en tout cas en ce qui me concerne.

On me répondra le lendemain : « Le Président s'étonne que vous hésitiez. »

A neuf heures du soir, je fais un saut chez Michel d'Ornano.

« Donnez-moi au moins un autre secteur, lui dis-je. Le XVe est le seul qui soit tenu par une femme, qui est respectable, me dit-on, à laquelle j'ai l'air d'aller délibérément m'opposer puisque vous n'avez annoncé aucune candidature là où se trouvent des conseillers sortants de la Majorité... C'est une erreur. »

Nous étudions ensemble la carte de Paris. Il y aurait ce secteur-ci... Ou ce secteur-là.. Mais est-ce si important puisque le R.P.R. va venir à composition, il en est quasiment certain. Bernard Lafay va céder et tout le reste suivra...

Que se passe-t-il exactement, alors, entre le président de la République et Olivier Guichard, qui cherche désespérément à réconcilier Giscardiens et R.P.R. sur le nom d'un « troisième homme », navigant entre deux eaux ?

Différentes versions ont été données de leurs conversations, selon que l'on entend l'un ou l'autre. Le sûr est que, le 11 janvier à déjeuner, Valéry Giscard d'Estaing maintient la candidature de Michel d'Ornano.

Quelques heures après, la réplique du R.P.R. tombe. Sont publiés les noms des « personnalités chargées de constituer les listes municipales dans les secteurs de Paris », listes qui comportent déjà 64 noms sur 109. On marque ainsi la place que le R.P.R. concédera aux Giscardiens dans le futur conseil, la seconde.

Le tout est assorti du commentaire suivant : « Le R.P.R. a pris acte avec regret de la décision hâtive et insolite prise par certains hommes politiques de la majorité de constituer des listes électorales à Paris », etc. etc. Il « émet le souhait que ceux-ci viennent prendre leur juste place dans le combat, etc. etc. ».

Le Maire ? « On ne négocie pas le maire de Paris, on l'élit », déclare superbement Jacques Chirac, qui négocie ce maire depuis plus de deux ans.

Il ajoute : « Ne mêlons pas le président de la République à tout cela. Ne le mettons pas à toutes les sauces. On n'engage pas le président de la République par des bavardages sur un perron... »

En d'autres termes, la majorité du Conseil municipal de Paris sera R.P.R. et désignera un maire dans son sein. L'arbitrage du Premier ministre est récusé. L'accord sur le principe d'un maire R.I. rompu. Le président de la République n'a plus qu'à faire une reddition honorable en désavouant « les bavardages sur le perron », c'est-à-dire la candidature annoncée par Michel d'Ornano sur le perron de l'Elysée.

Ce ne sera pas sa première reddition.

Les spéculations sur les querelles internes du R.P.R., les manœuvres de séduction et les pressions sur les maillons faibles de la chaîne, en particulier Bernard Lafay, ont échoué. Travaux d'amateur. Sur ce terrain-là, le professionnel, c'est Jacques Chirac.

Un journaliste écrit, sans être démenti, que l'on a successivement proposé, en vain, à Bernard Lafay un portefeuille ministériel, un siège au Conseil constitutionnel, un fauteuil à l'Institut et la présidence de la Croix-Rouge, pour qu'il se retire de la compétition, assurant ainsi l'élection de Michel d'Ornano dans le XVIIe.

Bernard Lafay adresse au président de la République une lettre, qu'il rend publique, aux frontières de l'insolence :

« ... Sans doute les Parisiens sont-ils parfaitement libres d'aller chercher leur maire à Deauville à condition qu'on ne leur impose pas l'investiture officielle... On ne procéderait pas autrement pour la nomination d'un préfet... Nous avons voulu voir d'abord dans ce choix surprenant un malentendu... Mais le maire de Deauville a fait connaître sa décision de présenter sa candidature dans le secteur dont je suis l'élu... Voici qu'il annonce en même temps que plusieurs ministres vont se lancer à l'attaque des différents autres secteurs de la capitale... Amère victoire que celle qui serait remportée par le gouvernement contre ses amis. Mais si ce n'était pas la victoire ? » Etc., etc.

Et il l'adjure de ne pas « engager plus avant son autorité dans ces regrettables circonstances ».

Il semble qu'à ce moment-là, Valéry Giscard d'Estaing ait penché vers la solution de sagesse, si désagréable soit-elle pour son amour-propre : retirer Michel d'Ornano du combat, et en finir rapidement.

Il a annoncé, pour le lundi 17 janvier, une conférence de presse où il procédera « à la clarification rendue nécessaire par des modifications survenues dans la majorité et les conséquences qu'il faut en tirer ».

La clarification est obscure. « La majorité doit être pluraliste... Pas d'uniformité mais en revanche une entente majoritaire... Il faut donner l'image d'un pluralisme qui s'organise, s'entendre sur les objectifs... »

Il se déclare, à cette occasion, « garant des libertés des Français », confirme : « J'ai été élu pour sept ans. J'accomplirai donc, bien entendu, complètement mon mandat » et paraît se retrancher, ce jour-là, sur les hauteurs. Ce que, de l'Elysée, quelqu'un me confirme.

Soulagée, je vais dîner chez Michel d'Ornano, comme nous en sommes convenus et lui dit : « Alors, le Président laisse tomber ?

— Pas du tout, répond Michel d'Ornano. Il vient de me téléphoner. On fonce. »

Et il énumère les noms des candidats qu'il va annoncer le lendemain. Mais où sont les membres du Gouvernement ?

« La semaine prochaine, me dit-il. X est d'accord pour le XIVe... Z aussi. Que pensez-vous de lui pour le Xe ? »

Le trompe-t-on ou me trompe-t-il ? A-t-on au moins procédé à des sondages secteur par secteur ? Non.

Ahurissant.

J'indique que je ne bougerai pas, quant à moi, avant que ce sondage ne soit effectué.

Je quitte Michel d'Ornano avec l'impression d'être, depuis le début de cette affaire, un objet et non un partenaire. La faute m'en revient. Est objet qui y consent. Le Diable soit de ces chromosomes féminins...

Le mercredi, tandis que se prolonge la visite de Jacques Chirac au Premier ministre qui a traité de haut jusque-là ce qu'il a appelé « le happening parisien », je crois avoir trouvé comment me désengluer lorsque, au ministère des Finances où je dîne, la nouvelle éclate et tonne : Jacques Chirac sera candidat à Paris.

Où est le temps « où tout ce qui peut affaiblir le président de la République est criminel » ?

La gifle au Président est si sonore que toute la France en retentit et qu'il en a encore la joue brûlante lorsqu'il part, le samedi matin, pour l'Arabie Saoudite, où il doit se rendre en voyage officiel.

Selon la coutume, une dizaine de membres du Gouvernement ont été convoqués à l'aéroport, où piétinent également, en l'attendant, la protocolaire brochette de préfets et d'officiels divers.

Au bout du long tapis rouge déroulé sur le terrain et encadré par une haie de soldats, le Concorde présidentiel est placé de façon que la porte soit exactement située dans l'axe du tapis.

Le Président serre une quarantaine de mains, puis se retire dans un petit salon où quatre d'entre nous le rejoignent, avec le Premier ministre.

Il est visiblement affecté, et ennuyé d'être obligé de quitter Paris pour quatre jours.

Exceptionnellement, Raymond Barre manifeste émotion et trouble.

Le jeudi matin suivant son entrevue avec Jacques Chirac, il a publié une déclaration froide mais prudente, indiquant que « pour surmonter les obstacles auxquels s'est heurtée la mission confiée à M. d'Ornano », il avait entrepris « de faire rechercher par les diverses formations de la majorité des accords permettant d'aboutir à une entente majoritaire au sein de la capitale. (...) M. Jacques Chirac a, cependant, estimé devoir prendre l'initiative qu'il a annoncée... Je lui ai exprimé mon inquiétude que cette initiative ne provoque une grave division de la majorité et n'aboutisse à des résultats contraires à ceux qu'il entend poursuivre ».

Ce que Michel Poniatowski a traduit, pour la presse, par : « la candidature de M. Chirac constitue le plus grand commun diviseur de la majorité ». Raymond Barre n'a pas apprécié cette transposition en dièse de ce qu'il a dit en bémol.

Mais la source de son émotion est ailleurs : dans le fond de la conversation qu'il a eue avec l'ancien Premier ministre. Je n'ai pas le droit de rapporter ici ce qu'il m'en a confié sous le coup. Il est choqué, bouleversé, il a le sentiment qu'un drame authentique menace la France, les institutions, le régime, et que le devoir lui commande, dans la tourmente qui s'annonce, de rester autant que possible au-dessus de la mêlée, tel un dernier recours.

Il est clair, en tout cas, dès cet instant, que, dans les limites d'une loyauté rigoureuse à l'égard du président de la République, il restera aussi neutre que possible.

« Il faut que j'intervienne », nous dit le président de la République après un bref examen des réactions à ce que la presse appelle « le défi de Jacques Chirac au chef de l'Etat ». « Mais je ne serai pas là avant mercredi. D'ici là, il faut que l'on vous entende. »

Et, me regardant :

« Vous aussi. »

Nous sommes enfin dans la vérité.

Non seulement il faudrait beaucoup de courage, à cet instant, pour être lâche, mais l'adversaire, cette fois, a son vrai visage, et ce n'est pas celui de quelques conseillers municipaux du XVe arrondissement. C'est celui de la droite musclée. Dans ce combat-là, je serai toujours volontaire. Mais quel mauvais terrain pour aller se faire tuer...

En quittant Roissy, le Premier ministre me dit :

« Je suis dans une situation terrible, madame, dans une situation terrible... »

D'Arabie Saoudite, Valéry Giscard d'Estaing lance un message destiné à une opinion publique effarée par le spectacle qui lui est offert.

« On ne peut que s'attrister, dit-il, des divisions, des rivalités personnelles dont la France offre trop souvent le spectacle... »

Ce n'est pas la première fois, il s'en faut, que la majorité est en proie « aux ambitions, aux rivalités et aux divisions » dont elle n'est pas plus indemne que l'opposition.

Le tandem Pierre Juillet-Marie-France Garaud, régnant sur Georges Pompidou, et obtenant que Jacques Chaban-Delmas soit chassé en 1972, c'est la victoire du clan pompidolien sur le clan gaulliste. A l'époque, Valéry Giscard d'Estaing n'a pas pleuré.

L'accord entre lui et Georges Pompidou, à la veille du referendum de 1969, pour faire trébucher de Gaulle, c'est la réconciliation de deux prétendants, unis contre le vieux roi. Le second se retrouvera président de la République, et appellera son petit-fils Romain, en souvenir de la déclaration de Rome par laquelle il a porté l'estocade au général ; le premier retrouvera le ministère des Finances, dont il souffrit tant d'être renvoyé.

A l'époque, la chute de Charles de Gaulle ne leur a pas tiré de larmes.

Pourquoi le monde politique serait-il différent du monde de l'université, de l'industrie, de la musique ou de la médecine ? Quand un homme, las de lutter, disait à François Mauriac : « Ah ! j'ai envie de me retirer à la Trappe ! », Mauriac répondait : « A la Trappe, mon cher, ça grenouille, ça grenouille ! »

Les hommes d'Etat, eux, ont au moins, au-delà de l'ambition personnelle, une ambition pour leur pays, qu'on y souscrive ou non. Reste à savoir ce à quoi l'on distingue un homme d'Etat d'un homme politique, mais c'est une autre histoire.

Les combats féroces n'ont donc pas manqué, au sein de la majorité. Mais ils ont été sourds, feutrés.

Si nul n'en ignore, parmi les observateurs politiques, le pays n'en a jamais été saisi, pas plus qu'il n'a été appelé à arbitrer entre les clans rivaux.

Cette fois, non seulement c'est sous une lumière crue qu'apparaissent « divisions et rivalités », mais le président de la République y est directement impliqué. Combat mortel où risque de se dissoudre le seul symbole par quoi s'exprime, au-delà des antagonismes, l'Etat.

C'est ce qui a fait frissonner Raymond Barre. C'est ce qui déclenche la déclaration du Président, insolite en terre étrangère.

Le vendredi soir, j'ai connaissance, indirectement, des résultats des premiers sondages effectués secteur par secteur. Mais est-ce encore le problème, alors que la maison brûle ?

« Au point où en est le Président, me dit un ministre, s'il n'annonce pas mercredi que les ministres du R.P.R. ne font plus partie du Gouvernement, il se couche. Et un Président qui se couche n'a plus d'existence. »

A ma connaissance, l'hypothèse n'a pas été envisagée.

A l'issue du Conseil des ministres du 26 janvier pour lequel il est rentré, Valéry Giscard d'Estaing fait connaître qu'il a demandé au Premier ministre de « prendre les contacts nécessaires pour que la majorité puisse aboutir à une solution d'union et que soit mis fin à la discorde ».

A cet instant, si Jacques Chirac voulait la paix, il l'obtiendrait aux conditions les plus dures, et pourrait, tel Caligula, obtenir qu'un cheval soit maire de Paris. Car il n'est toujours pas question que l'opposition puisse emporter la capitale. Elle gagnera évidemment des voix mais son retard est considérable.

Avec un candidat socialiste de grande stature, à

la Mairie, cependant, l'aventure pourrait être tentée. Mais pour des raisons de tactique interne au P.S., François Mitterrand, sous le prétexte de respecter les formes selon lesquelles il appartient aux fédérations locales de désigner leurs candidats, préfère laisser la fédération de Paris aller à des résultats médiocres. Il n'interviendra à aucun moment pour soutenir les listes socialistes, sauf dans l'arrondissement où se présente son plus proche ami.

Jacques Chirac le sait fort bien. Mais il est de ceux qui jouent toujours le tapis, comme on dit au poker.

En maintenant sa candidature personnelle, il perd tout ce qu'il aime, ou il écrase tout ce qu'il hait, c'est-à-dire ce qui le sépare du pouvoir. Et en même temps ce qu'il méprise : les libéraux, les réformistes, les européens, les socialisants, les idéalistes. On lui accordera au moins de n'être pas superstitieux : tous les maires de Paris ont eu, dans l'exercice de leurs fonctions, à connaître la tragédie.

Invité par Raymond Barre à se rendre à Matignon, il lui fait porter, le matin du 27 janvier, une lettre où il se déclare résolu à maintenir sa candidature, « sauf raisons graves et impérieuses » que le chef de l'Etat peut seul avoir, et ajoute : « Serait-ce trop demander au chef de l'Etat de dire personnellement à son ancien Premier ministre les raisons qui amènent le gouvernement à vouloir s'opposer à ma candidature ? » Le tout enrubanné de vive amitié et de haute estime.

Nouée des mêmes faveurs, la réponse de Raymond Barre dresse un constat : « Vous avez annoncé votre candidature au moment même où je tentais, en plein accord avec le président de la République, de susciter, entre les diverses formations politiques de la majorité, une entente leur permettant d'affronter, dans l'unité, l'opposition », décision prise « sans aucune consultation avec les diverses instances de la majorité », et exprime une inquiétude : que ladite candidature « conduise à terme à une crise institutionnelle dont le pays n'a pas besoin ».

Dans une seconde lettre, il indique à Jacques Chirac que le président de la République est prêt à le recevoir si les raisons qu'il lui a exposées dans sa précédente lettre le conduisent « après réflexion », à se ranger à son avis.

Nouvelle lettre de Jacques Chirac, « déçu et peiné », mais d'un tout autre ton, cette fois : « Vous savez parfaitement que j'aurais accepté d'entendre le président de la République qui a en charge les affaires du pays, me dire que ma présence dans cette affaire le gênait personnellement, mais je ne pouvais l'accepter que de lui. »

Il n'a pas à recevoir de leçon de Raymond Barre.

Et il ne peut admettre qu'on lui fasse reproche de menacer les institutions. « A qui veut-on faire croire que ma candidature à la mairie de Paris leur porte atteinte, alors qu'on semble envisager qu'elles pourraient fonctionner normalement avec M. François Mitterrand comme Premier ministre ? »

La guerre est déclarée.

La situation sur le terrain parisien est mauvaise. Dans le XVIIe arrondissement, les sondages sont éloquents : il est hors de question que Michel d'Ornano l'emporte sur Bernard Lafay (après la mort subite de Bernard Lafay, la situation restera inchangée. C'est le fils du disparu, requis par Jacques Chirac, qui se présentera à sa place). Michel d'Ornano ne dispose que d'un arrondissement sûr, le XVIe. Y émigrer ne sera pas glorieux, mais nous n'en sommes plus là.

Dans le XVe, les sondages me donnent quatre

points de retard sur la tête de liste R.P.R. Quatre points, cela se rattrape... ou ne se rattrape pas.

A l'échelle nationale, et à celle de Paris pris dans son ensemble, les baromètres qui mesurent la popularité me situent à un niveau élevé. Après Simone Veil et avant François Mitterrand. Mais il y a peu de rapport entre une cote nationale et une élection de village. Les quartiers parisiens sont des villages. Le XVe aussi en dépit de sa dimension, avec sa cohorte de personnes âgées, qui souvent y sont nées, et éprouvent, à changer d'arrondissement, le sentiment d'aller vivre à l'étranger. Pour déraciner une municipalité implantée de longue date, qui a convenablement travaillé et à laquelle rien de scandaleux ne peut être reproché, il faut être porté par un mouvement de fond, tout électoraliste le sait, et le vérifiera bientôt, en France, au bénéfice des socialistes.

Comment allons-nous travailler ? Où se présenteront les autres ministres candidats à Paris ? Quels sont, pour eux, les pronostics ?

Peu importe. Ils n'iront pas. Si aucun d'eux n'a encore fait surface, c'est parce que Raymond Barre s'est opposé à la constitution de ce bataillon gouvernemental.

Dans ce cas, ne pourrait-on, à moi aussi, me faire grâce ?

Le Premier ministre promet de s'y employer.

Le Président persiste. C'est un ordre. Je le reçois de sa bouche, le 1er février.

« Mais si vous êtes battue, et que vous me donnez votre démission, je la refuserai », me dit le Premier ministre.

Et le président de la République : « La Culture est un ministère fait pour vous... Vous y resterez en tout cas. »

Il y a, en anglais, un mot pour désigner ceux que l'on peut risquer de perdre en vue d'un objectif. On dit qu'ils sont *expendable*. Dépensables.

Si le XVe échappe à Michel d'Ornano avec ses onze sièges, Jacques Chirac sera maire de Paris. Le duel meurtrier où Valéry Giscard d'Estaing va l'affronter, c'est là qu'il va se livrer. Dès lors, puisque j'ai plus de chances qu'un autre, si minces soient-elles, de rallier les suffrages nécessaires à sa victoire, le Président a raison de me « dépenser ».

Un président de la République n'a qu'une catégorie d'intérêts à défendre : ceux du pays.

Au moins le combat dans lequel il m'a engagée est-il, moralement, le bon combat.

Battue, au premier tour, par 27 700 voix contre 21 200 (26 000 à l'opposition et 16 000 dispersées), si j'avais, seule, perdu la bataille, je garderais l'éternel remords d'avoir négligé, après la guerre, de vérifier au *Journal officiel* si la décoration dont ma famille avait été informée qu'elle m'était décernée en même temps qu'à ma sœur, faisait bien l'objet d'un décret, ce dont je ne me suis jamais souciée.

La résistance à toutes les formes de fascisme, mineures ou majeures, est une lutte permanente, dont la guerre a été l'acmé, non l'achèvement, et qui ne saurait, en conséquence, produire ni d'anciens combattants, ni des retraités.

Exhumée par un journaliste de quelque annuaire où cette décoration figurait depuis un quart de siècle, saisie au vol par un colistier zélé, plus expérimenté que moi en matière électorale, pour en faire mention sur la paperasserie officielle, elle a servi, faute de décret, à suspendre prématurément une carrière ministérielle qui mettait en transes tout un petit monde.

J'ai connu de plus grands malheurs et les

mœurs politiques ont fait de plus illustres blessés.

Georges Pompidou gardait dans sa poche une feuille gainée de cuir, où il consignait les noms de ceux qui avaient monté ou alimenté ou exploité l'opération Markovitch, destinée à le disqualifier en déshonorant son épouse.

Toutes choses égales, ma liste n'est pas close *.

Mais quelque satisfaction que les associés de Jacques Chirac lui aient procurée, en me jetant à ses chiens, ce fut sans effet sur l'essentiel, c'est-à-dire l'issue de la bataille de Paris intervenant après six semaines d'une campagne perpétuellement ambiguë.

Jacques Chirac feignait de n'avoir que l'opposition pour cible, laissant aux candidats locaux, secondés par des militants d'extrême droite, les besognes moins glorieuses. Opposition si notoirement minoritaire dans les secteurs clefs, que les noms de ses candidats ne furent même pas affichés et que, malgré une progression générale en nombre de suffrages, elle n'emporta qu'un des secteurs détenus jusque-là par la majorité : celui où François Mitterrand était venu soutenir le candidat socialiste.

D'où le commentaire du directeur du *Monde* : « Entendre M. Chirac dire que, grâce à sa détermination, il a permis à Paris de rester dans « le camp de la liberté », c'est aussitôt penser qu'il se rit de M. d'Ornano et se moque des Parisiens. »

Raymond Barre feignait, lui, de trouver indifféremment souhaitable la victoire de l'une ou l'autre

---

* Il ne s'agissait évidemment pas, à mon propos, de disqualifier un prétendant à l'Elysée ; mon nom n'a pas été associé à ceux de truands, mêlé à une affaire d'assassinat ni à d'autres gracieusetés, comme eurent à le souffrir Georges et Claude Pompidou. Seuls sont comparables le procédé, puis le processus, et diverses conduites individuelles.

aile de la majorité, pourvu que victoire il y ait sur l'opposition.

Les candidats R.P.R. de Paris feignaient de combattre sur un terrain purement local, récapitulant les réverbères et les marchés, les subventions et les interventions, les logements et les feux rouges que la population du quartier ne devait qu'à leur dévouement, manifestant un intérêt aussi subit que passionné pour les espaces verts qui allaient surgir grâce à eux, touchés tout soudain par la grâce écologique, et « oubliant », chemin faisant, le nom de Jacques Chirac dans leurs messages électoraux.

Quant à ceux qui portaient les couleurs de Michel d'Ornano, dont bon nombre étaient aussi novices qu'intrépides, il leur était interdit de nommer adversaire le chef du R.P.R., dès lors que ce parti faisait, dans presque toute la France, listes communes avec les autres formations de la majorité, que plusieurs membres du Gouvernement se présentaient, en province, sous cette étiquette, et feignaient, eux, de ne voir dans l'épisode parisien, qu'une brouille familiale éphémère.

Il eût fallu, une fois de plus, savoir choisir entre deux attitudes : attaquer, sans simulacre, Jacques Chirac, au risque de voir éclater la majorité parlementaire à la rentrée. Ou d'entrée de jeu, se déculotter. Déclarer que, provisoirement divisée par des querelles subalternes, la majorité s'était retrouvée derrière Jacques Chirac, et retirer dès lors les giscardiens de la compétition. En d'autres termes, se déculotter avant d'être déculottés et en retirer, au moins, le bénéfice d'une apparente entente majoritaire.

A ne jamais oser se couper un doigt quand on a la main prise dans un engrenage, on y laisse toujours le bras.

Au milieu de la campagne, le plus modéré des

modérés, le candidat le moins hostile, personnellement, au R.P.R. me soutint lorsque j'exposai que si nous ne pouvions pas attaquer de front et mettre clairement les électeurs parisiens devant le véritable choix qu'ils avaient à faire, nous allions à l'échec.

« Pas d'agression », fut la consigne.

Il était bien temps.

Mais sur ces messieurs décents, libéraux et bien élevés qui constituent, pour une grande part, l'état-major giscardien, Jacques Chirac produit un curieux effet. Eternellement, ils supputent qu'il se conduira selon les règles de leur jeu, qu'il respectera les contrats, que si son appétit est grand, quand on lui aura donné les Sudètes, il ne liquidera pas Benès, et quand on aura été à Munich, il n'envahira pas la Pologne.

Son insolence les méduse, au lieu de les muscler. Il agit sur eux comme un boa.

Parmi ces amateurs distingués, les uns trahiront, les autres sauront, s'il le faut, un jour, se faire tuer. Ils ont désappris comment on vit, avec foi et persévérance.

Au second tour, dont Raymond Barre écoute les résultats, seul, avec un collaborateur, c'est dans toute la capitale que le R.P.R. emporte les secteurs en compétition détenus par la majorité.

Michel d'Ornano s'humilie en vain devant Jacques Chirac. Un caricaturiste le représentera en tapis sur lequel marche le futur maire de Paris. Mais il espérait qu'ainsi le report scrupuleux des voix R.P.R. dans le secteur où il affrontait l'opposition s'effectuerait. Le report n'a, évidemment, pas eu lieu dans sa totalité. On ne téléguide pas trois mille voix, mais il est facile de s'abstenir, un dimanche, quand on vous l'a affectueusement conseillé...

Jacques Chirac sera, dans la semaine, élu maire par 59 conseillers contre 40, qui appartiennent à l'opposition. Mandat de six ans. Il ne le juge nullement incompatible avec ceux qu'il détient en Corrèze.

Dans l'ensemble de la France, c'est, selon les uns, « une hécatombe », selon les autres « un raz de marée », en tout cas une victoire de l'opposition dont les espérances sont dépassées.

Le Parti socialiste a procédé à un renouvellement profond et systématique de ses candidats. Une nouvelle génération est entrée en politique, qui travaille avec acharnement, canton par canton. Une nouvelle race, aussi, où l'on compte beaucoup moins de petits notables ou de membres des professions libérales, vivier traditionnel, que de fonctionnaires, de l'enseignement à l'énarque.

Se mêlent, comme partout, aux convaincus, les opportunistes : Rastignac, aujourd'hui, n'est plus Udéère, comme dans les années 60. Il est socialiste ou M.R.G. Il se prépare au pouvoir, mieux : il s'y voit comme s'il y était.

C'est le moment où l'opposition, parce qu'elle est, dans les esprits, déjà au pouvoir, collectionne les arrivistes et perd la nouvelle génération d'intellectuels qui, les yeux fixés sur Buchenwald et le goulag, mêlent les cendres d'Hitler et de Staline, enterrent Marx, Sartre et Althusser et découvrent que l'imposture du Pouvoir n'a pas de parti.

Le soir où les téléspectateurs ahuris découvrent que l'on peut avoir les cheveux longs, aller sans cravate, ressembler à des angelots et clamer « Marx au musée, le socialisme à la poubelle de l'Histoire », décision est prise, là où furent couvés ces jeunes serpents, de les chasser du nid. Ils pourraient faire des ravages.

Mais s'il y a du monde pour les suivre aux funérailles qu'ils dressent de l'espérance socialiste, quand on a vingt ans et qu'on cherche un emploi, on ne s'intéresse pas à la philosophie. On s'intéresse aux petites annonces.

***

En sortant, le mardi suivant, de l'Elysée où le président de la République a reçu, comme le protocole l'exige, le nouveau maire de Paris, Jacques Chirac lance, parlant de Valéry Giscard d'Estaing : « Il n'a pas changé. »

Lui non plus.

La situation économique non plus. Le budget, tel qu'il a été établi pour 1977 par le précédent Gouvernement, ne sera pas tenu. Les investissements n'ont pas repris. Il y a 978 000 demandeurs d'emplois, dont une forte majorité de jeunes gens. La hausse des prix de février (0,7 p. 100) n'est pas freinée.

Ce qui a changé, c'est le lieu du pouvoir. Il n'est plus ni à l'Elysée, ni à Matignon. Il est à l'Assemblée nationale. Celle-ci ne reflétait déjà plus le pays, en juin 1974. Elle en est totalement déconnectée aujourd'hui.

Où l'on retrouve toujours le résultat de la démarche propre à Valéry Giscard d'Estaing : il n'a pris ni le risque de la dissoudre après son entrée à l'Elysée, ni celui d'imposer sa volonté politique à sa majorité parlementaire.

L'ennui, en politique, c'est que l'on ignore toujours comment les choses auraient été, fussent-elles allées autrement. Le choix repoussé n'est jamais soumis à l'épreuve des faits. De sorte que chacun reste toujours persuadé d'avoir eu raison hier, d'avoir raison aujourd'hui.

Mais en mars 1977, ce n'est pas l'opposition seule qui déclare mauvais le chemin choisi, comme l'exigerait, en tout état de cause, la mécanique démocratique. C'est, pratiquement, toute la France, du Premier ministre au dernier des électeurs de base.

Valéry Giscard d'Estaing aurait-il — il l'a — une justification à chacun de ses gestes, le résultat serait le même : son crédit est épuisé. Provisoirement ? Le sûr est que s'il donne le sentiment alors de s'évaporer, il n'en est pas moins à l'Elysée et il faut mal le connaître pour croire qu'on l'en désincrustera avant le terme normal de son mandat. La légitimité, c'est lui. Il ne l'emportera pas à la semelle de ses souliers.

Périlleux système, celui où tantôt le Président est chef d'une coalition, tantôt ultime symbole de la nation, où on peut le combattre férocement, comme tout chef politique, mais sans pouvoir lui reprendre le pouvoir pendant sept ans, sauf par un coup d'Etat...

Le discours qu'il tient à la télévision, fin mars, devant une France en partie enjubilée par le succès socialiste, en partie accablée, pour annoncer qu'un nouveau Gouvernement Barre sera formé, restreint, dégagé des partis politiques et chargé de lancer un « plan d'action de douze mois », assorti de projets précis, ce discours est émouvant parce qu'il est sincère :

« Depuis deux ans, j'ai évité soigneusement tout ce qui pouvait accentuer la cassure de la France. Cette attitude a été interprétée à tort comme une faiblesse ou une complaisance. C'était le choix volontaire de la patience, pour préserver l'unité française, sans que rien ne vienne entamer les principes et les convictions qui sont celles de toute ma vie... »

Mais ce n'est pas sa sincérité que les Français

suspectent. C'est la capacité qui lui reste de traduire le verbe en actes.

Quand il appelle à la concorde de la majorité, il dit aussi le vrai :

« Cela ne veut pas dire que la majorité doit être uniforme. Chacun sait qu'il existe en son sein des différences d'opinion. Certains de ses groupes qui la composent se sont combattus dans le passé, comme d'ailleurs se sont combattus, de leur côté, les socialistes et les communistes. Sur certains sujets, leurs opinions divergent, et par exemple sur l'Europe ou la nécessité des réformes... L'urgence de l'union l'emporte sur le droit à la différence... »

Mais pourquoi Jacques Chirac l'entendrait-il ? Aux Baux-de-Provence, où sont réunis les R.P.R. en « journée d'études », fusent les sarcasmes, les moqueries, les « il se prend pour le président de la République », les « on aura sa peau », formule favorite du sérail et de son chef. Il leur faut « la peau de Giscard », « la peau de Mitterrand », la mienne, la « peau » du journaliste de télévision qui refuse de trembler quand on lui conseille de penser à son avenir ce petit con, autre formule familière. La peau de Raymond Barre, « qui a la tête tellement enflée qu'il ne passe plus par les portes ».

« Celui-là, dit un parlementaire R.P.R., on va se le faire. »

« Celui-là » le sait. Et vite, il va délester.

Larguée, la paire de ministres « offensifs » dans la guerre de Paris.

Le Président refuse : inconvenant.

Le Premier ministre persiste : indispensable.

Le Président est malheureux : ses raisons sont de cœur.

Le Premier ministre exige : ses raisons sont de R.P.R.

Le Président transige. S'il peut garder le Valet, il se défaussera de la Dame et vous vous chargez de le lui dire monsieur le Premier ministre après on lui trouvera quelque chose.

Le Premier ministre soupire. Mais, au Président il a déjà pris l'As : Michel Poniatowski. Va pour le Valet de cœur.

Raymond Barre peut se présenter à l'Assemblée avec une nouvelle donne, un Gouvernement « dépolitisé ». Son rêve eût été qu'il fût entièrement constitué de fonctionnaires, efficaces et sans aspérité, compétents mais politiquement réservés sinon incolores par la nature même de leur état, n'attendant promotion que du Premier ministre et non des électeurs, ces gens si gênants quand on veut travailler sérieusement.

Son cabinet politique est ailleurs, près de lui mais hors du Gouvernement, attelé au programme annoncé par le Président, qu'il doit soumettre à l'assentiment du nouveau Pouvoir : soit l'Assemblée nationale où, désormais, le R.P.R. fait la loi.

J.-J. Servan-Schreiber, chargé par le président de la République de proposer des actions à mettre en œuvre au printemps, et qui a refusé d'être ministre c'est-à-dire accessoire dans la situation du moment où l'urgence politique est de ressaisir la confiance, suggère quelques mesures fortes et d'effet immédiat.

Deux cent cinquante mille emplois pour les jeunes, rémunérés pendant deux ans par l'Etat au service des collectivités locales, sous l'autorité des Commissions régionales de l'Emploi. Un plan de « salut public », procurant aux jeunes gens un travail utile et qui les passionne, partout où on le leur a fourni. Aucune qualification nécessaire. Seulement de l'ardeur, et de l'intérêt pour les autres.

Coût : 3,5 milliards en 1977. On peut le faire. On

va le faire. On ne le fait pas. Le Président a approuvé le projet. Le Premier ministre l'a trouvé bon. Le groupe parlementaire R.P.R., consulté, s'y est opposé. Pour le même prix, ou presque, on incitera plutôt les entreprises à embaucher.

Puissent ces incitations réussir ! Mais il faut ne plus connaître la jeunesse pour ignorer que, sans qualification professionnelle, donc non intégrable dans les circuits classiques, elle est plus disposée à faire la quête après avoir joué de la guitare dans les rues et à coucher à la belle étoile qu'à prendre le métro pour aller au boulot après dodo si ce boulot ne lui donne ni satisfactions, ni initiatives, ni perspectives.

Comment peuvent le lui reprocher ceux qui ont, dans leur travail, satisfactions, initiatives, perspectives ?

Deux autres mesures sont proposées, étudiées, caressées. Le pouvoir d'Assemblée s'y refusera également ? Le Gouvernement peut procéder par ordonnances : article 38 de la Constitution.

Occasion, pour le Président et le Gouvernement, de ressaisir l'autorité que les élections municipales ont diluée.

Les ordonnances prises par Georges Pompidou en 1967 ont soulevé la tempête ? Les élections venaient d'avoir lieu. C'était un camouflet aux députés qui pouvaient véritablement se dire « représentants du peuple ». Ceux de 1977 ne sont pas des élus d'il y a six mois mais d'avant le séisme. Depuis, la terre d'Europe a tremblée, elle tremble.

On chiffre, on travaille, on consulte, on discute...

Ce qui suit est hypothèse, analyse personnelle et non information, je le précise.

Le Premier ministre tient pour hautement prioritaire — cela, c'est un fait — ce qu'il appelle « la remise en ordre des structures de l'économie française » qu'il estime avoir entamée. « Si elle n'a pas lieu, ce pays s'effondrera par pans entiers », répète-t-il.

Cela exige du temps et, au moins, la coopération de la majorité parlementaire puisqu'il ne peut pas espérer celle de l'opposition.

Non seulement Jacques Chirac n'est pas disposé à coopérer mais s'il laisse Raymond Barre à Matignon, et que le Premier ministre prend de la stature, il va devenir un rival dangereux. Il l'est déjà. Le monde de l'industrie et des affaires tient Jacques Chirac pour un démagogue dont les promesses valent celles de l'opposition.

L'électorat qui a le cœur à gauche sait que Raymond Barre n'est pas des leurs, mais sait aussi ou sent qu'il n'est pas non plus ni un possédant, ni un « valet du capital ».

Les Français, globalement, l'estiment même lorsqu'ils le combattent, ce saint-bernard du Franc. Et quand on en sera aux présidentielles, que l'on escompte bien anticipées, sait-on jamais...

Donc, surtout ne pas le laisser grandir.

Dans l'immédiat, faire la preuve, au Parlement, qu'il n'est pas le chef de la Majorité, paralyser toute action qui aurait une capacité mobilisatrice derrière lui, le traiter comme s'il était le ministre des Finances d'un non-Gouvernement.

La France ne doit avoir qu'un choix : le Programme commun ou Jacques Chirac. Ne pas lui laisser croire qu'entre la peste et le choléra, on peut choisir de voter pour la grippe.

D'autre part, s'il y a affrontement rapide entre le Premier ministre et Jacques Chirac alors que les prochains indices de hausse des prix seront décevants, il le sait, le président de la République est capable de le remplacer par le R.P.R. exotique et qui avance, de son pas feutré, dans la faveur du Prince. Il faut toujours avoir deux fers au feu. Vieille règle de tout pouvoir.

Le professeur Barre retournerait sans trop d'amertume à ses chères études, à sa situation plus lucrative et confortable d'économiste international de premier rang, partout consulté, à ses visites au musée de Bâle, à l'Opéra de New York. Mais il ne met pas en doute ce qui, en France, selon lui, s'ensuivrait. « Si la remise en ordre des structures de l'économie française n'a pas lieu, ce pays s'effondrera par pans entiers. »

Donc, il doit rester. Se mettre en boule pour n'offrir aucune prise. Et persévérer. Et arracher, fut-ce en passant sous le tapis, l'adhésion au projet d'élection au suffrage universel à l'Assemblée européenne. Et arracher l'adhésion sur l'affaire du Fonds monétaire international, dont il aura besoin si le franc flanche [2].

« Ça ne peut pas durer un an... » vont, répétant, les uns et les autres.

« C'est la débandade... »

« C'est le crépuscule... »

Certainement. Mais le crépuscule de quoi ? Du régime ? De la Majorité ? De l'Union de la gauche ? D'une certaine « belle époque » ?

Et sur quelle aube, ensuite se lèvera la nuit ?

Pour tout ce qui dépendra de lui, en tout cas, Raymond Barre fera durer.

Durer, au pouvoir, est l'un des pseudonymes du succès.

17

Le rideau ne tombe jamais sur la comédie du pouvoir.

Si je suspends ici ce récit, c'est parce que je n'en ai plus été, ensuite, qu'une spectatrice. Informée sans doute, attentive à ses rebondissements, spectatrice néanmoins. A poursuivre, je serais donc sortie des règles que je me suis fixées.

Le lecteur aura compris que, dans l'ordre des sentiments comme du projet politique, j'ai plus d'inclination pour Valéry Giscard d'Estaing que pour Jacques Chirac, encore qu'il faille se garder de confondre les hommes avec les courants dont ils ne sont que les conducteurs.

L'esprit de Réforme s'est toujours heurté, en France plus qu'ailleurs, à la résistance aveugle des uns, aux utopies des autres.

N'étant pas économes de nos passions, nous lui avons substitué quelques révolutions, sanglantes ou sèches, comme s'il fallait périodiquement purger les esprits avant qu'ils puissent accueillir l'évolution.

Qui gouvernera la France au-delà de mars 78, et avec qui... Les adversaires peuvent se ménager, les ennemis se rejoindre, les amis se déchirer, bien des chassés-croisés sont dans l'ordre du possible.

Ils sont nombreux ceux qui pourraient faire leur le conseil fameux de Mussolini : « Méfiez-vous du piège mortel de la cohérence ! » En d'autres termes, il n'y a que des vérités de circonstances.

Pour les uns, cela s'appelle adhérer au matérialisme dialectique au nom duquel la contradiction est mouvement ; l'assertion d'hier ne saurait lier si les conditions d'aujourd'hui en requièrent une autre.

Pour d'autres, cela s'appelle ne pas s'encombrer de scrupules, la fin justifiant les moyens.

Mais, au-delà des discours, il y a la vérité des hommes et la constance répétitive de leurs conduites. Il serait étrange qu'une espèce humaine y échappât parce qu'elle s'occupe d'affaires publiques. L'expérience peut instruire ; elle ne modifie pas ce qui entraîne les comportements.

Si j'ai essayé de déchiffrer ce qui s'est passé entre les Hommes de Pouvoir, depuis 1974, c'est parce que, loin d'être close, cette histoire est un prologue.

Les prochains épisodes diront si, en paralysant Valéry Giscard d'Estaing, Jacques Chirac a servi l'opposition ou s'est servi lui-même.

« Demain est une puissance cachée. » Rien ne sert de vouloir le traquer.

Qui eût osé prédire à Hitler que Konrad Adenauer, arrêté deux fois par la Gestapo, serait chancelier d'Allemagne et plus longtemps que lui ?

Une seule chose est sûre : religion de la croissance rapide, de l'urbanisation accélérée, de l'industrialisation chaotique, religion de la centralisation forcenée, religion de la secte communiste dépositaire d'une théorie scientifique de l'histoire, seule détentrice d'une vérité au goût succulent d'absolu, les dogmes dont s'enivra plus qu'une génération achèvent de se décomposer.

Est venu le temps des décombres. Donc de la reconstruction.

Elle ne se fera pas en terrain brûlé, ce sera donc plus dur qu'un après-guerre. Mais elle se fera. La France n'est pas ruinée, il s'en faut. Elle doit, dans son ensemble, diminuer son train de vie du montant de l'impôt sur les matières premières et des investissements nécessaires à sa renaissance. Pour que cette diminution soit individuellement tolérable et tolérée, il faudra bien répartir l'effort de telle sorte que l'écart entre les Français soit réduit sans que l'esprit d'entreprise et d'innovation, créateur de nouvelles richesses, périclite, asphyxié par la bureaucratie.

Ce n'est pas simple. Mais c'est impératif.

A certains moments de l'histoire, après de grandes dépenses d'ardeur qui laissent alangui, on voit le goût tiède et tenace du bien-être éteindre tous les autres et rendre indifférent aux gouvernements en place pourvu que ce goût soit satisfait.

Mais c'est précisément le bien-être, au sens le plus large, qui est aujourd'hui en question.

Les gouvernants de demain, quels qu'ils soient, auront donc à inventer. Et surtout, surtout, à permettre d'inventer.

Ce que l'on croit nécessaire n'est souvent que ce à quoi l'on est accoutumé. Cela est vrai des institutions et du mode de vie comme des relations humaines et de l'organisation sociale. Le champ du possible est encore vaste où pousseront demain de nouvelles fleurs. Et leurs épines.

Qui l'explorera et l'ensemencera sinon les Français eux-mêmes ?

Ceux qui détiennent le pouvoir d'Etat, parce qu'ils sont harcelés par la récrimination et la critique permanente, éprouvent vivement le sentiment de l'injustice qui leur est faite, et de l'ignorance où se trouve l'immense majorité des difficultés que recouvre ce mot : gouverner.

Ils souffrent de chaque flèche. Le métier est ingrat. Mais ne sont-ils pas, eux-mêmes, dans l'ignorance de ce qui fait la vie de l'immense majorité des Français ?

Ce divorce d'avec la vie vraie est peut-être le plus grand danger menaçant les gouvernants et leurs conseillers, qui ne fréquentent plus que les statistiques.

Il en faut. Mais comment ne pas voir qu'il faudrait aussi, au moins pour tout ce qui concerne le quotidien de la vie, libérer l'initiative, l'imagination, l'intelligence que recèlent, dans ce pays, tant d'hommes, tant de femmes ? Et s'ils se trompent, eh bien, qu'on leur permettre de se tromper ! Quelles leçons d'omniscience ont donc à leur donner ceux qui ont conduit les affaires de la France ?

Mais telle est la nature du pouvoir d'Etat qu'il est toujours prompt à s'étendre davantage, s'étonnant ensuite qu'on lui demande toujours davantage.

Aussi bien ne faut-il pas attendre des Hommes de Pouvoir qu'ils émancipent spontanément les forces créatrices, même s'il importe de choisir les plus aptes à demeurer libéraux au sens profond et noble du terme, et s'il ne faut jamais en désespérer.

Nul n'a le droit d'insulter l'avenir.

Octobre 1977.

ANNEXES

1. Condition féminine
   Préface aux cent mesures pour les femmes

2. Culture
   a) *Discours à l'Assemblée nationale*
   b) *Inauguration du centre Pompidou*

3. Politique générale
   Discours au congrès Radical de Lyon

PREFACE

AUX *CENT MESURES POUR LES FEMMES* *

La condition féminine a deux aspects.

Le premier, c'est celui qui ne peut être isolé de l'ensemble social, et qui rejoint l'ensemble de la condition d'une collectivité humaine, à une époque donnée, dans un pays donné.

C'est ce que les Françaises partagent avec les Français pour le meilleur ou pour le pire.

Le deuxième, c'est la somme de ce qui, à l'intérieur de cet ensemble social, distingue le statut des femmes de celui des hommes. C'est l'écart entre leurs conditions respectives.

Il a varié à travers les siècles, se creusant, en France, à partir de la fin du Moyen Age. La monarchie domestique commence à s'instaurer au XVIe siècle, elle ne cessera de s'accuser, dans les lois comme dans les mœurs, jusqu'à l'époque contemporaine.

La situation actuelle des femmes se caractérise par le « malaise dynamique », si l'on ose dire, qui s'est emparé de la collectivité féminine mondiale.

Malaise parce qu'il n'y a pas d'homogénéité d'attitude entre les générations. Malaise parce que la remise en question radicale du rôle féminin traditionnel est ressentie, par celles qui ont assumé ce rôle, comme une dévalorisation de ce qui a fondé leur vie — soigner, assister, assurer le repos du guerrier.

Malaise parce que la relation des femmes avec elles-mêmes, donc avec les hommes, est inéluctablement affectée

---

* Ces mesures font l'objet d'un ouvrage de 200 pages, publié par *La Documentation française*.

par la responsabilité entièrement nouvelle que leur donne l'existence des contraceptifs modernes. Non seulement elles ne sont plus « agies », mais elles ne peuvent plus, à leurs propres yeux, feindre de l'être.

Bref, malaise qui touche au fond des choses. Nous n'assistons pas à l'une de ces évolutions qui, à un rythme plus ou moins rapide, ont tissé toute l'Histoire mais à un bouleversement profond dont les causes ne doivent rien à quelques esprits féminins contestateurs de la « domination masculine ».

Cette contestation a toujours existé, à des degrés divers. Christine de Pisan l'a superbement exprimée, il y a quelques siècles déjà, pour ne parler que d'elle.

Et l'on doit à un homme, Diderot, l'un des meilleurs portraits que l'on ait tracé de la condition féminine à la fin du XVIIIe siècle : « Il n'y a peut-être pas de joie comparable à celle de la mère qui voit son premier-né, mais ce moment sera payé bien cher. Le père se soulage du soin des garçons sur un mercenaire : la mère demeure chargée de la garde de ses filles. L'âge avance ; la beauté passe ; arrivent les années de l'abandon, de l'humeur et de l'ennui (...). Qu'est-ce alors qu'une femme ? Négligée de son époux, délaissée de ses enfants, nulle dans la société, la dévotion est son unique et dernière ressource. Dans presque toutes les contrées, la cruauté des lois civiles s'est réunie contre les femmes à la cruauté de la nature. Elles ont été traitées comme des enfants imbéciles... »

Au XIXe siècle, Napoléon la décrète « propriété de l'homme » et c'est ainsi qu'elle s'inscrit dans le Code civil.

Proudhon infecte le syndicalisme français de la thèse selon laquelle la femme ne peut être que « ménagère ou courtisane ».

La moitié du XXe siècle sera franchie avant que les lois qui entérinent cet état de fait commencent à être modifiées.

Les esprits modernes ont cristallisé la rébellion féminine et lui ont donné une ou plusieurs expressions. Ils ne l'ont pas créée. Elle est née d'une série de phénomènes conjugués.

1. — L'industrialisation, qui a progressivement arraché les femmes laborieuses à la terre, à l'artisanat, au commerce, c'est-à-dire à des activités qu'elles exerçaient « à la maison » si je puis dire, pour les transférer dans les manufactures et les bureaux.

2. — La prolongation de la vie. L'espérance de vie est de

76 ans pour les femmes essentiellement parce qu'elles ne meurent plus en couches. Elle était de 48 ans en 1900. De 61 ans en 1935.

3. — La prolongation de la jeunesse, ou plus exactement, de ce qu'on pourrait appeler le deuxième âge. Dans *Les Caprices de Marianne,* Musset fait dire à Octavio : « Quel âge avez-vous, Marianne ? 19 ans ? Il vous reste cinq ou six ans pour être aimée. Autant pour aimer. Et le reste pour prier. » Nous avons beaucoup changé depuis.

4. — Le raccourcissement très sensible du temps nécessaire pour porter et mettre au monde trois enfants viables. Dans les pays industriels, la famille est constituée quand la femme a 29 ans. Il est d'ailleurs souhaitable que ce soit ainsi.

5. — La multiplication très sensible de femmes qui ont fait des études secondaires ou supérieures, et qui se résignent mal ou pas du tout à les employer à passer l'aspirateur.

6. — L'expansion économique et l'enrichissement ostensible des classes favorisées. Elles offrent un modèle de vie que les classes défavorisées, et singulièrement les femmes, supportent de moins en moins de ne pas imiter, même de loin. Leurs besoins se sont donc sensiblement accrus et les poussent de plus en plus à travailler pour augmenter les ressources du ménage.

7. — Le fait que les modèles féminins qui entrent aujourd'hui dans les rêves des femmes ont profondément changé. Les enquêtes où l'on demande aux jeunes femmes : « Qui voudriez-vous être ? » révèlent qu'elles s'identifient de préférence à des femmes qui ont fait des carrières personnelles.

8. — Le fait que les mariages précoces joints à la prolongation de la vie multiplie les ruptures conjugales autour de 45 ans, donc les femmes divorcées, et que l'infarctus joint au cancer du poumon multiplie les veuves. Deux catégories de femmes qui se remarient rarement et qui reviennent, si elles n'y étaient pas, dans la vie professionnelle.

Si nous avons parlé de « malaise dynamique », c'est parce que, parallèlement au malaise, on voit se développer un élan, un esprit de conquête, une résolution incontestable. Les énergies féminines se mobilisent pour faire intrusion dans le champ social. Y seront-elles plus ou moins efficaces que les énergies masculines pour créer du mieux-vivre ? Du mieux-être ?

Nous refusant à la démagogie, nous disons que nous n'en

savons rien. Mais qu'aucun Gouvernement ne peut ignorer cet éveil des femmes, cette crise de la conscience collective féminine, et ses conséquences sur la collectivité nationale.

Dès lors, où peut s'inscrire l'action gouvernementale ? Et sur quoi doit-elle s'exercer ?

Elle peut faire obstruction à l'évolution des femmes, la retarder, gagner du temps. D'un point de vue strictement électoral, la structure démographique de la société française est telle que 34 p. 100 de la population féminine adulte a plus de cinquante-cinq ans et que le surplus de voix féminines par rapport aux voix masculines (1 600 000) se situe entièrement parmi les plus de soixante-cinq ans.

S'il s'agit là d'une catégorie de femmes qui mérite une attention toute particulière, si dur est parfois son sort, elle est, globalement, de par son âge, tournée vers le passé plus que vers l'avenir.

L'action gouvernementale peut chercher à rendre, pour ce qui dépend d'elle, l'évolution des femmes aussi constructive et féconde que possible.

C'est l'orientation qui a été donnée par le président de la République : conduire progressivement la moitié des Français au niveau de formation, de rétribution, d'intégration à la vie sociale et économique et de responsabilités où se trouve l'autre moitié.

Dans la pratique, c'est au niveau de chaque ministère, de chaque administration, et de ses décisions quotidiennes qu'il y a lieu de prendre en compte les besoins et les aspirations de la population féminine. Cela suppose une transformation des conduites et des structures mentales que seule la participation large des femmes aux instances de décision pourra finir par opérer.

C'est pourquoi cette participitation doit être, en soi, le premier objectif de l'action gouvernementale.

Dans quelle perspective ?

LE ROLE FEMININ

Les femmes existent fortement en France, dans toutes les relations privées. « Ce que femme veut... », « Cherchez la femme... ». Que ce soit en qualité de mère ou de croqueuse de diamants, l'importance accordée à leur rôle, dans l'histoire des personnes, est plutôt hypertrophiée par la littérature et les idées reçues, qu'elle n'est sous-estimée.

Aussi peut-on se demander pourquoi elles voudraient changer de rôle. Pourquoi elles voudraient échanger leur pouvoir, parfois exorbitant, contre celui d'être conseiller municipal, directeur commercial, ou ingénieur en chef.

Mais veulent-elles l'échanger ? Amante, mère, éducatrice, consolatrice, cuisinière, on les voit moins récusant ce rôle que cherchant à en faire craquer les limites, à élargir leur compétence et leur pouvoir du domaine privé au domaine social.

Devenir *aussi* une personne sociale, ce qu'est l'homme le plus humble, c'est cela que recouvre, semble-t-il, la revendication diffuse d'égalité.

Employé de façon parfois abusive, ce mot finit par masquer sous un faux débat — la femme est-elle l'égale de l'homme, oui, non, peut-être — le lieu véritable de l'inégalité.

Ce qui distingue les attitudes, le regard qu'hommes et femmes posent sur le monde, leurs rêves, leurs facultés créatrices, leur relation avec la nature, leur sexualité assumée ou refoulée, n'est que différence, et ces différences font partie de la richesse de l'humanité.

Qu'elles soient exclusivement biologiques, ou exclusivement culturelles, ou produites par une combinaison de la biologie et de la culture, elles existent. Une assimilation totale, à supposer que cela soit possible, ne pourrait être qu'appauvrissement.

Rien ne permet de dire, d'ailleurs, qu'elle soit désirée. Elle serait plutôt, semble-t-il, redoutée.

C'est bien l'équivalence — terme préférable à celui d'égalité — qui fait l'objet de la demande féminine moderne, et plus exactement l'équivalence sociale. La reconnaissance par la société d'une valeur égale. Le libre exercice de droits et de devoirs égaux.

C'est ce à quoi, progressivement, la législation procède d'ailleurs.

Mais l'équivalence véritable suppose les moyens d'y atteindre. Quand on observe les résultats pratiques de la loi sur l'égalité des salaires, par exemple, on voit ce qui sépare le droit, si nécessaire qu'il soit, de son application.

Comment faire la preuve de la valeur égale de deux emplois de nature différente ? Et comment accéder aux même emplois lorsque la formation initiale, la qualification indispensable n'ont pas été acquises ?

Alors, parmi les salariés qui gagnent moins de 2 000 F par mois, on trouve 64 p. 100 des femmes, soit 5 300 000 d'entre elles. Et seulement 35 p. 100 des hommes. Et dans notre société, que cela plaise ou non, l'argent sert d'étalon à la valeur.

De surcroît, le proverbe le dit : « Qui paye les violons choisit la chanson. »

Bon nombre d'hommes le contestent, assurant que leur femme est indépendante, qu'elle tient le budget, qu'elle décide de tout, qu'en fait, ils dépendent d'elles. Ce raisonnement dénote une incompréhension curieuse de ce qui fonde le pouvoir de l'homme, même lorsqu'il est soumis à quelque tyrannie domestique.

Il va de soi que la notion d'indépendance à l'intérieur du couple et de la famille est ambiguë.

Dès qu'il y a couple, mariage, famille, il y a interdépendance, et celle-ci doit fatalement être acceptée par tous les membres de la communauté familiale.

Les femmes semblent en être bien conscientes et, dans leur majorité en tout cas, ne remettent pas en cause cette interdépendance et ses aspects positifs.

Mais, dans le mariage, l'homme garde une part d'existence propre, par son statut social et professionnel, il conserve son identité (le fait qu'il ne change pas de nom en est le signe, le symbole). S'il divorce, il ne perdra ni situation, ni statut social, ni nom.

Ce n'est pas le cas de la femme. A moins qu'elle réussisse de son côté une carrière professionnelle qui lui donne une insertion sociale personnelle — situation exceptionnelle, aujourd'hui encore — l'épouse perd, dans le mariage, son identité et n'y gagne un statut qu'en qualité d'ayant droit. Elle est la femme de..., du boulanger ou du procureur.

Le problème n'est donc pas de savoir si, dans le couple, le rôle de la femme est de faire la cuisine tandis que le rôle de l'homme serait de conduire la voiture — ou inversement. Ce sont là conventions et pourquoi chacun des deux ne jouerait-il pas alternativement ce rôle...

Le problème n'est pas non plus de savoir si les femmes font de meilleures infirmières et les hommes de meilleurs conducteurs de travaux, ou s'il est plus féminin de taper à la machine que de manier une lampe à souder.

Chacun devrait être libre — c'est-à-dire non soumis à une pression sociale — de se diriger vers ce pour quoi il se sent le plus de goût ou d'aptitude, ce qui aboutirait, tout l'indique, à une mixité de la plupart des métiers.

Le problème est d'aboutir à l'équivalence sociale des deux rôles, ce qui suppose que hommes et femmes :

1. Reçoivent une formation analogue.

2. Soient rétribués sans considération de sexe, la notion de salaire d'appoint qui reste attachée au salaire féminin et en fonde la médiocrité étant abolie non seulement dans le Code civil (comme cela vient d'être acquis), mais dans les faits.

3. Jouissent de droits égaux en matière de protection sociale.

4. Soient mis en situation de suspendre ou d'aménager l'activité professionnelle de façon qu'elle soit compatible avec la présence au foyer de jeunes enfants quel que soit celui des membres du couple qui suspend son activité.

L'action gouvernementale peut y contribuer largement par des mesures adéquates.

LA « BONNE SOCIETE »

On a pu, en d'autres temps, considérer qu'une « bonne » société serait celle où le salaire de l'homme épargnerait à son épouse d'avoir à travailler (Léon Blum : « A l'échelle humaine »). Il est clair que cette perspective n'est plus celle dans laquelle on peut se situer.

La « bonne » société de l'avenir est conçue, aujourd'hui, comme celle où chacun, homme et femme, pourra assurer l'autogestion de sa vie.

Faut-il préciser que la question cent fois posée sur l'opportunité de « pousser » les femmes à travailler est purement académique ? Que 80 p. 100 de la population féminine française exerce ou a exercé une activité professionnelle ?

Si la France n'a jamais eu de politique, en ce qui concerne le travail des femmes, ce n'est pas faute de l'avoir largement utilisé et exploité dans la production agricole, industrielle, dans l'artisanat, le commerce et dans les services puisque le pourcentage des femmes actives est sensiblement le même aujourd'hui qu'il y a un siècle, après avoir légèrement fléchi entre 1950 et 1960. Leur salaire a été, de façon constante et aussi loin qu'on remonte dans le temps, sensiblement intéfrieur à celui des hommes et elles ont de façon constante cumulé les tâches domestiques avec les tâches productrices.

Le travail féminin n'a été ni encouragé ni découragé, étant entendu qu'il devait épargner totalement les femmes des classes dirigeantes, de la bourgeoisie grande et moyenne. Dans la petite bourgeoisie, on ne faisait que s'y résigner lorsqu'il était inéluctable, la promotion sociale consistant, pour une femme, à devenir une « dame » servie, et pour un homme à pouvoir entretenir femme et enfants.

Une mobilisation de toute la main-d'œuvre, femmes et hommes, comme il s'en est produit pour des raisons diverses mais toujours par nécessité en Israël, en Union soviétique, en Chine, n'ayant jamais été indispensable (sauf pendant la guerre de 1914-1918 mais avec un terme et sans atteindre vraiment la classe dirigeante) aucune politique n'a jamais été élaborée pour répondre aux conséquences de ce travail sur la famille et les enfants.

Aujourd'hui encore, il n'est nullement évident aux yeux de tous que toute femme a droit au travail, ou que toutes les femmes doivent travailler, comme c'est le cas dans les pays dits socialistes.

Nous vivons donc dans l'ambiguïté de la liberté, du « libre choix ». Ambiguïté qui a un aspect positif : l'inactivité professionnelle n'est ni coupable, ni réprimée. Et un aspect à la fois hypocrite et négatif : l'organisation sociale ne prend en charge ni la garde, ni l'éducation, ni les loisirs des enfants dont la mère travaille.

Il y a hypocrisie dans la mesure où la société ne peut pas se passer du travail du plus grand nombre de ces femmes. Rappelons que sur 8 300 000 femmes actives, 4 millions et demi sont mariées et que leur salaire représente 40 p. 100 du revenu du ménage.

Mais il est de fait qu'aucun système ne peut fournir la liberté individuelle (en l'occurrence, travailler ou rester chez soi, garder ses enfants ou les faire garder, en être déchargé pendant leurs loisirs ou en avoir la charge, etc.) en même temps qu'il fournirait l'organisation sociale adaptée à l'un et à l'autre de ces modes de vie. Il ne peut pas y avoir deux organisations sociales parallèles, l'une fondée sur l'activité des femmes, l'autre sur leur non-activité.

Ainsi voit-on, par exemple, les municipalités ou les régions reculer devant les dépenses — élevées — de fonctionnement des crèches ou des haltes-garderies, devant la création de cantines scolaires. C'est que la collectivité française, au sens le plus large, refuse d'assumer ces dépenses parce qu'elle n'est pas tout entière concernée, et qu'une part de cette collectivité, celle qui détient le pouvoir de décision, souhaiterait plutôt encourager l'inactivité des femmes que faciliter leur activité. Or :

1. Le travail a été, est, et demeurera « le lieu de la nécessité » pour les femmes comme pour les hommes.

Si l'on commence à prendre conscience des problèmes qu'il pose aux femmes, et au-delà, aux familles, c'est parce qu'il intéresse maintenant des catégories sociales qui étaient, il y a vingt-cinq ans, peu concernées. Dans le « modèle bourgeois » sur lequel toute la France est structurée, la mère de famille était constamment disponible. Ce postulat fictif continue d'ailleurs à fournir la base de l'organisation scolaire, en matière d'horaires de vacances, etc. avec les résultats qu'on sait.

Cest aussi parce que l'urbanisation, l'habitat, la famille nucléaire, etc. ont rendu ces problèmes beaucoup plus aigus.

2. La distinction entre « femmes qui travaillent » et « femmes au foyer » tendra à devenir de plus en plus artificielle.

Avant dix ans, *toutes* les femmes auront travaillé, travailleront, ou retravailleront.

Quand on dit aujourd'hui que 53 p. 100 d'entre elles (de 18 à 65 ans) travaillent, cela ne signifie pas qu'une femme sur deux sera toute sa vie hors activité professionnelle. Mais que 53 p. 100 des femmes travaillent simultanément.

L'inactivité professionnelle totale, tout au long d'une vie de femme, qui a encore des représentantes (20 p. 100) est bien évidemment en voie de disparition. D'autant plus que le « modèle » bourgeois s'est retourné et qu'il s'agit là d'une évolution dont les causes semblent irréversibles. Même une situation prolongée de sous-emploi ne la retournera pas, selon toutes les prévisions (voir VIIe Plan).

En tout état de cause, il n'y a aucune raison pour que le taux d'activité féminine diminue, puisque, dans le couple, le salaire féminin si bas soit-il, représente plus que l'époux ne pourra jamais obtenir par l'augmentation de son propre salaire.

3. Il est évident que, dans ce domaine, comme dans les autres, les Français voudraient et voudront concilier leur liberté individuelle définie plus haut, l'absence de contraintes, avec la jouissance éventuelle de services collectifs et de l'ensemble d'une organisation sociale.

On peut, certes, se placer dans une autre perspective, envisager l'emploi obligatoire et assuré de toutes les femmes, orientées alors géographiquement et professionnellement, selon les besoins de l'économie, et la mise en place d'une organisation sociale adéquate à ce travail obligatoire.

Ce n'est pas l'orientation que nous avons retenue, parce que nous la croyons peu conforme au vœu général, et inviable, sauf dans l'hypothèse d'un régime de dictature.

Dès lors, quelle direction peut-on prendre ?

Celle-ci : l'aménagement du temps de travail sous des formes diverses combiné avec :

— Une réorganisation de la vie scolaire adaptée au travail des parents.

— La création progressive de services collectifs, aidés financièrement par l'Etat mais adaptés aux régions, aux situations locales, faisant la part à l'initiative individuelle, diversifiés en fonction des besoins et non soumis à des règles nationales rigides.

— Un déroulement de la vie professionnelle intégrant une interruption ou un ralentissement de l'activité, pour l'un ou l'autre des deux parents, pendant les premières années des enfants.

On ne saurait trop insister sur le fait qu'aujourd'hui, la question est malheureusement posée dans des termes très différents : on cherche essentiellement à savoir, en fin de compte, avec quel salaire minimum on peut arriver à faire travailler les femmes et quelle devrait être la contribution de l'Etat nécessaire pour faciliter ce résultat.

S'il est normal que l'entreprise aborde les problèmes relatifs au travail des femmes en termes de coût, et reconnaisse qu'elle emploie des femmes parce que « *elles coûtent moins cher, elles constituent une main-d'œuvre mobile, il est plus facile de s'en débarrasser, leur congédiement étant considéré comme plus acceptable, elles sont à coût égal plus adroites et plus souples que les machines* » (réunion d'experts patronaux sous l'égide de l'O.C.D.E., 16-18 mai 1973), il n'est pas acceptable que l'Etat, c'est-à-dire la collectivité entretienne par son intervention la situation ainsi décrite.

PARENTS ET ENFANTS

S'il convient de viser et d'établir dans les plus brefs délais possibles les conditions d'une égalité de traitement entre les deux sexes, et de se garder des mesures « protectrices » qui aboutissent à maintenir les femmes dans le travail « sale » et les tâches les plus subalternes, il ne paraît ni réaliste, ni d'ailleurs souhaitable d'isoler les problèmes relatifs à la situation des femmes de ceux qui concernent les enfants.

Il est clair que ceux-ci demeurent l'objet de leur principal souci et que ce n'est pas seulement leur « fabrication », si l'on ose dire, mais leur existence dans tous ses aspects qui commande une bonne part de la condition féminine.

Ce qu'il faut atteindre, dans l'intérêt de l'individu comme de la famille, c'est la symétrie dans les fonctions parentales.

Qu'est-ce que cela signifie ?

Sous l'Ancien Régime, la mère était responsable de l'éducation des filles, le père prenait en charge celle des garçons.

Puis la charge quasi complète des enfants s'est trouvée transférée sur la mère, le père devenant le pourvoyeur de fonds, et la société dépossédant progressivement la famille du « gouvernement » des enfants.

Si l'on prend comme point de référence la famille bourgeoise d'avant-guerre, celle-ci était, à proprement parler, propriétaire de l'enfant sur lequel ne s'exerçait aucune influence extérieure hormis celle des enseignants soigneusement choisis, comme les fréquentations.

Tout se passait à la maison — qui était spacieuse — et en famille, y compris les jeux, les maladies et les grandes vacances. Il eût été inimaginable que Noël ne soit pas célébré en famille.

On choisissait — ou l'on croyait choisir — l'avenir de ses enfants en les préparant au mariage quand il s'agissait des filles, en destinant les fils à telle ou telle carrière et tous souscrivaient au choix de leurs parents.

Le mariage lui-même unissait des intérêts, des patrimoines, des terres. Dans Saint-Simon comme dans Labiche on s'écrie, devant un mariage conclu : « L'affaire est faite. »

Le peu de place qu'occupait l'amour à l'origine du mariage (comme en témoigne toute la littérature) était le meilleur gage de sa pérennité, les intérêts étant moins sujets à variation que les sentiments.

Outre une évolution rapide du mariage et de ses motifs, après la première guerre mondiale, nous sommes entrés, depuis trente ans, dans un temps de « dépossession » progressive de la famille.

Les influences extérieures — à commencer par celle de la télévision — la maternelle à 3 ans, la cantine à midi, le lycée, le système d'orientation scolaire qui détermine la filière où, dès 11 ans, l'écolier sera engagé (même s'il est dans une école privée), les médecins psychologues auxquels l'école envoie le dyslexique, l'hôpital, les obligations de vaccination, la médecine scolaire, les vacances, petites et grandes, que l'enfant passe pour leur plus grande part hors du milieu familial — et cela vaut pour toute la société —, les clubs sportifs, les départs en groupe, tout cela fait que la famille a beaucoup moins de prise sur les décisions concernant l'enfant.

La mère en arrive à partager son pouvoir sur l'enfant moins avec le père qu'avec un système extérieur à la famille.

La transformation rapide de la cellule familiale paraît largement due à ces conduites sociales qui tendent, d'ailleurs — et c'est leur aspect positif —, à une égalisation des modes de vie à l'âge scolaire.

Mais, sauf à souhaiter une prise en charge croissante de l'enfant par le système social réduisant les parents au rôle de géniteurs-hôteliers, et condamnant la famille à l'éclatement, trois inflexions devraient être données à cette évolution.

1. Des conditions matérielles d'habitat qui ne rendent pas les enfants intolérables dans la maison et la maison intolérable aux enfants.

En un temps où la valeur « loisir » est en train de se placer parmi les valeurs de tête, il est extrêmement grave pour le couple et pour la famille que la présence d'enfants soit, à la fin, pénible à cause de l'exiguïté des lieux, de cette impression cent fois décrite de rentrer le soir dans un tiroir.

2. Une participation effective et soutenue des parents aux décisions concernant la mise en place, l'organisation, le fonctionnement de tous les systèmes collectifs, qu'il s'agisse d'enseignement, de soins ou de loisirs.

Ils doivent en être des agents responsables et imaginatifs, non des spectateurs impuissants.

3. Un partage constant de la responsabilité entre les deux parents, à tous les âges et dans toutes les circonstances de la vie de l'enfant.

Ce partage que beaucoup de jeunes couples commencent à mettre en œuvre, réagissant à la fois contre la « démission » du père et contre l'asservissement de la mère, c'est ce que nous appelons la symétrie dans les fonctions parentales.

Si elle n'abolit pas la relation intense de la mère à l'enfant dans les toutes premières années, elle laisse la place à une relation non moins forte du père à l'enfant — dont on sait aujourd'hui que le nourrisson l'éprouve très vivement et l'identifie immédiatement comme différente.

Une double prise en charge de l'enfant, chacun s'en occupant à sa manière, équilibre la longue dépendance de cet enfant à l'égard de ses parents. Un rééquilibrage des rôles, dans les couples où les deux parents travaillent, contribuant ensemble à l'entretien de la famille, réintègre le père dans une responsabilité majeure. Responsabilité dont il a besoin pour continuer à s'affirmer indispensable et que les jeunes hommes ne montrent, d'ailleurs, aucune propension à esquiver, au contraire. Il rend sa noblesse à la fonction paternelle, qui a fini par être vidée de son contenu pour se résumer à une fonction alimentaire et à des manifestations épisodiques d'autorité plus ou moins narguée parce qu'elle n'est pas fondée sur une véritable et authentique communication.

Où l'on voit que l'on ne saurait séparer l'évolution des femmes de celle des hommes.

On peut, naturellement, reculer devant cette perspective d'équivalence, et s'en tenir à rechercher un aménagement du rôle éternel féminin : maternité, élevage, tâche domestique repos du guerrier, et accessoirement travail rémunéré par un salaire d'appoint.

Que cet aménagement soit souhaité et nécessaire pour toute une partie de la population féminine déjà largement engagée dans la vie, c'est l'évidence. Il est urgent d'y procéder.

C'est à quoi les mesures que nous proposons invitent également.

Mais il ne faut pas s'aveugler sur le fait que les jeunes générations sont en train d'inventer une nouvelle relation, un nouveau couple, un nouveau mariage, une nouvelle famille.

Et que si les femmes ne sont pas encore ce qu'elles seront, ni ce qu'elles voudraient être, elles ne seront plus jamais ce qu'elles étaient.

CULTURE

Présentation du budget du ministère de la Culture à l'Assemblée nationale, le 5 novembre 1976

Je me présente aujourd'hui, devant vous, démunie.

Sans véritable expérience de votre Assemblée, de ses règles et de ses coutumes.

Sans diplôme universitaire qui cautionne ce que je sais de la culture.

Consciente d'avoir plus à apprendre de vous que je n'ai à vous apprendre.

Chargée de défendre un budget qui conduit inéluctablement à mettre en regard d'un besoin infini des ressources limitées.

Je m'acquitterai de ma tâche, sans chercher à farder ni ces vérités-là ni d'autres.

Maupassant, qui n'était pas n'importe qui, haïssait la tour Eiffel, symbole de la modernité, monstre de fer qui offensait tout à la fois le bon goût et le ciel de Paris.

Qui d'entre vous accepterait, aujourd'hui, que l'on rase la tour Eiffel ?

1977 sera, dans le domaine de la Culture, l'année du Centre Georges-Pompidou, symbole de la modernité, usine de rêves, réalisation unique au monde, par son ampleur et par son ambition.

S'agirait-il d'une ambition excessive, qui ne serait pas à la mesure des moyens de la France ?

Il n'y a rien, dans l'ordre de l'art et de la culture, qui devrait être dit « hors des moyens de la France », sauf à abdiquer notre rôle... Plus : notre mission qui n'est pas de nous replier dans la contemplation de nos splendeurs désaffectées comme le font les civilisations défuntes, mais de rester au cœur de l'art vivant, et d'entretenir ainsi ce qu'André Malraux appelait le sentiment si mystérieux des autres pays à l'égard de la France, terre de culture dès l'aube de l'histoire.

Dans le budget que j'ai l'honneur de présenter à votre agrément, les crédits dévolus au Centre Pompidou sont en hausse de 35 p. 100 par rapport à 1976. Si ces crédits ne lui étaient pas consentis, non seulement il ne pourrait pas ouvrir ses portes, au début de l'année, mais un tel renoncement ne serait pas sans signification.

Cependant, je ne peux ni ne veux dissimuler que la charge de ce Centre d'Art et de Culture sera lourde, non pas pour les Finances publiques — qu'est-ce que 130 millions par rapport au budget de l'Etat — mais par rapport au budget global affecté à la Culture.

Budget qui subit l'inévitable rigueur dans les dépenses publiques des temps où nous sommes.

Si l'on veut bien considérer que la Culture englobe tout ce que les hommes inventent pour essayer d'oublier qu'ils sont mortels, il est évident que l'ampleur du domaine où mon département doit intervenir est sans commune mesure avec les moyens dont il dispose, bien que ces moyens aient triplé depuis quinze ans, en francs constants.

Il s'agit, de surcroît, d'un domaine disparate, puisqu'il incombe à ce département d'entretenir à la fois des cathédrales et des danseuses.

Sans doute serait-il sain que, dans l'avenir, une part intangible du budget d'équipement et de fonctionnement de la Culture soit consacrée à la défense de notre patrimoine architectural dont la situation est préoccupante.

Mon département est, en effet, le lieu d'une tension entre deux missions également importantes : protection et conservation d'une part, création et diffusion d'autre part.

Or, il a été conduit depuis deux ans à exercer la seconde au détriment de la première. Et cela parce que l'inflation le pénalise plus particulièrement.

Plus du tiers de son budget de fonctionnement est consacré à la rémunération de personnels d'établissements publics, indexée, pour la plupart, sur les traitements des fonctionnaires.

Quand, par le jeu de l'inflation, l'augmentation des rémunérations dépasse, au cours des mois, les prévisions budgétaires, il faut bien trouver les sommes nécessaires. On les a trouvées depuis deux ans. Mais par un transfert du secteur le moins sensible à court terme, le patrimoine, au secteur qui paie des traitements, la diffusion et l'action culturelle.

A cette situation déplorable, il faut mettre fin.

Je ne tenterai pas non plus de dissimuler que le budget soumis à votre appréciation accuse un déséquilibre entre les crédits accordés aux institutions parisiennes et ceux dont bénéficie le reste de la France. Bien que nos moyens d'actions en province aient été multipliés par 10 en 15 ans, la capitale bénéficie de 49 p. 100 des crédits de fonctionnement de la Culture.

Faut-il pour autant mutiler Paris et lui couper les ailes ? Faut-il renoncer à lui rendre vocation de centre mondial des arts et de la culture ? Evidemment non.

La bonne façon de corriger ce déséquilibre serait évidemment d'augmenter sensiblement la part réservée à tous ceux qui, à travers notre territoire sont à peine éveillés à la pratique culturelle, alors que la France non parisienne recèle des mines de capacités créatrices, d'inspiration et de ferveur.

Certains sont sceptiques, je le sais, lorsqu'on parle de développement culturel. Et il est vrai que le génie est irréductible à la notion de développement.

Mais quand on observe le chemin parcouru depuis la naissance de ce département ministériel, le mot « développement » prend tout son sens. Et il faut en rendre hommage à l'action de mes prédécesseurs et de ceux qui l'ont constamment soutenue.

Car il n'était pas évident, lorsque ce ministère fut créé, qu'il survivrait à son premier et prestigieux titulaire.

Ses structures étaient incertaines, fragiles, plus vulnérables que d'autres aux contestations par la nature même des matières qu'il lui faut dominer. « Les artistes ne peuvent pas être traités comme des préfets », disait déjà, au siècle dernier, je l'ai rappelé, un ancien préfet, ministre du second Empire, Emile Ollivier, peu suspect d'une tendresse excessive à leur égard.

Aujourd'hui, si le département que je dirige exige certaines remises en ordre administratives, déjà bien engagées, ce n'est pas pour l'arracher à la langueur des institutions vieillissantes mais parce qu'il est en pleine crise de croissance.

La question qui se pose à son sujet, au-delà des incertitudes financières des temps présents, c'est l'orientation qu'il convient de donner à cette croissance, et la cadence à laquelle la société française est prête à en assumer le développement.

Pour tracer des perspectives, il faut savoir d'où l'on regarde l'avenir. Or, quand on fait un bilan honnête du changement fondamental qui s'est opéré en quinze ans dans la vie culturelle des Français, on est conduit à une réflexion que je souhaiterais vous faire partager.

Que voit-on en effet ? Ceci.

En quinze ans, le nombre des entrées dans les musées a triplé. La production des livres a doublé ainsi que le nombre de titres édités. Le pourcentage des Français qui ne lisent pas a sensiblement diminué (29 p. 100).

Il y a cent ans, trente mille personnes allaient au spectacle. Aujourd'hui trente millions de Français sont des spectateurs assidus de la télévision. Plus de quatre foyers sur cinq sont équipés. Deux tiers des Français la regardent tous les jours. C'est une multiplication vertigineuse des possibilités ainsi offertes à toutes les catégories de la population d'avoir accès aux œuvres de l'esprit.

Mes prédécesseurs ont toujours été discrets au sujet de la télévision. Je suis fondée à ne pas les imiter puisque le Gouvernement m'a donné un mandat à ce sujet. Et c'est là un geste majeur, quand on prend conscience de l'importance qu'a eue l'irruption de la télévision sur la scène culturelle française.

Mais les résultats de cette irruption sont ambigus. En même temps que la télévision pénétrait dans tous les foyers et que l'on pouvait y voir *Don Juan, Les Jeux de l'Amour et du Hasard* ou *Splendeurs et Misères des Courtisanes,* les théâtres nationaux ont perdu la moitié de leur audience, et les théâtres privés guère moins, alors que l'effort de l'Etat dans ce secteur a quadruplé en francs constants depuis 1960.

Depuis que le théâtre est accessible à domicile, interprété par les meilleurs professionnels, plus de vingt millions de personnes s'y intéressent, il emplit les soirées mais il vide les salles, que fréquentent seulement 12 p. 100 des Français.

Faut-il en conclure que ces salles doivent fermer ? Que le

budget global de 174 millions destiné au Théâtre est excessif ?

La vérité est beaucoup plus complexe quand on sait que les troupes de la décentralisation accueillent ensemble, chaque année, plus de spectateurs que les théâtres nationaux parisiens. Il y a là un double phénomène que l'Etat ne peut pas négliger. Loin de le dispenser d'un effort, il exige que la décentralisation du théâtre soit soutenue et accentuée. Aussi le budget des Centres dramatiques sera-t-il augmenté de 25 p. 100 en 1977.

Le cinéma : jamais autant de Français n'ont vu autant de films, en se réjouissant d'en voir. A la télévision.

Mais le nombre des entrées dans les salles — 170 millions dans l'année — a diminué de moitié en quinze ans malgré une aide massive de l'Etat qui a permis de doter la France d'un réseau exceptionnel de salles modernes.

Faut-il se résigner à ce que l'art cinématographique s'édulcore et s'aligne sur la production inoffensive que digèrent chaînes et grands circuits ? Ou approuverez-vous que les crédits d'aide au cinéma et à la création soient, en 1977, augmentés de 30 p. 100 ?

La musique : un foyer sur trois possède un instrument de musique, deux sur trois un électrophone ; la production de de disques a été multipliée par cinq en quinze ans. Mais dans le même temps la fréquentation des concerts reste étale. Neuf Français sur dix ne mettent jamais les pieds au concert, qu'il s'agisse de grande musique, de pop ou de jazz, neuf sur dix n'entrent jamais dans une salle d'opéra, ni à Paris, ni en province alors que l'Etat a multiplié ses aides par quatre, donne près de 280 F par place d'opéra ; plus de 30 F par place de concert, et qu'il a créé sept orchestres en 1976.

Trouvera-t-on superflu, dès lors, de consacrer 4 millions à la création de l'ensemble intercontemporain de Pierre Boulez et du Groupe vocal de France dont la vocation sera de diffuser la musique du XXe siècle ?

Les crédits du secrétariat d'Etat à la Culture atteindront, en 1977, 1 milliard 847 millions, soit une progression de 15,6 p. 100.

Mais les artistes, les créateurs, les travailleurs de la culture, vivent dans l'inquiétude, bien que leur protection sociale soit désormais acquise.

Ils nourrissent aisément le sentiment d'être condamnés

à l'incompréhension, à l'isolement, voire au chômage. Et plus que tous, sans doute, les gens de théâtre qui s'attendraient à plus de sollicitude lorsqu'ils font l'effort d'aller chercher le public là où il se trouve. C'est que les sociétés modernes sont dures à ceux qui n'ont pas franchi, dès 25 ans, le seuil de la célébrité. Comme si Descartes n'avait pas eu 48 ans lorsqu'il a publié *Le Discours de la Méthode,* comme si Bach n'avait pas eu 50 ans lorsqu'il a fait jouer, la première fois, l'une de ses compositions.

Trouvera-t-on dès lors inutile de laisser se multiplier, dans la liberté, une profusion d'expériences, même si elles paraissent parfois déconcertanes ?

En vérité, on peut je crois lire les chiffres ainsi : par la conjugaison des efforts de l'Etat, du progrès technique et du doublement du niveau de vie en une génération, l'accès de la classe moyenne, du groupe central, aux grandes manifestations de l'art a été largement facilité.

Les amateurs cultivés sont devenus plus nombreux et ils ont été comblés.

Les couches les plus modestes peuvent prendre connaissance par le truchement de la télévision et du disque, des grandes œuvres du patrimoine de l'humanité.

Mais une large part de la population subit les produits de la culture plus qu'elle ne les choisit ; les ingurgite plus qu'elle ne les assimile ; les reçoit plus qu'elle ne les sollicite et les tient encore pour étrangers à son univers, où ils ne sont pas vraiment insérés.

Elle participe rarement à ces fêtes du cœur et de l'esprit où une salle fervente communie dans la joie de voir et d'entendre.

Elle n'organise pas encore son propre programme culturel.

Et pour rendre compte de cette situation, il ne suffit plus de dire, avec Tolstoï : « Que vaut Shakespeare en face d'une paire de bottes pour celui qui doit marcher pieds nus ? » Les Français d'aujourd'hui ont besoin et de bottes et de s'approprier Shakespeare, et Mozart, et Cézanne, et Eisenstein.

Et il n'y a pas de politique culturelle digne de ce nom qui ne doive se fixer pour objectif de donner à tous la faculté d'être présent au monde, spectateur et acteur à la fois de sa multiple splendeur.

Si l'on me dit qu'ils préfèrent écouter de médiocres chansons plutôt que de bons concerts, de gros vaudevilles plutôt que de grandes tragédies, je demanderai : « Etaient-ils nombreux, il y a cent ans, ceux qui savaient qu'ils voulaient apprendre à lire ? » Et un peuple alphabétisé depuis quatre générations ne mérite-t-il pas que l'on consente le même effort pour lui donner les instruments de la Culture ? Les références sans lesquelles la plus grande œuvre demeure opaque ?

A une dame qui lui disait un jour : « Votre peinture, pour moi, c'est du chinois... » Picasso a répondu : « Mais le chinois, Madame, cela s'apprend ! »

Oui, cela s'apprend. Encore faut-il que l'enseignement vous soit donné et que dans toutes les disciplines, celui qui a appris l'alphabet du chinois puisse à son tour et pour sa propre joie en organiser les signes.

Nous sommes encore très loin d'avoir exploré les possibilités qu'offre la télévision pour permettre un accès actif donc stimulant à la compréhension des œuvres de culture, pour réussir leur incorporation à l'univers mental du téléspectateur, pour expliquer le jugement qu'elles inspirent au lieu de l'assener : « Admirez, parce que d'autres ont décrété que c'était beau. »

Dans toute la mesure où les directeurs de chaîne voudront bien apporter leur concours au secrétariat d'Etat à la Culture, ce travail sera mis en chantier.

Sous toutes ses formes, du plus intime au plus monumental, du plus élaboré au plus spontané, l'art reflète toujours la vie des hommes et des femmes qui font ou vivent les événements.

C'est pourquoi l'art moderne, déconcerte parfois ses observateurs, comme le ferait un miroir où se reflète ce qu'il y a d'éclaté, d'angoissant, d'impitoyable, dans les sociétés contemporaines, si cruellement dépourvues de certitudes religieuses et morales, si profondément meurtries, bousculées, choquées par l'accélération du progrès technologique.

Apprendre à le regarder, cet art moderne, à le lire, à l'écouter, comprendre qu'il n'est qu'un épisode, inscrit dans le long cortège de l'histoire, c'est important. Mais il faut pour cela connaître ce qui l'a précédé, le situer et se situer par rapport à lui.

Bref, si l'on demandait : « La Culture pour quoi faire ? », il faudrait répondre « La Culture pour comprendre parce que ce que l'on comprend vous appartient. »

Mais tout se passe comme si, fascinée par les « étranges lucarnes », la société restait encore aveugle aux besoins profonds que leur existence a suscités, besoin de trouver des lieux d'échange, de réunion et de communication, besoin de donner forme à ses émotions, besoin du contact humain, irremplaçable, besoin de posséder une technique qui serve de médiateur à l'expression, besoin d'exercer sa fonction critique autrement que par des sondages désincarnés au lieu de se constituer en une foule solitaire de voyeurs.

A la limite, il ne faut pas craindre de dire que la télévision, après avoir ouvert à tous des fenêtres sur le monde, ne remplira désormais pleinement son rôle que si elle enseigne maintenant à la fermer de temps en temps et à devenir soi-même agent d'une création, fût-elle modeste.

Enfin j'ai assez dit combien il est important de viser à ce que chaque Français reçoive l'initiation nécessaire pour entrer en contact réel avec le patrimoine consacré pour n'être pas suspecté d'indifférence à l'égard de ce patrimoine.

Mais nous consacrerions l'inégalité au lieu de la réduire si la Culture était constituée en une sorte de Club dont il faudrait posséder le mot de passe, faute de quoi on serait rejeté dans les ténèbres.

Aussi mettrons-nous en œuvre, en 1977, dans le cadre de l'école, point de passage obligé pour tous, un type d'action qui vise à éveiller la sensibilité, à ouvrir le cœur et l'intelligence à toutes les formes de culture, et plus simplement à permettre à chacun de s'exprimer dans le langage qui lui convient le mieux.

L'inégalité fait alors place à la différence, à la diversité qui est source de richesses. Des crédits de 26 millions, en augmentation de 19 p. 100, seront consacrés à l'animation culturelle en milieu scolaire, action prioritaire inscrite au VIIe Plan, qui s'exercera en collaboration avec M. le Ministre de l'Education.

Je veillerai à la mise en œuvre de ce programme au cours des années qui viennent, mise en œuvre qui dépendra d'ailleurs autant des initiatives locales que des initiatives centrales.

Dans la même perspective, nous nous emploierons cette année à dégager les formes nouvelles d'action culturelle reposant sur l'idée fondamentale de pluralisme.

Vous sentez bien qu'une politique de la culture qui consisterait à soutenir de grandes institutions prestigieuses et de brillantes manifestations internationales, cette politique-là serait celle du XIXᵉ siècle, elle ne répondrait plus aux exigences que vous-mêmes avez fait naître et à la sensibilité des Français d'aujourd'hui.

Aussi ai-je confiance dans l'avenir.

A tant vous parler des hommes et de leurs besoins, je craindrai de paraître oublier les pierres. Ce n'est pas le cas, bien qu'elles ne crient pas, alors que les hommes, eux, crient.

La défense du patrimoine architectural est l'un des vingt-cinq programmes d'action prioritaire d'initiative nationale inscrits au VIIᵉ Plan. Les pouvoirs publics ont pris l'engagement d'affecter à ce programme 959 millions pendant la durée du Plan.

Je tiens cette garantie nécessaire pour un minimum, tant les besoins sont grands. Le volume total des crédits affectés aux travaux, 226 millions, ne marquera en effet en 1977 qu'une progression de 10 p. 100, un effort particulier étant néanmoins prévu dans le domaine de la restauration des objets d'arts et des orgues.

C'est, en quelque sorte, une écrasante richesse que constitue notre patrimoine architectural. La contribution substantielle des communes et de certains départements suffirait cependant à montrer combien est vive la volonté de le préserver.

Peut-être faut-il y voir une manière de sagesse. Aujourd'hui où chacun de nous, où qu'il se trouve, sent que le sol du monde est en train de frémir sous ses pieds, les témoins du passé que sont les monuments nous rappellent la relativité des choses, et qu'il ne faut pas confondre l'écume de l'histoire et ses mouvements profonds. Nous avons besoin d'eux pour sentir que chacun de nous n'est qu'un chaînon dans la longue chaîne de l'humanité. Ils ont besoin de nous pour ne pas être progressivement effacés de la mémoire des hommes.

Plus important encore : leur sauvegarde bien conduite participe d'une politique plus attentive au cadre de vie.

C'est une manifestation très concrète de l'inégalité, celle qui prive tant d'habitants des villes du droit à la beauté, à l'harmonie d'un paysage, à l'admirable combinaison entre l'aménagement de la nature et l'organisation des pierres qui a fait autrefois de la France le pays le plus doux au regard de l'homme.

Où donc nos artisans ont-ils reçu cette éducation de l'œil

et du goût, qui les a rendus célèbres, sinon en posant, simplement, les yeux autour d'eux ?

Partout où l'harmonie existe encore, il faut la protéger ; partout où elle peut être recréée, il faut s'y employer.

Le secrétariat d'Etat à la Culture participe à deux programmes d'action prioritaire d'initiative nationale « mieux vivre dans la ville » et « valoriser les zones rurales ». Il y trouvera des moyens sensiblement renforcés pour développer au cours du VIIe Plan la politique de protection des ensembles architecturaux urbains et ruraux. Dès 1977, les crédits affectés aux secteurs sauvegardés et aux sites vont doubler, passant de 11,6 à 21,6 millions.

En ce qui concerne le passé le plus ancien, celui dont témoigne le patrimoine archéologique, l'intérêt des Français s'est également accru, comme en témoigne notamment l'audience du Congrès international de préhistoire.

Des précautions s'imposent pour éviter la destruction progressive de ce patrimoine, entraînée en particulier par les travaux d'équipement.

L'archéologie de sauvetage disposera en 1977 d'un fonds spécial nouvellement créé de 3,5 millions. L'inventaire informatisé des gisements archéologiques, préalable indispensable à toute politique en la matière, sera entrepris.

Du côté des musées, après un accroissement du budget d'équipement de 86 p. 100 en 1976, il conviendra en 1977 d'améliorer le fonctionnement de ce qui existe. Le nombre des conservateurs, documentalistes et bibliothécaires sera augmenté. En outre l'indemnité allouée aux membres du Corps de la conservation sera revalorisée de 40 p. 100 au cours de l'année.

Le nombre croissant de visiteurs — plus de 13 millions en 1975 — crée d'autre part de nouveaux risques pour les collections. D'où la poursuite d'un effort de modernisation des moyens techniques de sécurité.

Se poursuivra également la restructuration du Louvre, afin que ses richesses soient à la fois plus accueillantes et plus accessibles, et l'accentuation de l'effort accompli en faveur des musées de province, dont le renouveau est éclatant. Je n'en donnerai qu'un exemple : le musée du Petit Palais d'Avignon, récemment inauguré. Installé dans un bâtiment restauré par les Monuments historiques, abritant des œuvres d'une qualité exceptionnelle, ce musée constitue un ensemble quasiment sans rival à l'échelle européenne.

Deux grandes opérations seront menées à terme : l'achèvement du musée de la Renaissance à Ecouen, et la création à Paris d'un musée Picasso, destiné à recueillir les œuvres transférées à l'Etat par les héritiers du peintre, à titre de donation en paiement des droits de succession.

La ville de Paris participe aux travaux de restauration de l'Hôtel Salé, où se situera le musée Picasso.

Mais avec la franchise que je vous dois, et à laquelle je suis résolue à me tenir, j'ajouterai que la progression dans la création et la fréquentation des musées n'a pas été accompagnée par un accroissement correspondant du personnel. L'effort prévu en 1977 où 205 emplois seront créés au bénéfice des divers secteurs de la Culture n'est pas encore à la mesure des nécessités.

1 475 personnes forment aujourd'hui l'ensemble des effectifs de la Direction des musées de France. On ne dira jamais assez leur dévouement et leur désintéressement en face d'une tâche de plus en plus complexe et de responsabilités de plus en plus nombreuses et diversifiées.

J'en dirai autant en ce qui concerne les Archives. Ce secteur disposera de 41,6 millions en crédits de fonctionnement, consacrés pour la plus grande part à des dépenses de personnel.

La première unité de la Cité interministérielle des archives, à Fontainebleau, les Archives départementales des Hauts-de-Seine, de l'Hérault et des Pyrénées-Orientales seront achevées ou en voie d'achèvement en 1977.

Mais il ne suffit pas de conserver les documents. Il faut que le public y ait accès, que les chercheurs connaissent leur existence et puissent les consulter.

Aussi la publication des inventaires et répertoires sera accélérée, les premiers volumes de l'Etat des Fonds des Archives nationales vont sortir des presses ; les techniques modernes d'informatique et de microfilmage seront largement utilisées, la constitution de centres audiovisuels facilitera la communication des documents.

Au sujet du livre, je rappelerai que le Centre Georges-Pompidou comprendra non seulement un musée, un centre de recherches musicales et un centre de création industrielle mais une vaste bibliothèque de 300 000 ouvrages et de 1 300 places ouvertes le soir jusqu'à 22 heures.

Ce sera la première bibliothèque française où les lecteurs auront accès à la totalité des documents.

Cinquante-deux emplois seront créés pour la lecture publique, tandis que les crédits d'équipement en faveur des bibliothèques centrales et municipales seront portés à 32 millions.

Je mettrai enfin tous les moyens nécessaires en œuvre pour qu'une méthode efficace de diffusion du livre français à l'étranger soit définie et adoptée.

Finalement, qu'est-ce que le projet de budget de la Culture pour 1977 ?

— Des crédits d'un montant total d'*un milliard 845 millions de francs,* ce qui représente 0,55 p. 100 du budget de l'Etat et une augmentation de 15,6 p. 100 par rapport au budget de l'année précédente.

— Des crédits de fonctionnement d'*un milliard 454 millions de francs,* en augmentation de 18,5 p. 100.

— Des crédits d'équipement de *391 millions de francs,* et de *483 millions* si l'on considère les autorisations de programme.

Enfin, hors du budget de l'Etat, et au titre des établissements publics culturels autonomes : environ *350 millions de francs* pour le Centre national du cinéma, *24 millions de francs* pour le Centre national des lettres et *40 millions* pour la Caisse nationale des Monuments historiques.

La novation essentielle de ce budget, c'est qu'il comprend pour la première fois la subvention de fonctionnement du Centre Georges-Pompidou pour une année normale : 130 millions de francs, soit 9 p. 100 des crédits de fonctionnement.

Les autres masses de dépenses traduisent l'effort que l'Etat consent traditionnellement au secteur musical puisque 20 p. 100 des crédits de fonctionnement vont à la Direction de la Musique, de l'Art lyrique et de la Danse, dont les dotations augmentent de plus de 25 p. 100 par rapport à l'année 1976.

Les théâtres et l'action culturelle reçoivent 16 p. 100 des crédits de fonctionnement de ce ministère.

Les subventions aux maisons de la Culture et aux Centres d'action culturelle, en hausse de 40 p. 100, redresseront les défaillances des deux dernières années.

Enfin, les dépenses d'administration représentent 14 p. 100 des crédits.

En d'autres termes, la Musique, les Théâtres et l'Administration absorbent plus de la moitié des crédits de fonctionnement. Ils constituent des priorités de fait et en même temps le coût du mécénat public pour des activités qui, sans ce mécénat, ne trouveraient pas les conditions économiques de leur existence.

La photographie aura son Centre. La revalorisation des métiers d'art, dotée de 15 millions, le budget des Centres dramatiques, augmenté de 25 p. 100, l'aide au cinéma, augmentée de 60 p. 100, l'animation culturelle en milieu scolaire, augmentée de 19 p. 100, marquent autant de directions où l'effort sera accru, 205 emplois seront créés.

En résumé, les actions prestigieuses précédemment engagées seront menées à bien, les opérations de nature à maintenir et à renforcer le rayonnement national et international de la France seront assurées, les engagements pris seront respectés, l'exécution des programmes d'action prioritaires du VIIe Plan, notamment la défense du patrimoine architectural, sera engagée.

A l'intérieur des grandes masses du budget, l'action du secrétariat d'Etat sera essentiellement dirigée vers le développement en profondeur de la connaissance et de la pratique culturelles, d'une part, vers l'aide à la création d'autre part.

Une meilleure coordination entre les différents ministères intéressés sera attentivement recherchée, dans le but d'adapter au mieux les moyens de tous ordres, dont nous disposons à un projet global.

Avec treize directions ou services autonomes, le secrétaire d'Etat à la Culture est largement requis par le quotidien de la gestion administrative, et il convient assurément que celle-ci soit rigoureuse pour assurer la meilleure utilisation possible de l'argent public.

Mais chacun sent bien que la Culture ne peut pas seulement être pensée en termes de gestion.

La situation économique nous condamne à une pause relative dans la mise en œuvre de réalisations spectaculaires. Je souhaite mettre cette pause à profit pour tracer les lignes nouvelles d'une politique de la Culture, telle qu'elle devrait être conçue à partir de ce que quinze années nous ont apporté, et enseigné.

Nous savons maintenant que le patrimoine culturel se partage moins aisément qu'on a pu le croire, et qu'il y faudra non seulement des crédits mais de l'imagination.

Nous savons maintenant qu'il ne suffit pas d'avoir quelques loisirs pour en profiter dans le sens d'un enrichissement de la sensibilité et de l'esprit. Encore faut-il y être préparé, et cela exige non seulement des crédits, mais une volonté politique.

Nous savons maintenant qu'il ne sert à rien d'entasser des objets d'art dans les musées si le cadre de la vie quotidienne offense le regard et torture le goût.

Nous savons maintenant que, sous la pression du progrès technologique, la transformation du mode de vie des sociétés industrielles se produit avec une rapidité, une ampleur et une brutalité qui mettent rudement à l'épreuve la fantastique capacité d'adaptation humaine.

Ceux qui se demanderont demain : « Qui suis-je et pour faire quoi... » où trouveront-ils la réponse, sinon dans ce que l'on nomme « Culture » ?

En jugeant le budget que je vous soumets en même temps que je sollicite vos remarques, vos critiques, et vos conseils, je vous demande de retenir que, dans sa modestie, il bénéficie néanmoins d'une hausse supérieure à celle du budget général de l'Etat.

C'est un peu plus qu'un geste : c'est un symbole où nous avons le droit de puiser espoir et confiance dans l'avenir.

Entre le mercantilisme culturel, et la confiscation des esprits par un Etat autoritaire, tranchant de tout, la voie est étroite où nous sommes engagés. Mais c'est la voie royale, la seule qui soit digne de la France.

INAUGURATION DU CENTRE GEORGES-POMPIDOU

Le 31 janvier 1977

Le monde a, depuis une semaine, les yeux fixés sur Paris. A travers tous les réseaux des télévisions étrangères, on guette l'événement qui s'y prépare. L'un des plus troublants qui soient : je veux dire une naissance.

Ce lieu singulier où nous sommes, tout bruissant de rêves et de couleurs, des centaines de mains agiles, ingénieuses et laborieuses l'ont patiemment édifié. Mais il n'existe pas, pas encore. Et personne ne peut vous dire ce qu'il sera vraiment, parce que personne ne le sait vraiment.

Le Centre national d'Art et de Culture Georges-Pompidou ne trouvera sa forme et sa fonction réelles que lorsque le public aura mis son cœur en marche et que tous ses organes en seront irrigués.

Alors, de ce berceau de verre où reposent des milliers d'objets encore inertes, quelque chose jaillira.

Il serait beau que ce soit une source de joies et de connaissance pour tous, que chacun entre ici, tout naturellement, comme on entre chez soi, écoute un disque, regarde un spectacle, monte au musée et que là, il y reçoive le coup de poing au cœur que donne la beauté, et qu'il y revienne plus avide encore.

Alors, Paris surprendrait et pour de bonnes raisons ; Paris serait la première capitale capable d'élargir à l'infini le cercle des amateurs initiés, de ceux qui ont appris à voir et à écouter.

Alors l'effort considérable fourni par l'Etat pour donner vie à cette institution trouvera sa justification.

Il ne resterait qu'à soutenir son exubérance par une gestion rigoureuse à laquelle je ne doute pas que ses responsables s'appliqueront, en tout état de cause, mais la cause peut être plus ou moins exaltante.

Stendhal s'étonnait que tout homme ait la science nécessaire pour jouir de la vue d'une jolie femme et qu'il dédaigne d'acquérir la science si facile mais indispensable pour voir les œuvres de peinture.

Et il est vrai que la culture est un acte individuel et volontaire. Personne ne peut vous épargner l'effort nécessaire pour accéder à ses plaisirs. Encore faut-il que les moyens de cet accès vous soient offerts.

Ces moyens devraient être largement réunis ici, où se trouvera représenté, et comme concentré, ce que le monde contemporain a produit de plus significatif et de plus stimulant pour l'esprit.

On y viendra de tous les points du globe, c'est bien. Mais il serait mieux encore que l'on y vienne de tous les coins de France et surtout, que l'on y soit heureux. Que ce soit un lieu de fête et que ce soit enfin un lieu de réconciliation entre les Français et leur temps.

Comment oublier qu'il n'y a pas de belle époque, hormis celle où l'on est vivant.

On vit mal lorsqu'on refuse son temps. C'est lui alors qui vous refuse et vous laisse meurtri, amer sur le bord de la route.

A travers les siècles, toute organisation neuve de sons, de mots, d'images, de signes a déconcerté ses témoins.

Après avoir entendu la première audition de la *VIIe symphonie* de Beethoven, l'auteur du *Freischütz*, Weber, déclarait sous les applaudissements : « Beethoven vient d'atteindre le *nec plus ultra* de l'extravagance. Il est mûr pour l'asile d'aliénés. »

Il y a, dans tous les domaines, un Weber qui sommeille en chacun de nous et qui se réveille et qui se rebiffe lorsque de nouveaux venus tranchent avec les formes conventionnelles de la beauté ou de la morale.

C'est que le neuf n'est jamais sûr et qu'il n'est jamais entièrement admis que lorsqu'il a cessé d'être neuf.

Aussi bien ne s'agit-il pas de s'extasier devant tout ce que produit notre temps, ou d'exercer un façon de terrorisme intellectuel sur qui se rebelle à ses manifestations.

Ceux qui entreront ici ont tous le droit de dire : mais

c'est affreux... A quoi ça sert ? Ou bien encore, devant tel tableau ou telle sculpture : et ça, qu'est-ce que ça représente ?

L'important est seulement de savoir que dans le domaine des arts, « ça » représente toujours une tentative d'exprimer le divin — d'autres l'ont dit mieux que moi — et de satisfaire à notre ultime besoin d'absolu.

Le Centre Pompidou ne réglera pas l'éternelle querelle entre ce qui fut et ce qui sera. Il ne lui appartient pas plus d'excommunier que d'imposer je ne sais quel art officiel, dans quelque discipline que ce soit mais d'être ouvert à toutes les recherches comme à toutes les curiosités.

Les critiques ne lui seront pas épargnées et il en méritera certainement quelques-unes.

Mais lorsque l'ambition est noble, n'y a-t-il pas toujours plus de grandeur à la soutenir qu'à lui couper les ailes ?

Le Centre national d'Art et de Culture de Paris va naître, tout à l'heure, de vos quatre mille regards.

A l'heure où son destin commence, le moment n'est plus de savoir critiquer. Le moment est venu de savoir aimer.

POLITIQUE GENERALE

Discours au parti radical réuni en congrès le 28 novembre 1975

Avant de vous rejoindre ici, à Lyon, je me suis livrée à un examen de conscience.

Opération toujours périlleuse, comme vous savez, mais à laquelle il faut se livrer de temps en temps, par mesure d'hygiène.

Cet examen portait sur trois points :

D'abord, qu'est-ce qu'un ministre aujourd'hui ? Ensuite, qu'est-ce que le Parti radical ? Enfin, qu'est-ce qu'un ministre radical, et puis-je, dans la mesure naturellement où cela dépend de ma volonté, persévérer dans cet emploi sans entrer en conflit avec les quelques convictions simples qui m'ont guidée depuis des années... Et que j'ai essentiellement formées auprès de deux radicaux incommodes : Pierre Mendès-France et Jean-Jacques Servan-Schreiber.

En vous disant à quelles convictions je suis arrivée, j'éclairerai peut-être pour vous quelques zones d'ombre, je dissiperai peut-être quelques-unes de ces ambiguïtés qui font le confort des uns en même temps qu'elles détournent les autres de ce qu'ils appellent, non sans mépris, « la Politique politicienne ».

D'abord, qu'est-ce qu'un ministre aujourd'hui ?

C'est l'exécutant, dans son secteur, de la politique définie par le président de la République.

L'initiative n'est pas interdite, elle est même recommandée, à condition qu'elle s'inscrive comme il est normal dans un cadre préalablement tracé.

Ce cadre, c'est ce que le parti radical a appelé la Réforme.

Donc, un ministre, aujourd'hui, est l'un des éléments

parmi d'autres, d'un groupe d'hommes et de femmes qui sont engagés dans une entreprise de réforme.

Mais s'agissant de politique comme de tout ordre humain, il faut compter avec les volontés qui s'affirment et les intérêts qui s'affrontent.

Si les forces qui sont en présence s'annulent, si l'on ne peut maintenir une apparente cohésion qu'à condition de ne pas agir, si l'on ne peut durer qu'à condition de ne pas bouger, on est conduit à disparaître tôt ou tard de l'Histoire.

Personne ne le sait mieux que le président de la République. Personne n'est plus persuadé que lui de la nécessité de *faire mouvement*. Mais si grand que soit son pouvoir d'impulsion, son pouvoir tout court — et il est grand dans le régime où nous sommes, il trouve ses limites chez ceux-là même qui l'ont élu et qui ont, semble-t-il, la mémoire aussi courte que fut sa majorité.

Quand je les observe, ils me font parfois penser à Guizot et à Thiers, qui n'étaient pas des sots, l'un Premier ministre, l'autre leader de l'opposition parlementaire, qui n'avaient, en février 1848, aucun pressentiment, ils l'ont dit, de ce qui allait les emporter quelques jours plus tard et le régime avec eux.

Encore avaient-ils une excuse de leur cécité : c'est qu'à l'époque il n'existait pas de sondage pour les renseigner sur la dynamique des humeurs.

Alors, deuxième question : qu'est-ce que le Parti radical dans cette conjoncture ?

Est-ce une famille, et chacun sait que l'on ne se déchire jamais mieux qu'en famille ? Est-ce un syndicat de ministres ? Est-ce, comme certains se plaisent à le dire, le lieu d'une certaine impuissance à la discipline, du manque de foi dans les causes que l'on prétend servir, de la malveillance à l'égard de celui qu'on se donne l'air de suivre, est-ce le lieu où la volonté de jouer un rôle personnel a souvent tenu lieu de volonté politique ?

Ou bien est-ce le parti dont les militants ont permis, par une décision courageuse, grave et difficile, à l'esprit de la réforme d'entrer à l'Elysée ?

Un parti qui a des idées, et prétend les servir, un parti qui a un corps de doctrine et prétend s'y tenir, un parti qui a un passé et prétend avoir un avenir ?

Quand j'entends dire, ici et là, que le président par interim du Parti radical doit se montrer flatté de l'intérêt que lui a manisfesté le président de la République, et qu'il doit désormais prendre soin de lui plaire en tous points, de ne rien faire ou dire qui puisse troubler cette idylle, je ne comprends pas.

Je me trompe peut-être, mais je dis, moi, que c'est tout le contraire qu'il attend de nous et qu'il est en droit d'attendre de vous, qui êtes le Parti radical.

On ne nous compte pas par millions ? C'est vrai. C'est que le système de l'élection présidentielle est meurtrier pour ceux qui n'admettent pas de voir la France divisée en deux camps qui se paralysent l'un l'autre.

C'est que le système électoral des législatives est meurtrier pour ceux que l'on croit insulter en disant qu'ils sont tolérants.

Mais qu'est-ce que la tolérance, sinon le respect de l'autre ?

On ne nous compte pas par millions mais là où il est, chacun de vous, dans sa ville, dans sa commune, a eu et aura demain un rôle déterminant dans les prochaines consultations électorales, dont vous savez qu'elles se jouent sur des marges infiniment étroites. Surtout, avant ces consultations, chacun de vous peut animer, convaincre, expliquer, entraîner, ouvrir le chemin par où passera la réforme. Ou bien il peut se décourager, et laisser la voie libre aux forces renaissantes de la droite musclée, de la droite cupide.

Je dis que cela donne au Parti radical non seulement le droit de parler haut, mais le devoir de parler haut.

Car il porterait une lourde responsabilité devant l'Histoire si la réforme devait s'enliser dans les marais de l'opportunisme.

Je dis que cela donne aux militants le devoir de demander au président de la République : « Où en sommes-nous du programme sur lequel nous vous avons élu ? Ceci a été fait ? Et ceci également ? Fort bien. Et cela ? Quand aurons-nous satisfaction sur tel point précis ? Où sont les obstacles ? Quel est votre calendrier ? »

Et si l'on juge cette demande de nature à offenser le chef de l'Etat, je dis que c'est ainsi qu'on offense.

Nous ne sommes pas à Versailles, à la cour du roi. Et nul moins que Valéry Giscard d'Estaing ne suscite des courtisans ni ne souhaite en avoir.

On nous a dit qu'il ne fallait pas se tromper de République. Sans doute. Mais il ne faut pas, non plus, se tromper de président.

Et il ne faut pas non plus se tromper d'époque. Toute l'histoire politique est une alternance de périodes calmes et d'époques critiques. Nous sommes, chacun le sait et chacun le sent, à l'intérieur d'une crise mondiale profonde. Un frisson court dans la moelle de l'Europe. Les équilibres anciens sont rompus, des équilibres nouveaux sont à trouver... Un sentiment d'insécurité se développe parce que, selon la parole fameuse, chacun découvre que « Demain est une puissance cachée... »

En trente ans, au prix d'un travail acharné, et de beaucoup de douleurs individuelles, en laissant beaucoup de blessés au bord de la route, la France a réussi globalement un certain nombre d'actions. Elle est devenue un pays industriel. Elle a accompli une dure mutation agricole. Elle a mené à terme la décolonisation. Elle a maintenu sa place dans le monde.

Mais quand on observe ces résultats, ce qui frappe, ce qui me frappe, c'est qu'ils ont été obtenus avec deux caractéristiques fondamentales :

1. — Les libertés ont été préservées. Et c'est à mes yeux, capital.

2. — Les inégalités n'ont pas été réduites. Et c'est, à mes yeux, capital.

Je ne citerai qu'un chiffre. Parce qu'il est moins connu que les autres. Savez-vous que 5 p. 100 des agriculteurs, 5 p. 100 se partagent 45 p. 100 des revenus agricoles ?

Tout ce que l'on dit, et qui est vrai, sur l'élévation fantastique du niveau de vie des Français depuis trente ans ne peut pas dissimuler le fait que des inégalités tout à fait excessives se sont perpétuées et quelquefois même créées.

Tout le problème aujourd'hui, tel qu'il se pose dans le monde entier, et, en particulier en Europe, tel qu'il se posera demain, est celui du rapport qui existe entre les libertés individuelles à propos desquelles les hommes et les femmes, et même les enfants, sont de plus en plus exigeants, et les inégalités, auxquelles les hommes et les femmes et les jeunes gens, en tout cas, sont de moins en moins résignés. Et quand je parle d'inégalités, entendons-nous... Il ne s'agit pas seulement « d'avoir » plus... Il s'agit « d'être » plus. D'acquérir en quelque sorte le droit de définir soi-même ses buts et ses moyens.

Cette situation n'est pas propre à la France. Si elle a été vécue, jusqu'à présent, sans trop de dégâts, dans les démocraties analogues à la nôtre, c'est parce que l'expansion économique très rapide donnait, en permanence, l'espoir que les écarts finiraient par se réduire entre les faibles et les forts, entre les humiliés et les humiliants. L'espoir qu'un meilleur équilibre finirait par s'établir.

Maintenant, cette espèce d'ivresse un peu malsaine d'ailleurs à certains égards, de l'expansion accélérée, malsaine parce que lorsque trop de choses changent trop vite dans le quotidien de la vie, les êtres humains sont bousculés, froissés, meurtris, choqués. Maintenant, donc, que ce mouvement va incontestablement se ralentir, que va-t-il se passer. Il y a deux hypothèses. Il n'y en a pas trois.

— ou la désespérance engendrera une révolution ;

— ou la réforme fera renaître l'espérance.

Je respecte les véritables révolutionnaires. Les hommes au regard maigre et affamé qui ne dorment pas la nuit. Mais je ne respecte pas ceux qui, parlant de révolutionner la société, parlent à gauche et vivent à droite.

La réforme, c'est le contraire. Ce n'est pas un état violent, ce n'est pas une passion romantique, ce n'est pas un mensonge que l'on se fait à soi-même, c'est une volonté tenace et ferme de changer ce qui peut être changé sans se nourrir de chimères.

C'est un mot superbe, la réforme, un mot vigoureux et calme, dont on voudrait qu'il ne soit pas galvaudé.

C'est un mot sobre mais qui va loin, qui va large, qui va profond. Ou alors ce n'est pas la réforme, c'est sa caricature, sa parodie.

C'est un acte superbe parce qu'il suppose que l'on ose prendre les risques de l'action, et c'est un programme superbe parce qu'il mobilise la raison et pas l'émotion. Parce qu'il en appelle au sentiment de la justice et pas aux sinistres revanches de l'envie. Parce qu'il sollicite l'intelligence et pas la crédulité.

Je n'aime pas, moi, que l'on cherche à me vendre ce futur radieux où tout le monde aurait à la fois la liberté de l'entrepreneur et la sécurité du fonctionnaire, le droit de s'enrichir et la garantie contre toute perte de biens. Une automobile personnelle mais pas de circulation sur les routes. Une responsabilité dans l'entreprise mais pas de responsabilité dans son échec.

Ce futur radieux où se conjugueraient les assurances que donne la société soviétique, la tolérance de la société britannique, la liberté d'entreprise de la société américaine, l'égalitarisme de la société suédoise, le tout assaisonné au charme discret de la France libérale, ce futur imaginé et produit par ceux qui proposent de détruire pour reconstruire me fait penser à la fameuse recommandation de l'humoriste Alphonse Allais qui suggérait, pour que tout le monde soit heureux, de construire les villes à la campagne.

Il n'y a pas, il n'y a nulle part, la ville à la campagne.

C'est la force, c'est aussi la faiblesse, c'est en tout cas l'honneur de ceux qui se réclament de la réforme de ne pas prétendre ouvrir aux Français les routes étoilées du paradis commun.

Ils ne disent pas qu'ils changeront la vie. Ils savent qu'il serait déjà beau de changer la fiscalité.

Ils savent qu'il serait déjà beau de donner à chacun, là où il se trouve, une plus grande part de liberté dans l'organisation de sa vie, et de son travail, dans le choix d'un métier, dans la faculté de décider pour soi au lieu que d'autres décident.

Ils savent qu'il serait déjà beau de partager équitablement la charge de travail et la charge des sacrifices.

Mais encore faut-il le faire... Encore faut-il s'y attaquer... s'attaquer au fond des choses et pas à leur écume.

Il n'y a pas une seule société européenne qui puisse ignorer sa fragilité intérieure, et se figurer que ses institutions ne risqueraient pas d'être emportées par un long désordre économique.

Les hommes ne supportent pas longtemps le désordre sans appeler la police ou la mort, c'est-à-dire la guerre, deux issues également fâcheuses. Et c'est un grand désordre, celui qui, dans les pays riches, crée de nouveaux pauvres au lieu de répartir plus équitablement ses richesses, et qui ne parvient pas à intégrer sa jeunesse dans le circuit du travail.

N'importe quel ordre risque alors de sembler préférable à cette injustice. Même s'il menace d'abolir les libertés individuelles.

Alors, parfois, on s'interroge : cette société où nous sommes a-t-elle encore la capacité de se réformer ? Ou lui faudra-t-il un électrochoc ?

Est-il possible de constituer de façon durable un rassemblement d'énergies qui dérouillent la vieille machine, qui forcent le mouvement, qui l'entretiennent, qui le soutiennent ?

C'est le pari du président de la République. Rien ne vous oblige à le prendre avec lui. Mais si vous décidez de persévérer, et je crois qu'il faut le faire, alors battez-vous pour le gagner.

Parlez fort, exigez ! C'est votre rôle ! Battez-vous à droite, battez-vous à gauche ! Quand on me dit qu'il faut persuader les enfants prodigues de la famille radicale de rejoindre la place de Valois, je dis : Bravo, mais avec quoi comptez-vous les persuader ?

Les efforts immenses de Gabriel Peronnet * me font penser parfois à ceux de Charles Quint, qui après avoir édifié un empire, puis abdiqué, se retira dans un monastère et employa les dernières années de sa vie vous savez à quoi ? A faire sonner ensemble quarante pendules. Entreprise rigoureusement irréalisable et qu'il n'a d'ailleurs pas réalisée.

Ce qui persuadera les fugitifs, s'ils doivent l'être un jour, c'est ce qui se fera au pouvoir, c'est ce qui se réalisera dans les faits. Alors, peut-être, se diront-ils en effet, parce qu'ils sont de bonne foi, parce qu'ils sont des hommes de réforme : eh bien oui, ce qui se fait là est proche de ce que nous souhaitons, de ce que nous préconisons, et nous pouvons sans arrière-pensée travailler ensemble.

Dernière question : qu'est-ce qu'un ministre radical ?

Je ne peux parler ici que pour moi.

C'est quelqu'un qui a été choisi par le président de la République parce qu'il le jugeait propre à remplir telle ou telle fonction.

Mais quand on me dit qu'un ministre a été choisi sans se préoccuper un instant de son inscription sur l'éventail politique, j'ose en douter.

Ce n'est pas une question de dosage parlementaire, en effet.

Mais on peut tout de même espérer qu'en entrant dans un Gouvernement, un homme ou une femme ne perd pas du même coup ses convictions, son tempérament, sa sensibilité politique.

On peut espérer qu'il s'en servira pour guider son action.

Et s'il s'agit d'un radical, on peut espérer qu'il luttera

---

* Alors président par intérim du parti radical.

au sein même du Gouvernement pour la réalisation des réformes fondamentales auxquelles il a souscrit et que son parti réclame !

On peut espérer qu'il sera du côté du mouvement, du côté du progrès, du côté de la justice.

Oh ! je ne dis pas que c'est simple de transformer les idées en faits.

Donner l'égalité des chances, réduire l'inégalité des situations, cela implique c'est évident, des choix précis et difficiles. Répartir autrement la richesse nationale, même si elle n'augmente pas même si elle diminue, surtout si elle diminue, cela signifie forcément prendre aux uns ce que l'on donnera aux autres, quel que soit le moyen employé pour ces transferts.

Réduire les inégalités dans le pouvoir de décision, permettre à chacun de participer à la formation de la volonté collective, cela signifie forcément prendre aux uns un peu de pouvoir que l'on donnera aux autres.

Jusqu'où peut-on pousser la redistribution des richesses et des pouvoirs, sans que le pays se cabre et se brise, de cela on peut, on doit discuter.

Je l'ai déjà dit et je le crois profondément : le président de la République n'attend pas de ses ministres de la docilité.

Il ne s'agit pas d'être intransigeant sur toutes choses. La place de l'intransigeance est, et elle a toujours été dans l'opposition que chacun est toujours libre de rejoindre.

L'intransigeance n'est jamais au pouvoir.

Mais il faut savoir jusqu'où on compose, sur quoi on compose et pourquoi on compose. Sinon on se décompose.

A vous d'exprimer, de fortifier, de multiplier les forces sur lesquelles le président de la République peut s'appuyer pour n'avoir pas, lui, à composer au-delà de ce qu'un Radical pourrait accepter sans devenir, purement et simplement, l'otage de la majorité.

NOTES

CHAPITRE PREMIER

1. Selon les estimations officielles, 12 millions de tonnes ont été soustraites, en 1976, à la consommation annuelle qui s'est élevée à 175 millions de tonnes.

2. En juin 77, un système d'information destiné aux secrétaires d'Etat non présents au Conseil du matin a été mis en place. Ils sont réunis dans l'après-midi par le Garde des Sceaux.

CHAPITRE IV

1. Thomas Ferenczi. *Le Monde,* 25 juillet 1974.
2. Gilbert Mathieu.

CHAPITRE V

1. 8,5 p. 100 des Français ont plus de 65 ans.
2. Antenne 2, 17 juin 1974.

CHAPITRE VI

1. L'un des premiers coups de téléphone qui me parvinrent au secrétariat d'Etat émanait de Gisèle Halimi. « J'ai bien réfléchi. Vous avez eu raison d'accepter. Quand il s'agit des femmes, je deviens réformiste... »

2. Tocqueville, à propos de la centralisation.

CHAPITRE VII

1. *Actuel 2,* juin 1974.
2. *Le Mal Français* (Plon, 1977).
3. André Passeron, *Le Monde,* 28 septembre 1974.
4. *Planovoe Khozjajstvo n° 8,* 1974, p. 138.

CHAPITRE VIII

1. Les 43 députés de l'Udr qui ont suivi Jacques Chirac dans sa défection à l'égard de Chaban-Delmas au moment des présidentielles.
2. Maurice Papon.

CHAPITRE IX

1. Freud : *Essais de psychanalyse* (Payot).
2. Claude Pierre-Brossolette. Il a quitté son poste volontairement, en août 1976, pour devenir président-directeur général du Crédit Lyonnais. C'est Jean-François Poncet qui l'a remplacé l'Elysée.

CHAPITRE X

1. Pierre Viansson-Ponté, *Le Monde,* 3 mars 1976.

CHAPITRE XI

1. *Match,* 23 juin 1974 ; *L'Express,* 9 mai 1977.

CHAPITRE XII

1. Le groupe réformateur a été formé, à l'origine, par les 32 députés élus en 1973 par des voix d'opposition. Ses leaders sont J.-J. S.-S. et Jean Lecanuet. Le président du groupe parlementaire : Michel Durafour. Se sont joints au groupe, après les présidentielles, les députés du C.D.P., petit

parti centriste présidé par Jacques Duhamel, opposé aux gaullistes, mais qui s'était rallié à Georges Pompidou en 1969.

2. Rapport sur la réforme de l'entreprise.

3. Robert Ballanger, président du groupe parlementaire communiste.

CHAPITRE XIII

1. Michel Poniatowski, président des Républicains indépendants et Jean Lecanuet, président du Centre démocrate et social.

2. Pierre Viansson-Ponté, *Le Monde* du 8 juillet.

CHAPITRE XIV

1. Ch. de Gaulle, *Mémoires d'espoir* (Plon).

2. La cote de Charles de Gaulle est descendue à 42 p. 100 lors de la grève des mineurs, en 1963.

3. Tocqueville, *L'Ancien Régime et la Révolution* (Gallimard).

4. Gilbert Mathieu.

CHAPITRE XV

1. *L'Arme de la confiance,* par J.-J. S.-S. (Laffont).

CHAPITRE XVI

1. Maurice Doublet, ancien préfet de la région parisienne.

2. L'accord dit de la Jamaïque, concernant le Fonds monétaire international, n'a pas été, finalement, soumis au Parlement à la session de printemps. La bonne tenue du franc a permis au Premier ministre de repousser le moment d'affonter cette difficulté.

ŒUVRES DE FRANÇOISE GIROUD

LE TOUT-PARIS (Gallimard).
NOUVEAUX PORTRAITS (Gallimard).
LA NOUVELLE VAGUE, PORTRAITS DE LA JEUNESSE (Gallimard).
SI JE MENS... (Stock).
UNE POIGNÉE D'EAU (Laffont).
CE QUE JE CROIS (Grasset).

Composition réalisée par COMPOFAC - PARIS

IMPRIMÉ EN FRANCE PAR BRODARD ET TAUPIN
7, bd Romain-Rolland - Montrouge - Usine de La Flèche.
LE LIVRE DE POCHE - 12, rue François Ier - Paris.
ISBN : 2 - 253 - 02108 - 3

30/5204/0